JN136843

基本講義

家族法

大杉麻美［著］

成文堂

はしがき

　家族をめぐる法状況は，現在，複数の改正を経て，大きく進展しようとしている。令和4年12月には，嫡出推定制度や認知無効の訴えが成立し，令和6年5月に成立した民法等改正法では，両親は親権や婚姻関係の有無にかかわらず，子を養育する責務を負うことや，共同親権が導入されること，養育費の支払い確保や，離婚後の親子交流などについて見直され，令和8年5月までに施行されることとなった。相続の分野では，平成30年に，今後の高齢化社会の進展を見据え，生存配偶者の保護や，遺言書の利用を促進させるための自筆証書遺言の緩和，特別の寄与の制度の創設などが見直された。法改正には，多くの労力と年月を要し，例えば，令和4年12月の改正にあたっては，令和元年7月29日から令和4年2月1日まで，25回の法制審議会が開催され，同日，要綱案が提出されている。法改正には多くの議論が積み重ねられていることがわかる。

　家庭裁判所では，法律や家族社会学，心理学の専門家が，連携して解決をサポートする。家族の問題を解決することは大変難しく，家庭裁判所に申し立てられる事件数は，増加の傾向にある。たとえば，相続の分野では，相続放棄に関する申述は年間1万件程度，遺言書の検認事件や遺産分割調停事件も増加の傾向にある。これらのことは，国民が，自らの財産を死後にどのようにするかについての関心が高いことを示している一方，相続人間の紛争が絶えないことも示しているのではないだろうか。

　本書は，成文堂「基本講義」シリーズの「家族法」として出版されるものである。本書は，家族の課題を法律の視点からとらえ，その解決のために，わたくしたちは何をすることができるのか，考える素材を提供することを目的としている。まずは，民法における第4編・第5編の条文を理解するために，わかりやすく，基礎的な説明を行うことを試みている。条文の文言やその内容を理解し，判例や学説を参照することにより，条文の解釈を学ぶ。さらには，判例を素材に，具体的な事実関係から，どのような結論が導かれるかについても，講義では解説をおこなう。本書を執筆している当時は，現行

法があり，施行が予定されている改正法がある状況であったことから，現行法のみならず，改正法も紹介している。

　家族法は，明治時代に施行して以来，時代の波に翻弄され，大正・昭和初期の戦前・戦中を経験し，戦後は，男女平等の見地から，そのあり方を大きくかえ，今日に至っている。家族にまつわる新たな課題について，わたくしたちはどのように向き合っていくのか，法律を知ることがその一助になればと思っている。奇しくも，本書を執筆している当時，毎朝，「虎に翼」を視聴していた。本ドラマの主人公である，女性で初めての弁護士・判事・裁判所長となった三淵嘉子先生は，私の出身大学である明治大学の大先輩でもある。毎朝視聴しながら，女性の先輩方が，多くの努力をし，その地位を築かれていたことを改めて思い，大いに励まされた。本書は，学部学生で，家族法をはじめて学ぶみなさんにあてて執筆したものであるが，図表や，不足の部分について，カバーすることができなかったことは，ご海容頂ければ幸いである。

　最後に，これまで，札幌学院大学法学部・明海大学不動産学部において教育，研究の場を与えて頂き，現在奉職している日本大学法学部では，学部・大学院の担当を通して，教育・研究を深めることができている環境を与えて頂いていることに心より感謝を申し上げる。指導教授であった鍛冶良堅先生，椿塾でご指導頂いた椿寿夫先生，玉田弘毅先生には，すでに他界されているが，多くのご指導を賜ったことを心より感謝し，今般の出版に至ったことのご報告を申し上げたい。椿塾では，現在も伊藤進先生をはじめ，多くの先生方にご指導を賜っている。心より感謝を申し上げる。本書の出版にあたっては成文堂社長阿部成一氏のご高配と，編集部篠崎雄彦氏のご尽力を賜った。篠崎氏には，折に触れて励まして頂き，また，ご教示賜り，出版に向けて多くの力を頂いたこと，心より感謝申し上げる。成文堂の皆様にも，お心遣いを賜り，重ねて御礼申し上げる。

2025 年 3 月

大　杉　麻　美

目　次

はしがき (i)
凡　例 (viii)
参考文献 (ix)

I　家族法の体系

第1　家族法とは……………………………………………1
　　1　親族法総論 (1)　　2　相続法総論 (2)
　　3　親族関係の考え方 (3)　　4　強行法規性 (4)　　5　親族とは (4)

第2　家族法制定の歴史………………………………………7

第3　氏と戸籍………………………………………………8
　　1　氏 (8)　　2　戸籍 (9)

第4　家庭裁判所の役割……………………………………10

II　婚　姻

第1　婚姻の成立要件………………………………………13
　　1　婚姻とは (13)　　2　婚姻の成立要件 (14)　　3　婚姻障害 (15)
　　4　婚姻の無効及び取消し (18)

第2　婚姻の効果……………………………………………20
　　1　夫婦の氏 (20)　　2　同居・協力・扶助の義務 (21)
　　3　夫婦間の契約取消権 (23)

第3　夫婦財産制……………………………………………23
　　1　夫婦財産契約 (23)　　2　法定財産制 (24)

III　離　婚

第1　離婚とは………………………………………………29

第2　離婚の態様 …………………………………………………… *30*
　　　　1　協議上の離婚（*30*）　　2　調停離婚・審判離婚（*32*）
　　　　3　裁判離婚（*32*）　　4　認諾離婚・和解離婚（*36*）
　　第3　離婚の効果 …………………………………………………… *36*
　　　　1　離婚の効果総説（身分上の効果）（*36*）
　　　　2　離婚の効果（財産上の効果）（*36*）　　3　離婚の効果（親子関係）（*41*）

Ⅳ　婚姻外関係の法理

　　第1　婚約・結納 …………………………………………………… *47*
　　第2　内縁（事実婚）……………………………………………… *48*
　　　　1　内縁とは（*48*）　　2　重婚的内縁関係（*49*）
　　　　3　同性婚（同性パートナーシップ）（*50*）

Ⅴ　親　　子

　　第1　実親子関係 …………………………………………………… *51*
　　　　1　嫡出親子関係（*51*）　　2　非嫡出親子関係（*57*）
　　第2　養親子関係 …………………………………………………… *62*
　　　　1　普通養子縁組（*63*）　　2　特別養子縁組（*68*）
　　第3　親　権 ………………………………………………………… *70*
　　　　1　親権とは（*70*）　　2　親権者（*71*）　　3　親権の効力（*73*）

Ⅵ　後見・扶養

　　第1　後見・保佐・補助制度 ……………………………………… *79*
　　　　1　未成年後見（*79*）　　2　成年後見制度（*82*）　　3　任意後見（*89*）
　　　　4　後見登記（*91*）
　　第2　扶　養 ………………………………………………………… *91*
　　　　1　扶養とは（*91*）　　2　扶養義務者（*92*）

3　扶養の程度・方法 *(94)*
　　　4　扶養に関する協議または審判の取消し *(96)*
　　　5　扶養請求権の処分の禁止 *(96)*

Ⅶ　相続人・相続の効力

第1　相続の開始 …………………………………………… *97*
　　1　相続法の制定経緯 *(97)*　　2　相続の根拠 *(99)*
　　3　相続開始の原因・相続権 *(99)*　　4　相続財産に関する費用 *(101)*
　　5　相続回復請求権 *(101)*

第2　相続人と相続分 ……………………………………… *103*
　　1　相続人と相続分（代襲相続）*(103)*
　　2　相続欠格・相続人の廃除 *(108)*

第3　相続財産 ……………………………………………… *112*
　　1　相続財産とは *(112)*　　2　相続の一般的効力 *(113)*
　　3　相続財産 *(113)*　　4　祭祀財産，遺体・遺骨 *(118)*

第4　相続財産の共有 ……………………………………… *119*
　　1　相続財産の共有 *(119)*　　2　相続財産の管理・保存 *(122)*
　　3　権利承継と対抗要件 *(124)*

第5　特別受益・寄与分 …………………………………… *127*
　　1　相続分の調整 *(127)*　　2　特別受益 *(128)*
　　3　寄与分 *(133)*　　4　特別の寄与 *(136)*
　　5　期間経過後の遺産分割 *(137)*

第6　相続分の譲渡と取戻 ………………………………… *138*

Ⅷ　相続の承認と放棄

第1　相続権の行使 ………………………………………… *141*
第2　単純承認 ……………………………………………… *144*
第3　限定承認 ……………………………………………… *146*

第4　相続放棄 …………………………………………… *149*

IX　財産分離

　　　第1　第1種財産分離 ……………………………………… *153*
　　　第2　第2種財産分離 ……………………………………… *154*

X　相続人の不存在

　　　第1　相続財産法人 ………………………………………… *155*
　　　第2　特別縁故者 …………………………………………… *157*
　　　第3　残余財産の国庫帰属 ………………………………… *158*

XI　遺産分割

　　　第1　遺産分割とは ………………………………………… *159*
　　　第2　協議分割・調停分割・審判分割 …………………… *161*
　　　　　1　協議分割（*161*）　2　調停分轄・審判分割（*162*）
　　　　　3　遺産分割の対象財産（*162*）　4　遺産分割前の遺産処分（*164*）
　　　　　5　遺産分割前の預貯金債権の行使（*164*）　6　遺産分割の方法（*165*）
　　　　　7　遺産分割の無効・取消し（*166*）　8　遺産分割の解除（*166*）
　　　第3　遺産分割の効力 ……………………………………… *167*
　　　第4　共同相続人間の担保責任 …………………………… *168*
　　　第5　配偶者居住権 ………………………………………… *170*
　　　　　1　配偶者短期居住権（*170*）　2　配偶者居住権（*172*）

XII　遺　言

　　　第1　遺言の方式 …………………………………………… *175*
　　　　　1　遺言とは（*175*）　2　遺言の方式（*177*）　3　遺言の効力（*182*）

4　特定財産承継遺言（185）
第2　遺　　贈……………………………………………………186
　　　1　遺贈とは（186）　2　包括遺贈（186）　3　特定遺贈（187）
　　　4　負担付遺贈（189）
第3　遺言の執行…………………………………………………190
　　　1　遺言の執行（190）　2　遺言執行者の選任（190）
　　　3　遺言執行者の権利義務（191）　4　遺言執行者の解任・辞任（193）

XIII　遺留分

第1　遺留分とは…………………………………………………195
第2　遺留分の帰属及びその割合………………………………196
　　　1　遺留分権利者（196）　2　遺留分の割合（196）
第3　遺留分を算定するための財産の価額……………………197
　　　1　遺留分算定のための基礎財産（197）
　　　2　遺留分算定の基礎となる「贈与」（197）
　　　3　遺留分算定の基準時（199）
第4　遺留分侵害額の請求………………………………………199
　　　1　遺留分侵害額の請求（199）　2　遺留分侵害額請求の相手方（199）
　　　3　遺留分侵害額の算定（200）
第5　受遺者または受贈者の負担額……………………………202
　　　1　受遺者または受贈者の負担の順序（202）
　　　2　受遺者または受贈者による第三者弁済（203）
　　　3　受遺者または受贈者の無資力（204）　4　相当の期限の許与（204）
第6　時　　効……………………………………………………205
第7　遺留分の放棄………………………………………………205

事項索引……………………………………………………………207
判例索引……………………………………………………………213

凡　例

民録	大審院民事判決録
民集	大審院民事判例集
民集	最高裁判所民事判例集
集民	最高裁判所裁判集民事
高民集	高等裁判所民事判例集
下民集	下級裁判所民事裁判例集
家月	家庭裁判所月報
金判	金融・商事判例
最判解	最高裁判所判例解説
リマークス	私法判例リマークス
ジュリ	ジュリスト
判時	判例時報
判タ	判例タイムズ
判評	判例評論
法教	法学教室
法協	法学協会雑誌
法時	法律時報
新聞	法律新聞
ひろば	法律のひろば
民商	民商法雑誌

参考文献

注釈書

谷口知平・久貴忠彦編『新版　注釈民法⑵　相続⑵』（有斐閣，平成3年）

谷口知平・久貴忠彦編『新版　注釈民法⑵　相続⑵［補訂版］』（有斐閣，平成25年）

中川善之助・加藤永一編『新版　注釈民法⑵　相続⑶［補訂版］』（有斐閣，2002年）

中川善之助・山畠正男編『新版　注釈民法⑵　親族⑷』（有斐閣，平成6年）

於保不二雄・中川淳編『新版　注釈民法⑵　親族⑸［改訂版］』（有斐閣，平成16年）

中川善之助・米倉明編『新版　注釈民法⑵　親族⑶』（有斐閣，平成16年）

島津一郎・阿部徹編『新版　注釈民法⑵　親族⑵』（有斐閣，平成20年）

青山道夫・有地亨編『新版　注釈民法⑵　親族⑴』（有斐閣　平成23年）

潮見佳男編『新注釈民法⑲　相続⑴［第2版］』（有斐閣，令和5年）

条文解説

我妻榮編『戦後における民法改正の経過』（日本評論社，1989年）

潮見佳男・千葉惠美子・松尾弘・山野目章夫編『詳解　改正民法・改正不登法・相続土地国庫帰属法』（商事法務，2023年）

堂薗幹一郎・野口宣大編著『一問一答　新しい相続法―平成30年民法等（相続法）改正，遺言保管法の解説』（商事法務，2019年）

秋武憲一編著『概説　家事事件手続法』（青林書院，2014年）

山口敦士・倉重龍輔編著『一問一答　令和元年民法等改正―特別養子制度の見直し』（商事法務，2020年）

佐藤隆幸編著『一問一答　令和4年民法等改正―親子法制の見直し』（商事法務，2024年）

教科書

穂積重遠著『民法讀本』（日本評論社，昭和2年）

x　参考文献

中川善之助著『日本親族法　昭和 17 年—』（日本評論社，昭和 18 年）
中川善之助著『相続法』（有斐閣，昭和 39 年）
我妻榮著『親族法』（有斐閣，昭和 61 年）
常岡史子著『家族法』（新世社，2020 年）
青竹美佳・渡邉泰彦・鹿野菜穂子・西希代子・冷水登紀代・宮本誠子著『新ハイブリッド民法 5　家族法［第 2 版］』（法律文化社，2024 年）
高橋朋子・床谷文雄・棚村政行著『民法 7　親族・相続［第 7 版］』（有斐閣，2023 年）
後藤巻則・滝沢昌彦・片山直也編『プロセス講義民法Ⅵ　家族［第 2 版］』（信山社，2024 年）
前田陽一・本山敦・浦野由紀子著『民法Ⅵ　親族・相続［第 7 版］』（有斐閣，2024 年）

専門書・法律雑誌・論文

河出孝雄編『家族制度全集　史論篇第三巻　親子』（河出書房，昭和 12 年）
棚村政行「親権法の改正をめぐって」Law and practice 2 号（2008）145 頁
椿寿夫編著『強行法・任意法でみる民法』（日本評論社，2013 年）
北村治樹・廣瀬智彦，青竹美佳，原田直子，池田清貴，佐野みゆき「特集：家族法改正—共同親権・養育費・親子交流等」家庭の法と裁判 51 号（2024）4 頁
床谷文雄・山口亮子・常岡史子・前田陽一『特集　親子法改正』民商法雑誌 159 巻 1 号（2023 年）1 頁以下
北村治樹・松波卓也「父母の離婚後の子の養育に関する『民法等の一部を改正する法律』の解説(1)」家庭の法と裁判 52 号（2024）108 頁以下
石綿はる美・久保野恵美子・小池奏・冷水登紀代・内海博俊・遠藤聡太・池田悠太・掛川亜季・原田綾子「子の養育をめぐる総合的検討」法律時報 96 巻 12 号（2024）4 頁以下
小粥太郎・石綿はる美・杉山悦子・向井宣人・佐野尚也「家族法改正と裁判実務への影響」ジュリスト 1603 号（2024）58 頁以下

判例集

大村敦志・沖野眞巳編『民法判例百選Ⅲ　親族・相続［第3版］』（有斐閣，2023年）

法制審議会資料

法務省法制審議会生殖補助医療関連親子法制部会「精子・卵子・胚の提供等による生殖補助医療により出生した子の親子関係に関する民法の特例に関する要綱中間試案の補足説明」（平成15年7月）

法務省民事局参事官室「民法（親子法制）等の改正に関する中間試案の補足説明」（令和3年2月）

法務省法制審議会家族法部会第8回会議「未成年者を養子とする養子制度を中心とした論点の検討」　第8回会議（令和3年10月）

法務省民事局参事官室「家族法制の見直しに関する中間試案の補足説明」（令和4年12月）

I　家族法の体系

> 「家族法」とは，民法第4編「親族」第5編「相続」をさしている。明治民法では，戸主の親族でその家にいる者及び配偶者が家族とされ，戸主には家族に対する扶養義務が課されていた。戦後，家制度は廃止され，憲法24条において家族生活における個人の尊厳と両性の平等がさだめられた。人の生き方や家族の多様化にともない，家族法が，家族における人間関係をどのようにさだめていくか，未来に向けての過渡期にあるといえよう。

第1　家族法とは

1　親族法総論

わが国民法において「家族法」と呼ばれる条文群は存在しない。家族法はいわゆる民法第4編親族・第5編相続の総称である。

民法第4編「親族」とは，①六親等内の血族，②配偶者，③三親等内の姻族のことをいう（725条）。本条における親族の概念は，民法第4編「親族」民法第5編「相続」のあらゆる場所にてその権利義務の範囲を限定する。たとえば734条1項では近親者間の婚姻禁止の範囲を，直系血族または三親等内の傍系血族の間と限定する。また扶養義務者の範囲は877条により，直系血族及び兄弟姉妹，三親等内の親族間と限定される。

第4編親族第1章は，総則として，親族の範囲（725条），親族間の遠近をはかる「親等」（726条）等の親族関係確定にかかる総則規定をもうける。第2章は婚姻として，夫婦に関する関係性の発生（婚姻）から消滅（離婚）に至るまでの過程を規律する。第3章親子は，親子関係の発生（嫡出推定）と，その態様につき，実子・養子に分け，その関係性をさだめる。第4章親権では未成年子を保護する立場から，親の子に対する養育義務（親権），未成年者に対して

親権を行う者がいない場合の後見についても規律する。また家族の長い歴史の中では，事故や疾病等により家族の介護を要する状況も発生する。このような場合に備え，第5章後見・第6章保佐及び補助では，介護を要する家族のための後見・保佐・補助制度をさだめる。

　親族法は夫婦・親子の関係をさだめる分野であり，社会における家族間の紛争を解決するためには条文を整備することが肝要である。法律の存在は，わたくしたちの家庭生活を守ってくれるものでもあるが，当事者間で家庭内での紛争を解決することが難しい場合には，家庭裁判所や行政の果たす役割も大きい。家族法は家族間の紛争に条文を適用することにより解決することだけを目的とするものではない。家族が長年にわたって共同生活を営むにあたり発生するさまざまな紛争に対する解決策に建設的に貢献することが必要である。

2　相続法総論

　相続法は民法第5編にさだめられる。相続は人の死亡によって開始し（882条），相続人は，相続開始の時から，被相続人の財産に属した一切の権利義務を承継する（896条本文）。相続法は人の死亡によって残された権利義務関係をどのように承継するかという法律群であり，「いつ」相続が始まり，「誰に」「どのように」承継されるか等を中心にさだめる。

　第1章総則では，相続開始にあたって考慮されるべき事項（開始原因・開始場所等）についてさだめる。第2章は，「誰が」相続するかについてさだめる。配偶者，親子，直系尊属，兄弟姉妹等相続人の範囲を限定する。家族関係によっては相続人となることができない場合もあることをさだめる（相続欠格（891条），推定相続人の廃除（892条））。第3章では，「何を」「どのように」相続するかという相続の効力についてさだめる。相続人の財産承継の範囲（899条），法定相続分（900条），生前の親子関係を考慮した財産調整（特別受益者の相続分：903条，寄与分：904条の2），相続分の指定がある場合の第三者の権利行使（902条の2）等がさだめられる。相続財産については生前の契約が履行されない等による対第三者との関係が発生している場合があり，このような場合に関しての条文もある。第4章では，相続財産の承認・放棄がさだめられる。第5

章では財産分離，第6章では相続人の不存在がさだめられる。相続財産の承継者が存在しない場合の規定として活用される。第7章では遺言がさだめられる。被相続人が生前のうちに財産処分について意思表示をすることができる。第8章では配偶者の居住の権利がさだめられる。平成30年の法改正により新設された制度であるが，残された配偶者が自宅に住み続けることを規定する。第9章では遺留分がさだめられる。第10章では特別の寄与がさだめられる。

相続法は親族法と密接な関係があり，たとえば相続人の確定にあたっては，夫婦・親子の関係をさだめる親族法の条文による。また寄与分や特別受益等の相続分調整にあたっては，親子や夫婦間のそれまでの家族関係が考慮されることとなり，やはり夫婦・親子関係の関係をさだめる親族法の条文による。相続法は，親族法により規律される家族にどのように財産を承継させるかをさだめる法律であるとも考えることができる。

また，実際の相続では，被相続人が亡くなったことを知った日の翌日から10か月以内に相続税の申告をする必要がある。これは「相続税法」と呼ばれる分野でさだめられ，相続に関する権利義務関係をさだめる相続とは目的が異なる。

3　親族関係の考え方

身分上の法律効果を発生させる法律行為を身分行為という。婚姻や養子縁組は身分関係の発生・消滅を生じさせる身分行為であり，新たな身分関係を生じさせる。人が身分関係に基づいて有する親族法上の権利は一身専属的性格があり，譲渡や相続をすることができない。また代位や代理の対象ともならず，原則として放棄をすることもできない（例外：親権の辞任）。

身分行為につきかつて中川善之助教授は，身分行為は，「身分的効果意思」（心素），「身分的生活事実（体素）」，「法律的表示行為としての方式」（形式）の三要素からなると述べられ，形式が欠ければ身分行為は不成立であり，形式があっても心素または体素が欠けていれば無効であると述べられていた。

身分行為には戸籍の届出が必要であり，たとえば婚姻は戸籍法のさだめるところにより届け出ることによって，その効力を生ずる（739条1項）。

身分行為における行為能力は，財産法におけるのと同等な行為能力が必要となるわけではなく，たとえば成年被後見人が婚姻をするにはその成年後見人の同意を要しない（738条）。

　身分行為では当事者の意思を重視する。たとえば，人違いその他の事由によって当事者間に婚姻をする意思がないとき，婚姻は無効となる（742条1号）。意思のない身分行為は無効となるが，無効な婚姻を他方当事者が追認することも可能である（最判昭47・7・25民集26・6・1263）。その他の要件により当事者が婚姻の届出をしていないときにも婚姻は無効となる（742条2号）。

　身分行為の取消しには遡及効がない。たとえば婚姻の取消しは，将来に向かってのみその効力を生ずる（748条1項）。婚姻は婚姻意思があることを要し，婚姻意思がない場合には効力を持たない等，いわゆる「事実の先行性」が重視される。

4　強行法規性

　親族法の条文は強行法規であることが多い。強行法規では条文によることが求められ，条文と異なる意思表示は無効となる。夫婦は，婚姻の際にさだめるところにより，夫または妻の氏を称するとされ，第三の氏を選択することができない（750条）。たとえ他の氏を選択したとしても法律上の効力が発生せず，婚姻法上の効果が適用されない。

5　親族とは

　家族法における親族とは，六親等内の血族・配偶者・三親等内の姻族のことをいう（725条）。直系血族及び同居の親族は互いに扶け合わなければならない（730条）。家族法では，あらかじめ適用対象とする親族の範囲を限定し，一定の関係にある者を親族として法律の適用対象としている。ただし，現在では事実婚のカップルや事実上の親子関係等，実質的な家族関係をもとに法律を適用することがある。また社会保障法等の分野においては，民法の規定とは別に法の趣旨・目的から親族として法定される範囲にない者についても受給権が法律によって認められることがある。家族法上の効果を発生させる際に，適用対象となる親族の範囲がさらに限定される場合があり，条文を確

認することによりその内容を理解することができる。

(ⅰ) 血族　血縁の関係にある者。血縁関係にある親子関係は自然血族と法定血族に分かれる。自然血族関係は本人の死亡により終了する。養子と養親及びその血族との間には，養子縁組の日から，血族間におけるのと同一の親族関係が発生し（727条），離縁によって終了する（729条）。六親等内の血族は親族に含まれる。養親と養子の血族との間では法定血族関係は発生しない。養子縁組前の子については養親と養親の血族との間での親族関係は発生しない（大判昭7・5・11民集11・1062）。

(ⅱ) 配偶者　法的婚姻関係にある他方当事者のことを配偶者という。法的婚姻関係は戸籍法のさだめるところにより届け出ることによって効力を生ずる（739条1項）。

(ⅲ) 姻族　婚姻によって生じる配偶者と他方配偶者の血族との関係のことをさす。たとえば妻と夫の父母・夫の祖父母，夫と妻の父母・妻の祖父母との関係は姻族関係となる。また自らの血族が婚姻したことにより発生する姻族関係も含まれ，兄弟の配偶者等も姻族関係が発生する。三親等内の姻族は親族に含まれる。配偶者の一方の血族と他方配偶者の血族との間では姻族関係は発生しない。

なお離婚すると姻族関係が終了するが，夫婦の一方が死亡した場合においては，生存配偶者が姻族関係を終了させる届出をすることで姻族関係が終了する（姻族関係の終了，死後離婚，728条）。

(ⅳ) 親系　親族が血縁関係を通じてつながっている関係を親系という。親系には直系と傍系，尊属と卑属がある。直系は血縁関係がたてにつながる形で結びつく関係のことをいい，親と子，祖父母と孫の関係がこれにあたる。傍系は同じ祖先から派生し分かれる関係にある者同士のことをさし，兄弟姉妹，いとこ，叔父叔母などとの関係にあたる。配偶者の直系血族は直系姻族となり，配偶者の傍系血族は傍系姻族となる。尊属は親・祖父母等，上の世代のことをさす。卑属は子や孫等の下の世代のことをさす。尊属と卑属は世代の遠近によりはかられるため，同じ世代（兄弟姉妹・従妹等）は尊属にも卑属にもあたらない。

(v) **親等**　親等とは親族関係の近さをはかるための単位である。親等の計算は親族間の世代数を数えて，これをさだめる（726条1項）。世代数は本人を起点にして数える。両親は1親等，祖父母は2親等，子は1親等，孫は2親等となる。傍系親族の親等をさだめるには，その1人またはその配偶者から同一の祖先にさかのぼり，その祖先から他の1人に下るまでの世代数による（同条2項）。兄弟は，両親から1世代下り2親等となる。甥姪は，両親から兄弟に下りその子となるので3親等となる。叔父叔母は両親から祖父母に上り，1世代下に下り3親等となる。配偶者には親等がない。

親族関係図

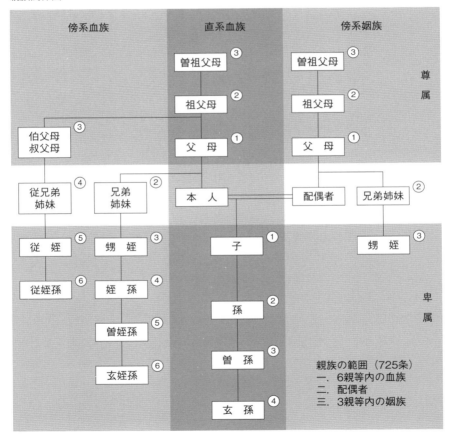

第2　家族法制定の歴史

　現行民法は明治31年7月16日施行された法律であり，改正を重ねることで今日に至る。家族法については明治31年7月16日に施行された法律が昭和22年4月19日「日本国憲法の施行に伴う民法の應急的措置に関する法律」により家制度が廃止されたことにともない，大幅に改正された。

　わが国の民法編纂は，1867年10月14日の大政奉還により明治の世が始まったことに端を発している。近代国家建設のため法典制定は喫緊の課題であった。日本はお雇い外国人を招くとともに，日本からも法典編纂のために欧州に日本人を派遣した。明治6年に司法省が招いたボワソナードは司法省学校において講義を行う一方，日本民法の編纂にも尽力した。

　明治民法は家族制度を基調に規定され，妻の権利が保障されない等の規定も存在した。そのため，大正8年頃より「臨時法制審議會」にて改正が議論され始め，昭和2年までには民法親族編改正案および民法相続編改正案がまとめられるなどしたが，結局施行されることはなく，終戦を迎えた。

　1945年8月15日，わが国はポツダム宣言を受諾し戦争が終結した。マッカーサー元帥がGHQに対して1946年2月3日に示した「マッカーサー3原則」には，「日本の封建制度は，廃止される」とあり，特に憲法24条については，ベアテ・シロタ・ゴードンが起草にかかわることになった。ベアテ・シロタ・ゴードンは戦前子ども時代を日本で過ごしており，戦争終結後，GHQの職員として日本に戻り，女性解放を日本における喫緊の課題として取り組んだ。

　最終的に施行された現行法は，憲法24条の両性の本質的平等に基づき全面改正されたが，当時の議会における議論では，家族制度の存続を主張する議員もあり，また政府当局の説明も家族制度を完全に否定するものでもなかったことから，民主化するための法律を策定するための折衷案であり，道徳としての「家」は残されたのではないかとの批判もあった。

第3　氏と戸籍

1　氏

　民法において氏（一般的には姓・名字と呼ばれることもある）の規定が設けられたのは明治時代のことであった。明治民法は家族制度を範とし，明治民法746条では「戸主及ヒ家族ハ其家ノ氏ヲ称ス」とし「家＝氏」であった。
　戦後の民法改正により氏は夫婦の氏（750条）と親子の氏（790条）とされたが，夫婦の氏については婚姻時に選択が可能であるが同じ氏を称することが「家」制度の温存につながるのではないかとして「家破れて氏あり」とも批判された。判例では，氏名は個人を識別する重要な機能を有するとし，個人として尊重される基礎であり，人格の象徴であるとされている（最判昭63・2・16民集42・2・27）。

（ⅰ）**氏の取得**　嫡出である子は父母の氏を称し，子の出生前に父母が離婚したときは，離婚の際における父母の氏を称する。嫡出でない子は母の氏を称する（790条2項）。棄児については市町村長が氏名をつける（戸籍57条2項）。養子は，養親の氏を称する。ただし，婚姻によって氏を改めた者は，婚姻の際に定めた氏を称すべき間は，この限りではない（810条）。

（ⅱ）**氏の変動**　法律上の原因により氏が変わることを氏の変動という。氏の変動原因には婚姻や離婚，養子縁組等がある。なお，法律上の原因がなくとも，やむを得ない事由がある場合には家庭裁判所の許可を得て，その旨を届け出ることによって氏を変更することができる（戸籍107条1項）。

①夫婦の氏　　夫婦は，婚姻の際にさだめるところに従い，夫または妻の氏を称する（民法上の氏の変動）。婚姻によって氏を改めた夫または妻は，離婚により婚姻前の氏に復する（離婚復氏，767条1項）。婚姻前の氏に復した夫または妻は，離婚の日から3か月以内に届け出ることによって，離婚の際に称していた氏を称することができる（婚氏続称，767条2項，戸籍77条の2）。

②子の氏　　両親が離婚し，親権者と子の氏が異なる場合は，子は，家庭裁判所の許可を得て，父または母の氏を称することができる（791条1項）。父ま

たは母の改氏により子と氏が異なる場合には，子は父母の婚姻中に限り，父母の氏を称する届出をすることができる（同条2項）。養子は離縁によって縁組前の氏に復する。配偶者とともに養子縁組をした養親の一方のみと離縁をした場合は，縁組前の氏に復さない（816条1項ただし書き）。縁組の日から7年を経過した後に縁組前の氏に復した場合は，離縁の際に称していた氏を称することができる（3か月以内の届出が必要である，縁氏続称，同条2項）。

2 戸 籍

(i) 戸籍　戸籍は，人の出生から死亡に至るまでの親族関係を登録公証するもので，日本国民について編製され，日本国籍をも公証する。戸籍法は明治4年4月4日，太政官布告第170号として公布された（壬申戸籍）。明治時代の戸籍は政府が国民を詳細に把握し保護するためにつくられたものであり，戸を単位として編製された。戸に関する一切の戸籍記載の責任は戸主にあるとされた。戦後，戸籍は，①夫婦と，同じ氏の子を同一戸籍に記載する（三代戸籍の禁止，親子同氏同戸籍の原則，戸籍6条），②750条に基づいて夫婦のために一つの戸籍が編製される（夫婦同籍の原則，戸籍16条），③一組の夫婦を中心に戸籍を編製し，二組の夫婦が同一の戸籍に記載されることはない（一夫婦一戸籍の原則，戸籍20条）とされた。

　婚姻すると，夫婦について新戸籍が編製される（戸籍16条）。離婚や離縁をすると婚姻または縁組前の戸籍に入る。ただし，その者が新戸籍編製の申し出をしたときは新戸籍を編製する（戸籍19条1項）。

　父母の氏を称する子は，父母の戸籍に入る。父の氏を称する子は父の戸籍に入り，母の氏を称する子は母の戸籍に入る。養子は養親の戸籍に入る（戸籍18条3項）。成年に達した者は，分籍をすることができる（戸籍21条）。性別の取り扱いの特例に関する法律により性別の取り扱いの変更の審判があった場合は，新戸籍を編製する（戸籍20条の4）。

(ii) 戸籍の記載　戸籍には，氏名・出生の年月日・戸籍に入った原因及び実父母との続柄，養子であるときは，養親の氏名及び養親との続柄，夫婦については夫または妻である旨，他の戸籍から入ったものについては，その戸籍の表示，その他法務省令でさだめる事項を記載しなければな

らない（戸籍13条）。氏名を記載するには，夫婦が夫の氏を称するときは夫，妻の氏を称するときは妻・配偶者・子の順序で記載される。子の間では出生の前後により記載される（戸籍14条）。

(iii) **戸籍の届出**　戸籍の届出には，出生・死亡・認知・離婚等のように，すでに法的効果が発生しており届出が義務付けられる報告的届出と，婚姻・協議離婚・任意認知等，届出によってはじめて法的効果が発生する創設的届出とがある。

(iv) **戸籍の訂正**　戸籍の記載が法律上許されないものであることまたはその記載に錯誤若しくは遺漏があることを発見した場合には，利害関係人は，家庭裁判所の許可を得て戸籍の訂正を申請することができる（戸籍113条）。市町村長の職権により訂正することもある（戸籍24条1項）。虚偽の婚姻届等，身分関係に重大な影響を与える訂正については，判決が確定した日から1か月以内に判決の謄本を添付して戸籍の訂正を申請しなければならない（戸籍116条1項）。

第4　家庭裁判所の役割

　夫婦間や親子間，親族間での紛争については，プライバシー保護の観点から裁判における公開になじまないことや，感情面での対立で，円満な親族関係を維持することが難しくなる場合もある。このような紛争を地方裁判所等で解決することは好ましくなく，家事事件の特性を踏まえ，公益的観点から紛争解決を支援する裁判所にて解決することが望ましい。家庭裁判所は，人間関係の調整や，人間関係の再構築をその主な内容とし，信義に従い誠実に家事事件の手続きを行う国の機関である（家事1条）。家庭裁判所は，少年事件と家事事件を扱い，家庭裁判所調査官や医務スタッフが，法律的視点のみならず，医学や心理学等多方面の見地から，家事事件を解決する（家事60条）。家庭裁判所は，後見的機能を有し，非公開の法廷での解決をおこなう（家事33条・家事56条1項：職権探知主義）。

(i) **家庭裁判所**　家庭裁判所は家事事件の手続を追行する（家事2条）。家事事件とは家事審判及び家事調停に関する事件をいう。他に婚

姻の無効及び取消しの訴え，嫡出否認の訴え，養子縁組の無効及び取消しの訴え等のように，身分関係の形成または存否の確認を目的とする訴えについては人事訴訟法が適用される（人訴2条）。調停ができる事件について訴えを提起しようとする者は，まず家庭裁判所に家事調停の申立てをしなければならない（調停前置主義，家事257条1項）。

(ii) **家事調停**　家事調停とは家庭裁判所が関与し，当事者の合意形成により紛争を解決するしくみである。家庭裁判所は人事に関する訴訟事件その他家庭に関する事件について調停を行うほか審判を行う（家事244条）。当事者間に合意が成立し調書に記載すると，調停が成立したものとして確定判決と同一の効力を有する（家事268条1項，合意に相当する審判，家事281項）。

調停が成立しない場合において相当と認めるときは，当事者双方のために衡平に考慮し，一切の事情を考慮して，職権で，事件の解決のため必要な審判をすることができる（調停に代わる審判，家事284条1項）。

(iii) **家事審判**　家事審判は，通常の訴訟手続きによらず，非訟的手続きによる。非公開であり，職権探知主義がとられる（家事56条）。家庭裁判所は，別表第一及び別表第二に掲げる事項並びにこれらにおいてさだめられる事項について審判をする（家事39条）。家庭裁判所は，家事審判事件が裁判をするのに熟したときは審判をする（家事73条1項）。金銭の支払い，物の引渡し，登記義務の履行その他の給付を命ずる審判は，執行力のある債務名義と同一の効力を有する（家事75条）。審判に対しては特別の定めがある場合に限り，即時抗告をすることができる（家事85条1項）。審判がされる前に財産処分等のおそれがある場合には，家庭裁判所は仮差押え，仮処分，財産の管理者の選任そのほかの必要な保全処分を命ずる審判をすることができる（家事105条1項）。家庭裁判所は，履行勧告や履行命令等，強制執行をすることもできる（扶養義務等に係る金銭債権についての間接強制につき民執167条の15，子の引渡しの強制執行につき民執174条）。

家庭裁判所は，子がその結果により影響を受ける場合，子の陳述の聴取，家庭裁判所調査官による調査その他の適切な方法により，子の意思を把握するように努め，審判をするに当り，子の年齢及び発達の程度に応じて，その

意思を考慮しなければならない（家事65条，家事152条2項，子どもの手続代理人，家事23条1項）。

(iv) **人事訴訟** 人事訴訟も調停前置主義が適用される（家事257条1項）。人事訴訟は自己の私生活上の重大な秘密にかかることについて審問を受ける場合，裁判官の全員一致により非公開とすることができる（人事22条1項）。人事訴訟の確定判決は第三者に対してもその効力を有する（人事24条1項）。人事訴訟法は人事訴訟に関する手続きについて，民事訴訟法の特例等をさだめるものであり（人事1条），第1審の管轄は家庭裁判所である。離婚事件において，子の監護者の指定その他子の監護に関する処分についての裁判または親権者の指定について裁判をするにあたっては，子が15歳以上であるときは，その子の陳述を聴かなければならない（人事32条4項）。

II　婚　姻

> 　明治時代，家族が婚姻をするには戸主の同意を得なければならなかった（明治民法 750 条 1 項）。同意を得ずに婚姻をした場合，戸主は 1 年以内にこの者を離籍しまた復籍を拒むことができた（同条 2 項）。婚姻をすると妻は夫の家に入り（明治民法 788 条 1 項），妻の財産は夫が管理し（明治民法 801 条 1 項），日常の家事について妻は夫の代理人とみなされ，単独で有効な契約をすることができなかった（明治民法 804 条 1 項）。新法では家制度の廃止に伴いこのような規定は廃止された。

第 1　婚姻の成立要件

1　婚姻とは

　わが国における婚姻とは，夫婦となろうとする者が婚姻届を提出し，社会的に承認された共同体として永続的に共同生活を送ることを意味する社会制度である（一夫一婦制）。婚姻の成立には当事者の婚姻意思を必要とし，婚姻意思のない婚姻は婚姻届が提出されていても無効となる。社会的に承認された制度として機能する婚姻という形態は，国や宗教的・文化的背景により，その考え方が異なることもある。また昨今では，同性婚の観点から，夫婦は男女であることが求められるか等，さまざまな社会的事象を背景に検討すべき課題も抱えている。

　婚姻はかつてヨーロッパでは，教会が婚姻にかかる立法権を有していた。教会はローマ法を踏襲し，婚姻は当事者の合意によるとし，婚姻は契約によることが重視されていた。いわゆる宗教婚主義である。教会はキリスト教に基づく婚姻思想を徹底させるため，婚姻＝サクラメント（秘蹟）とし，婚姻しようとする者は教会に出頭しサクラメントを受けることが求められた。この

ような宗教婚主義は宗教改革をへて，法律婚主義にとってかわられた。法律婚主義では，秘蹟と契約は分離され，1791年9月3日の革命憲法第2章第7条では法律は婚姻を市民的契約としてしか認めないとし，婚姻は平等な当事者同士がその自由な意思の合致によって成立するものという思想がひろがった。

現行民法は，明治民法と異なり，婚姻にあたっては戸主の許可や同意を要せず，当事者の意思の合致にのみ婚姻の成立を求める，当事者の意思を重視する社会制度である。社会制度としての婚姻は，夫婦が同等の立場で共同体の維持に協力し維持することをさだめる。

2　婚姻の成立要件

(1)　形式的要件：届出

婚姻は，戸籍法のさだめるところにより届け出ることによって，その効力を生ずる (739条1項)。届出は婚姻成立のための形式的要件であり，婚姻の成立を第三者に公示するための機能をもつ。婚姻届は，当事者双方及び成年の証人2人以上が署名した書面で，またはこれらの者から口頭で，行うこともできる (同条2項)。当事者が婚姻の届出をしないとき，婚姻は無効となる (742条2号)。他方，人違いその他の事由によって当事者間に婚姻をする意思がないときも無効となる (742条1号)。婚姻意思は実質的要件である。

婚姻届については，739条1項にいう「その効力を生ずる」について，届出によって婚姻意思が表示され婚姻が成立するとする考え方 (成立要件説) と，婚姻届作成のときに婚姻が成立し，届出をすることによって効力が発生するとする考え方 (効力要件説) がある。成立要件説によれば，婚姻意思がなければ婚姻届を提出しても婚姻は無効となる。効力要件説によれば，婚姻届作成時に婚姻は成立しているので，届出のときに当事者が意識不明の状態になった場合であっても，婚姻届が提出されれば婚姻は有効に成立する (最判昭44・4・3民集23・4・709)。わが国の婚姻制度では，婚姻届の提出を効力発生要件とするのではなく，成立要件であると考えている。

なお婚姻の成立にあたっては，婚姻障害事由があり，①婚姻適齢 (731条)，②重婚の禁止 (732条)，③近親者間の婚姻の禁止 (734条)，④直系姻族間の婚

姻の禁止（735条），⑤養親子等の間の婚姻の禁止（736条）の規定その他の法令の規定に違反しないことを認めた後でなければ，受理することができない（740条）。また戸籍吏には形式的審査権があるのみであるため，実質的要件を備えない婚姻届については婚姻の無効・取消しの対象となる。婚姻届が証人要件にさだめる方式を欠く場合だけであるときは，婚姻は効力を生ずる（742条2号ただし書）。

(2) 実質的要件：婚姻意思

婚姻成立には婚姻意思の合致が必要である。婚姻意思には，社会観念上夫婦と認められるような共同生活を送る意思があればよいとする考え方（実質的意思説）と，婚姻届に向けられた意思があればよいとする考え方（形式的意思説）がある。実質的意思は夫婦としての事実状態を作る意思であり，これによれば，婚姻意思がなければ婚姻は無効となる。形式的意思は，夫婦の法律関係を形成する意思であり，届出が有効に成立しているのであれば，届出時に当事者が意思能力を喪失している場合であっても婚姻は有効になる。判例は，実質的意思説を採用し，真に夫婦関係の設定を欲する効果意思がなかった場合には，婚姻はその効力を生じないものと解すべきであるとした（最判昭44・10・31民集23・10・1894）。

婚姻届が受理されるまでの間に婚姻意思を失った場合，成立要件説によれば受理の時点で婚姻意思がある必要があることから，婚姻は無効となる。効力要件説によれば，挙式等の事実によりすでに婚姻は成立していると考える。婚姻届が受理される際に婚姻意思を失った場合，成立要件説によれば婚姻は無効となり，効力要件説によれば，婚姻届作成時に婚姻意思があればよいので，婚姻は成立する。判例は，届書受理以前に婚姻意思を失う等特段の事情がない限り，受理によって婚姻は有効に成立したものと解すべきであるとした（最判昭45・4・21判時596・43）。

3 婚姻障害

(1) 婚姻適齢

婚姻適齢は18歳である（731条）。改正前731条は婚姻適齢を，男18歳，女

16 Ⅱ 婚　姻

16歳としていた。婚姻年齢に男女差をもうけた理由については，心身の発達については，男性と女性でその発達の程度が異なること，低年齢で婚姻し，子をもうけることがあること等の判断からであったが，合理的理由がないと批判され，平成8(1996年)2月「民法の一部を改正する法律案要綱」においても，婚姻年齢は男女ともに18歳に統一すべきであるとの意見も出されていた。

　改正前には，未成年者の婚姻に関する父母の同意（改正前737条），未成年者の婚姻による成年擬制（成年擬制：改正前753条）があったが，民法の成年年齢引き下げにともない，削除された。

(2)　重婚の禁止
(a)　重婚の禁止

　配偶者のある者は，重ねて婚姻をすることができない(732条)。いわゆる重婚の禁止であるが，婚姻届が二重に受理される場合のことをさす。婚姻の届出は，婚姻障害等の事由が存在しないことを確認した後でなければ受理されない(740条)。重婚が発生する場合としては，第1に，相手方が勝手に離婚届を提出する場合がある。この場合は，離婚意思はないため離婚は無効となる。その結果，婚姻関係が重複する状態が発生する。第2に，失踪宣告が取消された場合がある。失踪宣告を受けた者は死亡したものとみなされ，他方配偶者は再婚が可能となる(31条)。失踪宣告が取消された場合，失踪宣告の取消しは，失踪の宣告後その取消し前に善意でした行為の効力に影響を及ぼさない(32条1項)。当事者双方がともに善意で再婚した場合には，婚姻は有効となる。他方当事者双方ともに悪意あるいは一方当事者が悪意で再婚した場合には，前婚が復活し，重婚となる。これに対し，32条1項は身分行為には適用がないと考えると，後婚の善意・悪意にかかわらず前婚が復活し重婚となる。婚姻については一律に後婚を有効とし，前婚は復活しないとする考え方もある。第3に，配偶者の認定死亡を得て再婚したが，その者が生存していた場合をあげることができる。

(b)　重婚の取消し

　重婚の取消しは，各当事者，その親族または検察官から請求することができる(744条1項)。検察官は，当事者の一方が死亡した後は，請求することが

できない（同条1項ただし書き）。判例においては，後婚が離婚によって解消されたときは，特段の事情のない限り，後婚が重婚にあたることを理由に取消しを請求することはきないとした（最判昭57・9・28民集36・8・1642）。

(3) 再婚禁止期間

改正前733条は①女が前婚の解消または取消しの時に懐胎していなかった場合，②女が前婚の解消または取消しの後に出産した場合をのぞき，再婚禁止期間を100日としていた。これは改正前772条にさだめる嫡出推定の重複を回避することにより法律上の父子関係を早期に安定して，父子関係をめぐる紛争の発生を未然に防ぐためであった（かつては，再婚禁止期間が6か月とされていた）。嫡出推定規定が見直されたことに伴い，父性推定の重複がなくなることから，再婚禁止期間は廃止され，改正後は，離婚後すぐに再婚した場合にも，子の父は出生の直近の婚姻における夫の子（再婚相手の子）と推定するとされた（772条3項）。

(4) 近親婚の禁止

直系血族または三親等内の傍系血族の間では，婚姻をすることができない（734条1項本文）。直系血族は親子間，祖父母と孫間などをさす。親子関係と婚姻関係の双方の存在を認めることは，家族や社会の秩序を破壊するとされる。三親等内の傍系血族は，兄弟姉妹，叔父姪，叔母甥などをさす。兄弟姉妹間では，異父母の兄弟姉妹であっても近親婚に該当する。

養子と養方の傍系血族との間では，婚姻することができる（同条1項ただし書き）。養子は，養親の兄弟姉妹，子および孫とは，三親等内の傍系血族にあたるが婚姻することができる。特別養子縁組の成立により実方との親族関係が終了した場合でも，実父母，養父母等，特別養子縁組当時に近親者であった者との間では婚姻することができない（734条2項）。

近親婚は，婚姻届が受理されず（740条），取消しの対象となり（744条），取消された婚姻の効果は将来に向かって消滅する（748条）。

直系姻族の間では，姻族関係が終了した後であっても婚姻をすることができない。配偶者の直系血族または直系血族の配偶者は，親子秩序維持の観点

から禁止される。本条に反する婚姻は取消しの対象となる。

養子若しくはその配偶者または養子の直系卑属若しくはその配偶者と養親またはその直系尊属との間では、親族関係が終了した後でも婚姻をすることができない（736条）。直系卑属とは養子の直系卑属であり、養子縁組前および離縁後の養子の直系卑属は含まれない。その者の配偶者、離縁後の養子の配偶者も含まれない（直系姻族の配偶者につき735条）。

成年被後見人は婚姻を理解し判断できる判断能力があれば、成年後見人の同意を要しない（738条）。婚姻当時に婚姻能力がない場合は無効となる。

未成年者の婚姻は、成年年齢の引き下げに伴い、廃止された。

4 婚姻の無効及び取消し

(1) 婚姻の無効

婚姻は、①人違いその他の事由によって当事者間に婚姻をする意思がないとき、②当事者が婚姻の届出をしないときは無効となる。

742条における婚姻無効は、無効原因を限定し、審判や判決をへて、戸籍を訂正する。たとえば当事者間に婚姻する意思がないにもかかわらず虚偽表示により仮装婚姻がなされた場合には、婚姻行為は無効となり、虚偽表示（仮装婚姻）に基づく記載であれば戸籍法114条による戸籍訂正事項となる（那覇家審昭49・4・13家月27・4・86）。

婚姻無効は人事に関する訴訟事件であり、調停前置主義により調停の申立てをおこなう（家事257条1項）。当事者間が合意し無効の原因について争わない場合には、合意に相当する審判がされる（人訴24条1項）。訴えを提起した者は、判決が確定した日から1か月以内に、戸籍訂正を申請しなければならない（戸籍116条1項）。

婚姻届を提出すると、その効力を生ずる（739条1項）。婚姻届は、当事者双方及び成年の証人二人以上が署名した書面で、またはこれらの者から口頭でしなければならない（739条1項ただし書き）。

婚姻無効の法的性質については、民法学の立場と訴訟法学の立場によって見解がわかれている。訴訟法学の立場からすれば、婚姻の届出がなされている以上、婚姻無効は判決や審判によって無効とされるべきであるとし、民法

学の立場からは，婚姻は当然無効であるとされ，婚姻無効の訴えは確認の訴えと解すると主張される。

学説及び判例では，婚姻届を提出した当時は婚姻意思を欠き無効となる場合であっても，のちに当事者が婚姻意思を有するようになった場合には，無効行為の追認としてさかのぼって婚姻関係を有効とする（最判昭47・7・25民集26・6・1263）。

(2) 婚姻の取消し
(a) 婚姻取消しの原因

婚姻取消しの原因は，①不適齢婚の婚姻（745条），②詐欺または強迫による婚姻（747条）等がある（他には，重婚・近親者婚等がある）。①の場合，不適齢者は，適齢に達した後でも3か月間は，婚姻の取消しを請求することができるが，適齢に達した後に追認をしたときは，婚姻の取消しを請求することができない（745条2項ただし書き）。

②の場合は私益的取消しの対象となる。詐欺は，欺罔行為が一般人にとっても相当程度に違法性を有する場合であり，強迫も違法性の強度である場合をさす。詐欺・強迫による取消権者は婚姻当事者に限定され，財産法における詐欺・強迫（96条）の適用は排除される。取消権の行使期間は，当事者が，詐欺を発見し若しくは強迫を免れた後3か月であり，追認した場合には取消権は消滅する（747条2項）。追認は意思表示でも黙示の意思表示であってもよい。

不適齢婚は婚姻適齢（731条）の規定に違反した婚姻であるため，公益的取消しである。優生学的見地や道徳的見地からの要請である。不適齢婚であっても年数の経過により適齢婚となった場合は，取消しを請求することはできない（745条1項）。

婚姻取消しの請求権者は，婚姻の各当事者，その親族または検察官である（744条1項，同条同項ただし書き）。重婚の禁止（732条）に違反した婚姻については，前婚の配偶者と婚姻当事者とも婚姻の取消しを請求することができる（同条2項）。婚姻の取消しは身分関係の確定に関する事件であり，またその効果は他の親族等に影響を及ぼすこととなるため，訴えによることとする。取消

しの訴えは，人事訴訟法にしたがっておこなわれる。

不適齢婚による婚姻と詐欺・強迫による婚姻が同時に行われた場合には，いずれの理由においても婚姻の取消しを請求することができる。

(b) **婚姻取消しの効果**

婚姻の取消しは，将来に向かってのみその効力を生ずる（748条1項）。婚姻届提出後の身分関係を取り消せば，家族や第三者との関係（子や第三者）において不測の事態を発生させることもあるからである。

婚姻取消しの効果は，離婚の効果に準ずる。姻族関係の終了（728条1項），子の監護・復氏・財産分与・祭祀財産承継（766条から769条まで），離婚時の子の氏（790条1項ただし書き），親権者の決定（819条2項・3項及び5項並から7項まで）の規定は，婚姻の取消しについて準用する（749条）。

婚姻取消しの判決が確定しても，身分関係は消滅しない。取消し前の夫婦関係がさかのぼって消滅することはなく，婚姻関係にある間にうまれた子は嫡出子としての地位のままとなる（名古屋高決昭37・10・3家月15・3・121）。財産関係については，婚姻の時においてその取消しの原因があったことを知らなかったか（善意），あるいは知っていたか（悪意）による。

婚姻の時において善意であった当事者が，婚姻によって財産を得たときは，現に利益を受けている限度において，その返還をしなければならない（748条2項）。婚姻の時において悪意であった当事者は，婚姻によって得た利益の全部を返還しなければならない（同条3項）。

第2　婚姻の効果

1　夫婦の氏

夫婦は，婚姻の際にさだめるところに従い，夫または妻の氏を称する（750条）。夫または妻の氏を称するとは，夫婦の一方が他方の氏に改めることをさし，同じ氏であっても氏を選択することとなる。婚姻期間中，夫婦は同じ氏を称し，夫婦が養子縁組をすれば夫婦ともに養親の氏を称し，夫婦の一方が養子縁組をし，養子となる場合は，養子は養親の氏を称し，養子の配偶者も氏を変更する。

離婚によって氏を改めた夫または妻は，協議上の離婚によって婚姻前の氏に復する（離婚復氏：767条1項）。婚姻に際して氏を改めた者は婚姻前の氏に復し（民法上の氏），婚姻前の戸籍に入る（戸籍19条1項）。婚姻前の氏に復した夫または妻は，離婚の日から3か月以内に戸籍法のさだめるところにより届出ることによって，離婚の際に称していた氏を称することができる（呼称上の氏，婚氏続称）。夫婦の一方が死亡したときは，生存配偶者は，届出により婚姻前の氏に復することができる（751条1項戸籍95条）。

現行民法750条は夫婦のいずれかの氏を選択することとし，夫婦で氏が異なることを認めてない。選択的夫婦別氏については，①婚姻時に氏を変更することによる生活上の不利益，②個人のアイデンティティの問題，③夫婦同氏を強制するとの視点から，導入を求める意見があると同時に，①夫婦同氏は日本に定着した制度であること，②氏は個人の自由の問題ではないこと，③家族の一体感がうまれること等を理由に，同氏に賛成する意見もある。

2 同居・協力・扶助の義務

夫婦は同居し，互いに協力し扶助しなければならない（752条）。夫婦の身分関係にもとづきさだめられる本質的な義務である。本条は強行規定であり，本条に反する場合はその効力を主張することはできないとされているが，夫婦の生活状況等により同居・協力・扶助の考え方は異なる。また，夫婦間には，明文規定はないものの貞操義務があるとされている。民法770条1項1号が，貞操義務を離婚原因と定めていることによる。

(1) 同居義務

「同居」とは，夫婦として同居する義務である。同居義務違反は，悪意の場合には770条1項2号（悪意の遺棄）による離婚原因となり，そうでない場合であっても，770条1項4号（婚姻を継続しがたい重大な事由）による離婚原因となる。また，離婚慰謝料の理由ともなる。同居にあたって，夫婦はその協議により居所をさだめる。同居する場所について協議が定まらないとき，夫婦で定めた居所に同居しない場合には，家庭裁判所に同居の審判を申立てることができる。

同居義務の履行には，直接強制や間接強制はない。夫婦関係が悪化し破綻している場合や，夫婦間暴力があるような場合に同居の審判を申立てることは，権利の濫用になる場合もある。

同居義務は婚姻期間，すなわち婚姻届を提出してから離婚届を提出するまで継続する。転勤や入院等，正当な理由がある場合には一時的に別居することは認められる。正当な理由なくして同居に応じない場合には，他方は，同居を命ずる審判を求めることができる。

現在では，婚姻当初より別居を選択する夫婦もあり，別居婚を無効とすることはかえって本条の趣旨に反することになる場合もある。

(2) 協力義務

協力義務とは，夫婦ともに共同生活を分業にて行う義務である。夫婦関係の本質的義務であり，法的に強制される義務ではない。ただし協力義務に反すれば，離婚原因となりうる。夫婦の協力関係には，日常的な家事作業における協力関係や家計の維持などのための経済的な協力関係がある。

夫婦の協力義務については，主に経済的な協力関係につき，婚姻費用分担（760条）がさだめられている。本条は，夫婦は，その資産，収入その他一切の事情を考慮して，婚姻から生ずる費用を分担するとし，夫婦の分担割合を法定せず，事情に応じて分担するとしている。

(3) 扶助義務

扶助義務は，夫婦と未成熟の子からなる共同体を維持するための義務であり，いわゆる生活保持義務にあたる。扶助義務の程度は，夫婦それぞれの生活状況に応じて異なる。夫婦生活維持のために経済的協力は不可欠であるが，760条は婚姻費用についての分担義務をさだめる。扶助義務の違反があった場合には，不法行為（709）に基づいて損害賠償請求を行うこともできるし，悪意の遺棄（770条1項2号）として離婚請求を行うこともできる。なお扶助義務を免除する旨の夫婦間の約定は無効となる。扶助義務は夫婦間における金銭的な協力関係であり，強制履行も可能である。ただし自ら婚姻関係を破綻させた等の事情がある場合は，扶助義務の履行請求が権利濫用となる場合もある。

(4) 貞操義務

婚姻関係にある夫婦は互いに貞操義務を負う。明文規定はないが，770条1項1号が離婚原因として不貞行為をあげていることから，夫婦間には貞操義務があるとされる。夫婦の一方配偶者と性的関係を持った者は，他方配偶者が夫または妻として有する権利を侵害し，精神的苦痛を与えたとして損害賠償責任を負う。婚姻外の関係で性的関係を持った一方配偶者には共同不法行為責任が発生する。不貞行為による損害賠償は，夫婦を離婚させることを意図してその婚姻関係に対する不当な干渉をするなど，夫婦が離婚した等の特段の事情があるときに限られる（最判平31・2・19民集73・2・187）。不貞行為による慰謝料請求についても，夫婦の一方の配偶者と肉体関係を持った第三者は，故意または過失がある限り…他方の配偶者の被った精神上の苦痛を慰謝すべき義務があるとする（最判昭54・3・30民集33・2・303，最判平6・1・20家月47・1・122）。不貞行為の当時，夫婦関係が破綻していた場合には，婚姻共同生活の平和の維持という権利または法的保護に値する利益があるとはいえず，損害賠償責任を負わない（最判平8・3・26民集50・4・993）。

3 夫婦間の契約取消権

改正前754条は，婚姻中の夫婦間の契約は愛情にもとづき自由意思の確保が難しい場合もあるため，契約の履行は夫婦の愛情にもとづくべきであって，法的拘束力をもたせることは望ましくないとして，婚姻中夫婦間でした契約は，いつでも取り消すことができるとしていた（夫婦関係が破綻している場合につき最判昭42・2・2民集21・1・88）。本条は，夫婦関係が破綻している場合に問題となるものであり，当事者の真意に反する契約のみ，心裡留保・錯誤・詐欺・強迫等の諸規定により契約の無効及び取消しをすれば足りることから，改正により削除された。

第3 夫婦財産制

1 夫婦財産契約

夫婦は，婚姻の届出前に財産契約を締結することができる（755条）。夫婦財

産契約がなければ法定財産制が適用される。明治民法においては、夫は妻の財産に管理権を持ち（明治民法801条）、妻は日常家事については夫の代理人として契約するのみであった。戦後、夫婦財産契約は、平等な立場にある夫婦が、婚姻届を提出する前に自由にその内容を決定し契約を締結する条文として機能することとなった（契約自由の原則）。法定財産制と異なる契約を締結することもできるが、公序良俗に反する契約は無効となる。

夫婦財産契約の当事者は、婚姻しようとする者である。将来婚姻届を提出することに付随する契約であるから、婚姻の無効・取消しにより夫婦財産契約も解消する。詐欺・強迫によって夫婦財産契約を締結した場合にはこれを取り消すことができる（747条類推適用）。婚姻関係が終了すれば夫婦財産契約も終了する。

夫婦が、法定財産制と異なる契約をした場合には、婚姻の届出までにその登記をしなければこれを夫婦の承継人及び第三者に対抗することができない（756条）。夫婦財産に関する取引等に利害関係を有する第三者を保護するために登記をすることとしたものである。

夫婦の財産関係は、婚姻届提出後は変更することができない（758条1項、管理者の変更につき同条2項）。夫婦の合意による解約や内容変更もすることができない。夫婦財産契約に契約内容を変更する旨の特約を付することもできない。これは婚姻後に変更することにより第三者との間の取引安全が害されることを防ぐためであり、また、愛情や威圧等により自由な契約がなされないこともありうること等からである。

夫婦の共有財産を管理している配偶者が不適当な管理をした場合、管理者の変更及び共有財産の分割を求めることができる（同条2項・3項）。管理者を変更し、共有財産の分割をしたときにも、登記を必要とし、登記をしなければ夫婦の承継人及び第三者に対抗することができない（759条）。

2 法定財産制

(1) 婚姻費用分担

夫婦は、その資産、収入その他一切の事情を考慮して、婚姻から生ずる費用を分担する（760条）。明治民法では、夫が婚姻より生ずる一切の費用を負担

するとされていた（明治民法798条1項）。現行民法は，夫婦は相互に扶助義務を負うとされ（752条），婚姻費用は夫婦で分担する。婚姻費用と扶助義務との関係については，概念的には区別することはできるが，同じである。

夫婦及び未成熟の子の扶養が生活保持義務であることを前提にし，夫婦の一方は，生活に必要な費用を他方配偶者に請求することができる。

「婚姻から生ずる費用」とは，当事者の資産，収入，その他一切の事情を考慮して夫婦が婚姻生活を送るうえで必要とされる費用である。子の養育費・衣食住の費用のほか，出産費，医療費，未成熟子の養育費，教育費，相当の交際費などが含まれる。

婚姻費用分担額は，夫婦の協議により決められる。分担には，直接的な金銭の負担もあれば，労務の提供（家事・育児）も含まれる。夫婦の協議がととのわないときは，家庭裁判所の調停・審判により決定する。家庭裁判所は，養育費・婚姻費用という客観的な指標をもとに婚姻費用を決定する。婚姻費用分担義務は婚姻継続中存続する。婚姻費用は過去の婚姻費用についても請求することができる。ただし，具体的にいつの時点からの婚姻費用について請求することができるかについては，裁判例でも一致せず，分担請求時，紛争発生時，要扶養状態にあることを知ったとき等の考え方がある。

離婚時に婚姻費用分担の請求権がある場合には，離婚時の財産分与として考慮される（最判昭53・11・14民集32・8・1529）。事情変更により婚姻費用分担額に変更が発生した場合は，事情変更の原則の類推ないし民法880条の類推により家庭裁判所にて変更の審判をすることができる（東京高決平16・9・7家月57・5・52）。

夫婦が別居している場合は，婚姻破綻の程度により分担額を判断する。自ら婚姻関係を破綻させた者は生活費を請求することはできない（東京高決昭58・12・16家月37・3・69）。

(2) 日常家事債務

夫婦の一方が日常の家事に関して第三者と法律行為をしたときは，他の一方は，これによって生じた債務について，連帯してその責任を負う（761条本文）。契約の相手方は，日常家事の範囲内における取引であれば，夫婦いずれ

の名であっても夫婦双方を契約主体として考えることが通常であることから，取引の相手方保護の見地から夫婦の連帯責任を定めている。

「日常の家事」には，食料品・衣料品の購入契約・光熱費・医療費・子の学習用教材費・娯楽費等が含まれる。日常の家事にあたるか否かは，夫婦の社会的地位・職業・資産・収入等，地域の慣習等によって異なる。裁判例では，夫婦の共同生活の内部的な事情やその行為の個別的な目的のみではなく，法律行為の種類，性質等をも十分に考慮して判断すべきとする（最判昭43・7・19判時528・35，最判昭44・12・18民集23・12・2476，最判昭45・2・27金法579・28）。

夫婦は日常家事の取引に関しては相互に法定代理権を有する（代理権肯定説，最高裁上掲昭和44年判決）が，夫婦の一方がおこなった取引行為が761条の「日常の家事」にあたらない場合は，相手方が不測の損害をこうむるおそれがある。判例は，110条を類推適用する考え方を示し，第三者保護のためには「正当の理由」が必要であるとする。連帯責任は，同一内容の債務を併存的に負うことを意味し，第三者との関係では負担部分に関する連帯債務の規定は適用されない。あらかじめ第三者（契約の相手方）に対して責任を負わない旨の予告をした場合，夫婦は連帯責任を負わない（761条ただし書き）。

(3) 夫婦間における財産の帰属

夫婦の一方が婚姻前から有する財産及び婚姻中自己の名で得た財産は，その特有財産とする（別産制，762条1項）。夫婦のいずれかに属するか明らかでない財産は共有と推定する（同条2項）。「特有財産」は夫婦各自が所有する財産であり，相続によって取得した財産等がある。婚姻前に取得した財産は特有財産となるが，婚姻後に取得した財産については，夫婦の一方の名義で取得していると同時に実質的にも夫婦の一方に属することが必要である。婚姻中に購入した不動産などは，一方配偶者の名義であるが夫婦の居住の用に供されている場合もあり，状況によって判断が異なる。同条2項における共有と推定される財産は，生活のために夫婦の一方または双方が購入したものや，名義は夫婦の一方にあるものの実質的に共有財産とみられるもの等があり，具体的には婚姻中に夫婦が協力して購入した不動産等がある。実質的に夫婦の共有に属する財産が対象となる。判例は，夫が自らの収入は妻の家事協力

によって得られたとして税務申告をした事例について，民法762条1項がさだめる夫婦別産制における夫婦の不平等は，財産分与請求権，相続権ないし扶養請求権等によって，夫婦間に実質上の不平等が生じないように立法上の配慮がなされているとして民法762条は憲法24条に反しないとした（最判昭36・9・6民集15・8・2047）。

III 離婚

> わが国における離婚の方式には，協議離婚・審判離婚・調停離婚・裁判離婚のほか，訴訟上の和解による離婚と相手方の認諾による離婚がある。明治民法では，「家」制度のもとにおいての離婚であったことから，特に協議離婚では，「追い出し離婚」とも言われ，男子専権離婚であると批判されていた。戦後，憲法が改正され，男女平等のもと，離婚の協議や裁判による離婚がおこなわれることとなった。

第1 離婚とは

　わが国における離婚の方式には，協議離婚・裁判離婚のほかに，戦後，家庭裁判所が作られ，家事審判法（昭22法152）が制定されたことにより導入された調停離婚・審判離婚，人事訴訟法（平15法109）の制定により認められた訴訟上の和解による離婚（和解離婚）と相手方の認諾による離婚（認諾離婚）がある。明治民法では，「家」制度の理念を反映したうえで離婚の手続きがとられていたが，戦後は，両性の平等が規定され，裁判離婚については，離婚原因が夫婦平等の規定にあらためられた。

　ヨーロッパでは，「神の合わせ給いしものは人これを離すべからず」とされ，婚姻の管轄権が教会に属すると，教会は離婚を禁止し，婚姻不解消主義がとられた。現在，多くの国では，夫婦関係が悪化し，回復の見込みがなくなったときには離婚を認めるとする考え方（破綻主義）に基づいた離婚原因をもつ。これに対し，一方配偶者に婚姻関係を破綻させたことについて原因がある場合に離婚を認める考え方（有責主義）もある。たとえば，フランスでは，1975年に離婚法が全面的に改正されたが，有責主義にもとづく離婚事由と，破綻による離婚原因が併存している。

第2　離婚の態様

1　協議上の離婚

(1)　**協議離婚の要件・効果**

(a)　**離婚意思**

　夫婦は，その協議で，離婚をすることができる（763条）。協議により離婚をするにあたっては，夫婦双方に意思能力のあることが必要となる。成年被後見人は，離婚協議の際に，意思能力があれば，成年後見人の同意を要せず，自らの意思で離婚をすることができる（738条）。

　離婚意思について学説では，離婚意思は，婚姻関係の実態を解消させることに向けての意思表示であるとする考え方（実質的意思説）と，離婚意思は，離婚届を提出することに向けられた意思のみでよく，婚姻関係の実態を解消させる意思は要しない（形式的意思説）とする考え方のほか法律上の離婚を解消しようとする意思があればよいとする考え方（法定型意思説）がある。実質的意思説によれば，離婚届が出された場合であっても，婚姻関係を解消させる意思がなければ無効となり，形式的意思説によれば，離婚届を提出することについて合意があれば，離婚は有効となる。判例においては，当事者の意思に基づかない離婚届が受理された場合，その離婚は当然に無効であるとする（最判昭53・3・9家月31・3・79）とするものの，仮装離婚につき，法律上の婚姻関係を解消する意思の合致に基づいてなされた離婚については，有効であると判断する（最判昭38・11・28民集17・11・1469）。

　離婚意思は，離婚届が成立要件とされていることから（764条：739条の準用），離婚届作成時および離婚届提出のときに必要となる。離婚届作成後，離婚届提出までの間に，一方が翻意し，届出のときに離婚意思を欠いている場合には，離婚届は無効である（最判昭34・8・7民集13・10・1251）。なお，届出人の生存中に郵送した届書は，その死亡後であっても，市町村長は，これを受理しなければならず，届書が受理されたときは，届出人の死亡の時に届出があったものとみなされる（戸籍法47条）。

　離婚は，夫婦の関係を解消させる行為であるから，人の身分に属する行為

であり，代理に親しまない。

(b) **届　出**

764条は739条を準用し，離婚届は戸籍法のさだめるところにより届け出ることによってその効力を生ずるとする。離婚届は，当事者双方及び成年の証人2人以上が署名した書面で，またはこれらの者から口頭で，しなければならない (戸籍37条2項)。離婚届は，739条2項及びその他の法令の規定に違反しないこと，夫婦間に子がある場合には，①親権者の定めがあること，②親権者の指定を求める家事審判または家事調停の申立てがされていることを認めた後でなければ，受理することができない (765条1項，令和6年法33本項改正により一・二追加)。765条1項に違反して受理されたときであっても，離婚は，その効力を妨げられない (同条2項)。すでに離婚意思を有して離婚届を提出している夫婦に協議離婚の効力を認めないとしても，離婚前の状態にすることも不可能であるからである。戸籍係には実質的審査権がなく，夫婦双方の離婚意思を確認することができないことから，離婚意思を欠いている離婚届の提出を防ぐために，不受理申出制度がある (戸籍法第27条の2第3項)。

(2) **離婚の無効・取消し**

当事者に離婚意思がない場合は無効となるが，先に述べたように，夫婦間で離婚届の提出に向けて合意がある場合には離婚は無効とはならない。婚姻について当事者の一方に実質的な婚姻意思がない場合には無効とする場合とは異なる。なお，離婚意思がなく無効となる場合であっても，たとえば離婚を認めることを前提に慰謝料を受ける合意をしたような場合には，離婚を追認したこととなるとする判例がある (最判昭42・12・8家月20・3・55)。

詐欺または強迫によって協議離婚をした者は，協議離婚の取消しを家庭裁判所に請求することができる (764条，747条1項の準用)。

詐欺とは，欺罔行為により錯誤に陥り，協議離婚をおこなった場合をいう。錯誤がなかったら協議離婚をしていないことが検討され，相手方配偶者や第三者の詐欺であるかは問わない。取消しは家庭裁判所に対しておこなう。取消権者は，詐欺・強迫によって協議離婚をした者であり，調停や審判により合意できなければ人事訴訟事件として扱われる。

協議離婚の取消しは，当事者が，詐欺を発見し，若しくは強迫を免れた後3箇月を経過し，または追認をしたときは消滅する（764条，747条2項の準用）。

2 調停離婚・審判離婚

(1) 調停離婚

人事に関する訴訟事件その他家庭に関する事件について訴えを提起しようとする場合には，まず家庭裁判所に家事調停の申立てをしなければならない（家事257条1項，調停前置主義）。調停において当事者に合意が成立し，調停機関が合意を相当と認め調停証書に記載すると，調停が成立する（家事268条1項）。証書の記載は，確定判決と同一の効力を有する（家事268条1項）。

(2) 審判離婚

調停が成立しない場合，家庭裁判所が相当と認めるときは，当事者双方のために衡平に考慮し，一切の事情を考慮して，職権で，事件解決のため必要な審判をすることができる（家事284条1項，調停に代わる審判）。当事者は，調停に代わる審判に対し，家庭裁判所に異議を申し立てることができ（家事286条1項），異議の申し立てがないとき，または異議の申立てを却下する審判が確定した場合には，調停に代わる審判は，確定判決と同一の効力を有する（家事287条）。

適法な異議の申立てがあったときは，調停に代わる審判はその効力を失う（家事286条5項，家事286条6項）。訴えの提起は，身分関係の形成または存否の確認を目的とする訴え（人事訴訟）による（人事2条）。

3 裁判離婚

夫婦の一方は，770条1項に該当する理由がある場合，離婚の訴えを提起することができる。明治民法下における法定離婚原因は，配偶者の重婚（明治民法813条1号），妻の姦通（同条2号），夫の姦淫罪（同条3号），配偶者の破廉恥罪または重罪（同条4号），配偶者の虐待・侮辱（同条5号），悪意の遺棄（同条6号）等であった。現行法においては，770条1項1号から4号において離婚原因をさだめる。このうち，不貞行為（1号）・悪意の遺棄（2号）・3年以上の生

死不明（3号）は具体的離婚原因であり，婚姻を継続し難い重大な事由（4号）は抽象的離婚原因である。770条1号・2号の離婚原因は，いずれも一方配偶者の婚姻義務違反（過失）が婚姻関係の破綻を招いたものとしてさだめられる（有責主義）。他方，3号・4号の離婚原因は，婚姻関係の状態変化を離婚原因とするものであり，一方配偶者の婚姻義務違反（過失）を問わない（破綻主義）。とくに4号の「婚姻を継続し難い重大な事由」については，夫婦双方の有責・無責を問わず，離婚訴訟を提起するまでの夫婦関係の変化に注視し，離婚原因の有無を判断する規定である。

(1) 不貞行為（1号）

不貞行為とは夫婦間の貞操義務に反する行為をいう。配偶者のある者が，自由な意思にもとづいて，配偶者以外の者と性的関係を結ぶことをいうのであって，この場合，相手方の自由な意思にもとづくものであるか否かは問わない（最判昭48・11・15民集27・10・1323）。本条を理由とする離婚請求は，不貞行為をはたらいた相手方配偶者の有責性を問うものであり，不貞行為があるにもかかわらず，離婚請求が棄却されるのは，770条2項による。

(2) 悪意の遺棄（2号）

「遺棄」とは，正当の理由なくして夫婦の同居および協力扶助義務を継続的に履行せず，夫婦生活にふさわしい共同生活の維持を拒否することをいう。「悪意」とは，たんに遺棄の事実ないし結果の発生を認識しているというよりも一段と強い意味をもち，社会的倫理的非難に値する要素を含むものであり，積極的に婚姻共同生活の継続を失わせるという害悪の発生を企図し，もしくはこれを認容する意思をいう（新潟家判昭36・4・24下民集12・4・857）。

(3) 3年以上の生死不明（3号）

一方配偶者が3年以上にわたって生死不明の状況にある場合，夫婦関係は実質的に破綻していることから，他方配偶者に婚姻関係継続の意思がなければ，本条により離婚を請求することができる。本号は，婚姻関係の破綻による離婚請求を認めるものであり，生死不明となった原因は問わない（大津地判

昭25・7・27下民1・7・1150)。起算点は，生死不明となっている配偶者の生存が確認された時点となる。

(4) 回復の見込みのない強度の精神病（改正により削除）

配偶者が強度の精神病にかかり，回復の見込みがないときは，夫婦の一方は，離婚の訴えを提起することができた（改正前770条1項4号）。一方配偶者が「分業上の役割を果すことができないため他方の配偶者にとつて婚姻が耐えがたい拘束」となった場合，婚姻関係は破綻しているとして本条による離婚請求が認められていた。

改正前770条1項4号に該当する場合であっても，「諸般の事情を考慮し，病者の今後の療養，生活等についてできるかぎりの具体的方途を講じ，ある程度において，前途に，その方途の見込のついた上でなければ，ただちに婚姻関係を廃絶することは不相当と認めて，離婚の請求は許さない」と判示されていた（具体的方途，最判昭45・11・24民集24・12・1943，名古屋高判平3・5・30判時1398・75）。本条については，差別的な規定であると指摘されていたところでもあり，「婚姻制度の見直し審議に関する中間報告」（平成7年9月　法務省民事局参事官室）や「民法の一部を改正する法律案要綱」（平成8年2月　法制審議会総会決定）においても，削除することが主張されていた。今般の改正において，削除されることとなった。

(5) 婚姻を継続し難い重大な事由（4号）

夫婦の一方は，「婚姻を継続し難い重大な事由」があるときに，離婚の訴えを提起することができる（770条1項4号）。改正前は，770条1項5号にさだめられ，精神病離婚（改正前770条1項4号）の削除にともない，4号となった。「婚姻を継続し難い重大な事由」とは，婚姻関係が破綻し，婚姻共同生活の回復の見込みがないことをいう。婚姻関係破綻の判断基準としては，当事者の生活状況や態度，婚姻継続の意思，子の有無，年齢，性格，その他一切の事情が考慮される。

離婚の訴えを提起するにあたり，相手方配偶者の有責性は問わない。相手方配偶者が無責であっても，離婚の訴えを提起することができる。

なお，有責配偶者からの離婚請求については，このような離婚請求が認められるのであれば，妻は「全く俗にいう踏んだり蹴たり」であるとして，離婚請求を棄却した事案がある（最判昭27・2・19民集6・2・110）。本判決は，消極的破綻主義の立場をとったとされたが，昭和62年9月2日，最高裁が，有責配偶者である夫からの離婚請求について，「当該婚姻は，もはや社会生活上の実質的基礎を失っているものというべきであり，かかる状態においてなお戸籍上だけの婚姻を存続させることは，かえって不自然である」として，条件付きではあるが，有責配偶者からの離婚請求を認容した（最大判昭62・9・2民集41・6・1423）。

　本判決は，夫婦としての実態を欠く場合には，社会生活上の実質的基礎を失っているから，信義則上容認されうる場合には離婚請求を認容するとし，その判断にあたっては，相手方配偶者の婚姻継続についての意思及び請求者に対する感情，相手方配偶者の精神的・社会的・経済的状態及び夫婦間の子，殊に未成熟の子の監護・教育・福祉の状況，別居後に形成された生活関係，時の経過がこれらの諸事情に与える影響も考慮されなければならないとした。離婚請求を認容するための具体的要件については，①相当の長期間に及ぶ別居（両当事者の年齢及び同居期間との対比），②未成熟の子の不存在，③苛酷条項の不存在，等離婚請求を認容することが著しく社会正義に反するといえるような特段の事情の認められない場合には，有責配偶者からの請求も認められるとした（最高裁昭和62年判決以降は，別居期間8年弱の事例（最判平2・11・8家月43・3・72），別居期間9年8か月（最判平5・11・2家月46・9・40）等がある）。

(6) 裁量棄却事由（770条2項）

　裁判所は，第1号から第3号までに掲げる事由がある場合であっても，一切の事情を考慮して婚姻の継続を相当と認めるときは，離婚の請求を棄却することができるとさだめる（裁量棄却事由，770条2項）。

　4号については770条2項の適用はないが，婚姻関係が破綻し回復の見込みがない状況であっても，「婚姻の継続を相当と認めるとき」は，離婚請求を棄却する（最判平元・3・28家月41・7・67，最判平16・11・18家月57・5・40）。

4 認諾離婚・和解離婚

離婚訴訟の係属中に，当事者間に離婚に関する協議が調い，和解が調った旨の陳述がおこなわれ，和解調書に離婚をする旨の記載がなされた場合，その記載は，確定判決と同一の効力を有し，直ちに離婚の効力が生じる（人事37条1項，民訴266条，267条の準用，和解離婚）。また，原告による離婚請求と被告による請求認諾の意思表示がある場合には，離婚の協議が調っているとして，調書に記載したときに，離婚の効力が生じる（人事37条1項，民訴266条，267条の準用，認諾離婚）。ただし，認諾離婚の場合は，財産分与等の附帯処分や未成年の子の親権者の指定の裁判を要しない場合に限る（人事37条1項）。

第3　離婚の効果

1　離婚の効果総説（身分上の効果）

婚姻関係の解消により，同居義務（752条）は消滅する。また婚姻によって氏を改めた夫または妻は，離婚によって婚姻前の氏に復する（767条1項，離婚復氏，民法上の氏）。ただし，離婚の日から3箇月以内に「離婚の際に称していた氏を称する届」を市区町村役場に提出することにより，離婚の際に称していた氏を称することができる（戸籍法77条の2，婚氏続称，呼称上の氏）。なお，やむをえない事由によって氏を変更しようとする者は，家庭裁判所の許可を得て，許可を得た氏及び氏の振り仮名を届け出なければならない（戸籍107条1項）。

婚姻によって氏を改めた者が，祭祀に関する権利を承継した後（897条1項），離婚をしたときは，当事者その他の関係人の協議で，その権利を承継すべき者をさだめなければならない（769条1項）。協議が調わないとき，または協議をすることができないときは，祭祀に関する権利を承継すべき者を家庭裁判所がさだめる（769条2項）。

2　離婚の効果（財産上の効果）

(1)　財産分与

婚姻関係の解消により，夫婦間の扶助・協力義務（752条）や婚姻費用分担

義務（760条）は終了する。協議上の離婚をした者は，互いに相手方に対して財産分与の請求をすることができる（768条1項，裁判離婚における771条は768条を準用する）。当事者間に協議が調わないとき，または協議をすることができないときは，当事者は，家庭裁判所に対して協議に代わる処分を請求することができる（768条2項本文）。

　裁判離婚について，夫婦の一方より財産分与に関する処分についての申立てがあった場合には，裁判をしなければならない（人訴32条1項）。裁判所は，当事者に対し，財産上の給付を命ずることができる（同条2項）。同条2項における義務の履行を怠った者がある場合には，義務者に対して相当の期限を定めてその義務の履行を命ずることができる（人訴39条1項，差押禁止につき民執152条1項）。財産分与については保全処分をすることができる（人事30条1項，家事105条）。

　財産分与は，改正前は，離婚時から2年以内に請求することとされ，2年をこえると請求することができなかった（除斥期間，改正前768条2項）。改正後は，財産分与請求権の期間が5年に延長され（改正後768条2項），財産分与額の決定にあたっては，離婚後の当事者間の財産上の衡平を図るため，当事者双方がその婚姻中に取得し，または維持した財産の額及びその取得または維持についての各当事者の寄与の程度，婚姻の期間，婚姻中の生活水準，婚姻中の協力及び扶助の状況，各当事者の年齢，心身の状況，職業及び収入その他一切の事情を考慮すると定めている（768条3項）。寄与の程度については，各当事者の寄与の程度が異なることが明らかでないときは，相等しいものとされ（2分の1ルール），必要があると認めるときは，財産状況に関する情報を開示することを命ずることができ（情報開示命令，人訴34条の3），当事者が正当な理由なく情報を開示せず，または虚偽の情報開示をおこなったときには，10万円以下の過料に処せられることとなる（人訴34条の3第3項）。

　改正前の財産分与の規定には，財産分与を認めるか否か，財産分与の額に関する判断基準はなかったため，このように，判断基準を明確にすることにより，離婚の際に財産分与の取り決めをおこなうにあたっても，当事者に明確にその基準を示すことが可能となり，財産分与の取り決めを円滑におこなうことができるとされている。

(2) 財産分与の法的性質

　婚姻解消時の財産分与は，離婚に伴う夫婦の財産上の不利益を解消するためにおこなわれる。768条3項は，財産分与の算定に当たっては「当事者双方がその協力によって得た財産の額その他一切の事情」を考慮するとし，文言からも，財産分与は夫婦財産の清算を含むことがわかる（清算的要素）。

　婚姻期間中の夫婦の財産関係は，762条がさだめるように別産制であるが，一方配偶者は，他方配偶者が有する財産に対し，潜在的持分を有すると考えられているからである。当事者双方の寄与度は2分の1とし（2分の1ルール），夫婦の協力によって得た財産を清算する。

　また，768条3項は「その他一切の事情」とすることから，離婚にあたっては，財産の清算をするほかにも，財産上，考慮されるべき事情があるとする。1つは，離婚後の扶養についてである。婚姻は，精神的なつながりのある等による共同体だけでなく，経済的にもつながりのある共同体であることから，離婚後の一方配偶者の生計の維持を図る必要がある（扶養的要素）。離婚時に経済的に余裕のある者が生活に困窮する他方配偶者に相当の扶養をすることは人道上の責務であるとする判例もある（最判昭46・7・23民集25・5・805）。2つは，他方配偶者の有責行為により離婚する場合に，離婚慰謝料を財産分与に含めるか，という問題である（損害賠償的要素）。離婚慰謝料については，768条3項が「その他一切の事情」としていることから，慰謝料の原因となる事情についても考慮することができるとする判例がある（最判昭31・2・21民集10・2・124）。

(3) 財産分与の対象財産 （清算的要素）

　財産分与の対象となる財産は，婚姻後に夫婦の協力により取得した財産である。具体的には，不動産（動産）・預金・債権・証券等をあげることができる。退職金は，賃金の後払い的性格をもっていることから，婚姻継続中に退職を迎えた場合には，婚姻期間に応じて，支払われた退職金は財産分与の対象となる。

　債務についても財産分与の対象となる。別産制のもとでは，日常家事債務の連帯責任（761条）をのぞき，夫婦各自の債務となるが，夫婦共同生活を営

むうえでの債務である場合には，日常家事債務の範囲を超えて夫婦共同の債務とされる場合がある。（オーバーローン問題に関して東京高決令3・12・24判タ1501・94）。

　年金は，離婚時年金分割制度（「国民年金法の一部を改正する法律」（平16第104号）のもと，①合意分割，②3号分割を行うことができる。特に②については，国民年金第3号被保険者からの請求により，婚姻期間中の第3号被保険者期間における相手方の保険料納付記録を2分の1ずつ，分割することができる。過去の婚姻費用については，768条3項における「一切の事情」に含まれるとして，婚姻費用の清算を財産分与に含めることができる（最判昭53・11・14民集32・8・1529）。

(4) 離婚後扶養（扶養的要素）

　離婚後，経済的に不利益な状況となる配偶者に対し，他方配偶者が財産上の給付をおこなうことをいう。婚姻期間中，夫婦間には扶助義務（752条）があり，また，婚姻費用分担義務（760条）により，夫婦の相互協力があるが，離婚によりこれらはすべて消滅する。離婚により経済的自立が困難となる配偶者にとっては，離婚後扶養が必要となる（婚姻の予後効説）。現在では，離婚後扶養は，婚姻により失われた稼働能力を回復させるための給付とする考え方（補償的要素）がある。夫婦間は対等な立場にあって，協力して婚姻生活を維持するものであるから，婚姻解消時には，このことにより発生する一方配偶者の経済的不利益を調整するための役割を持つとする考え方である。

(5) 離婚慰謝料（慰謝料的要素）

　相手方配偶者の有責行為により離婚に至ったことを理由として，損害賠償を請求する考え方である。離婚にあたり慰謝料を請求する場合には，相手方配偶者の有責行為が，離婚に至る具体的原因となっている場合と，離婚すること自体が精神的苦痛を発生させるとする場合がある。いずれの場合においても，不法行為（709条）に基づく損害賠償を請求することができる。

　財産分与の請求にあたり慰謝料的要素を考慮する場合には，慰謝料を財産分与にあたっての一要素として考えるか，別個に不法行為に基づく慰謝料請

求をするかが問題となる。財産分与に慰謝料的要素も含めるとする考え方（包括説）は，起草者もこの立場にたっていたこと，紛争の一回的解決の要請，768条3項には「一切の事情」とされていること等を理由としてあげる。他方，別個に不法行為に基づく慰謝料請求を請求するとする考え方（限定説）によれば，財産分与請求は相手方の有責性を問わないこと，家庭裁判所の審理によること（家事150条5号），時効が2年であること（改正前768条2項）を理由としてあげる。財産分与請求は，不法行為による慰謝料請求を妨げるものではないが，財産分与請求により精神的苦痛がすべて慰謝された場合には，重ねて慰謝料請求をすることはできないとする（最判昭46・7・23民集25・5・805）。

(6) その他の問題
(a) 財産分与と債権者代位権

離婚時に財産分与請求権を行使するにあたって，分与義務者が，財産分与の対象となる財産をすでに逸出させていたような場合，財産分与請求権を保全するために，債権者代位権（423条）を行使することができるかが問題となる。財産分与を逃れるために財産処分をおこなうようなことがあれば，財産分与請求権を保全するための方策を講じることが考えられる。判例では，夫名義の土地が妻に贈与され，その後，妻の母に所有権移転がなされた事例において，協議あるいは審判などによって具体的内容が形成されるまでは，その範囲及び内容が不確定・不明確であるから，かかる財産分与請求権を保全するために債権者代位権を行使することはできないものと解するのが相当であるとした事例がある（最判昭55・7・11民集34・4・628）。

(b) 財産分与と詐害行為取消権

夫婦の一方が債務超過に陥った場合，財産分与により他方配偶者に財産を移転させることがある。このような財産移転が，債務者が債権者を害することを知っていながら行われた場合には，債権者が，詐害行為取消権を行使し（424条），財産分与の取消しを求めることができるかが問題となる。

判例は，原則として財産分与は詐害行為とはならないが，768条3項の規定の趣旨に反して不相当に過大である場合や，財産分与に仮託してされた財

産処分であると認めるに足りるような特段の事情のある場合には、詐害行為にあたると判断した。取消しの範囲は、相当性が基準とされ、当事者が慰謝料の支払いについて合意をした場合であっても、損害賠償債務の額を超えている場合には、その超えた部分については、慰謝料支払いの名をかりた金銭の贈与契約ないし対価を欠いた新たな債務負担行為というべきであるとした（最判平12・3・9民集54・3・1013）。

(c) **財産分与と錯誤**

財産分与をおこなうと、分与者側に譲渡所得税が課される。最高裁も、譲渡所得税が課されることについては、財産分与が具体的に確定し、金銭の支払いや不動産の譲渡などを完了すれば、「財産分与の義務は消滅するが、この分与義務の消滅は、それ自体一つの経済的利益」であるとして、譲渡所得税の課税を認めている（最判昭50・5・27民集29・5・641）。判例では、錯誤がなければ財産分与契約の意思表示をしなかったものと認める余地は十分にあるというべきであることから、原判決を破棄し差し戻している（最判平元・9・14家月41・11・75、差戻し控訴審で錯誤の主張が認められた）。

(d) **財産分与と相続**

当事者間で財産分与に関する協議あるいは審判の最中に、一方配偶者が死亡した場合、死亡した一方配偶者の相続人に、財産分与請求権を行使することができるかが問題となる。判例は、既に分与請求の意思が表示された後の財産分与請求権は一定の金銭または財物の給付請求権となり普通の財産権となっており、一般の金銭債権と同様相続され得べき権利であると判示している（名古屋高判昭27・7・3高民集5・6・265）。

3　離婚の効果（親子関係）

(1)　子の氏

子の氏は、戸籍を同じくする両親と同じであり（親子同氏の原則）、両親の離婚によってかわることはない（790条1項）。婚姻によって氏を改めた父または母と同じ氏に変更する場合には、家庭裁判所の許可を得て氏を改めた後に届出をしなければならない（791条1項、戸98条1項）。

(2) 離婚後の親権

　父母が協議上の離婚をするときは，その協議で，子の利益の観点からその双方または一方を親権者とさだめる（819条1項：共同親権制度の導入）。改正前は，父母が協議上の離婚をするときは，協議で，その一方を親権者と定めなければならないとされていた。（単独親権，819条1項）。

　改正後は，夫婦の離婚が子に与える深刻な影響や，子の養育のあり方が多様化していること，養育費の確保や離婚後の親子間の面会交流があまり行われていないことから，離婚後，共同親権にするか，単独親権にするか，さだめることができるとされた（共同親権制度の導入，819条1項）。共同親権にするか，あるいは単独親権にするか判断するにあたっては，子の利益のため，父母と子との関係，父と母との関係その他一切の事情を考慮する（同条7項）。子の心身に対する害悪，配偶者間暴力，父母の協議が調わない等により子の利益を害する場合には単独親権としなければならない。子の親権者変更の請求者は子またはその親族とされ（同条6項），父母の協議により親権者を変更することが子の利益のために必要であるかについては，家庭裁判所がこれを判断するとされる（同条8項）。

　裁判離婚の場合には，裁判所が親権者をさだめる（同条2項）。子の出生前に父母が離婚した場合には，親権は母が行う。ただし，父母の協議で，父を親権者とさだめることができる（同条3項）。父が認知した子に対する親権は，母がおこなうが，父母の協議により，父母の双方または父を親権者とさだめることができる（同条4項）。父母の間で協議が調わないとき，または協議をすることができないときは，父または母の請求により，家庭裁判所が協議に代わる審判をすることができる（同条5項）。子の利益のために必要があると認めるときは，家庭裁判所は，子の親族の請求によって，親権者を他の一方に変更することができる（同条6項）。

(3) 子の監護

　離婚に当たり，夫婦はその協議で，親権者のほかに子の監護をすべき者（監護者）をさだめることができる（766条）。766条1項は，「子の監護の分掌」を追加し，離婚に当たり夫婦は，子の監護者のほか，父または母と子との面会

交流，子の監護費用の分担について協議でさだめるとする。協議に当たっては「子の利益」がもっとも優先されなければならない。離婚後，父母の共同親権となる場合は，父母の一方を監護者とする場合と，父母で監護内容の分担を決定する場合が発生するところ，まず第1は当事者間の協議に委ねられ，協議が調わない場合には家庭裁判所において，子の監護についてさだめる（766条2項）。766条4項では，監護の範囲外では，父母の権利義務には変更がないことをさだめるが，監護者の権利義務の内容について明文規定はない。また824条の3は，766条によりさだめられた子の監護者は，親権者と同一の権利義務を有するとさだめるとともに，子の監護者は，単独で子の監護及び教育，居所の指定及び変更並びに営業の許可，その許可の取消し及びその制限をすることができるとする（同条1項）。また，監護者でない親権者は，子の監護者が改正824条の3第1項後段がさだめる行為をすることを妨げてはならないとする（同条2項）。

(4) 養育費

父母は，離婚後においても子に対し扶養義務を負う（877条，生活保持義務）。子の監護に要する費用は父母がその資力に応じて負担する。

養育費は子自身が請求することも可能であり，養育費不払いの場合には民事執行法151条の2により，定期金債権を請求する場合の特例が設けられ，確定期限の到来後に弁済期が到来する給料その他継続的給付に係る債権のみを差押えることができる（民事執行法151条の2第2項，同法206条，平成15年の民事執行法改正）。また，養育費の履行確保を容易にするため，直接強制のほか間接強制の制度ももうけられている（民事執行法167条の15，172条1項，平成16年の民事執行法改正）。

父母が別居中にあっても，子の監護費用の支払いを求める申立てがあった場合には，771条において766条1項が類推適用され，子の監護費用の支払いを命ずることができる（最判平9・4・10民集51・4・1972）。

養育費の分担については，平成23年改正法において明文化され，子の監護について必要な事項を決定するに当たっては，子の利益を最も優先して考慮しなければならないこととされたが，取決めがなされないこともあった。

改正後は，養育費にかかる債権を有する者は，債務者の総財産について先取特権を有する（民法306条3号）。子の扶養については親の責任であると同時に，これを社会生活の中で支援し，実現すべきことから，特に養育費については，一般債権に優先し先取特権を与えるとしたものである。民法308条の2においては，養育費の先取特権は，子の監護に要する費用として相当な額について存在し，父母の一方で離婚時から引き続き子の監護を行っている者は，他の一方に対し，養育費を請求することができるとした。

766条の3第1項においては，子の監護費用に関する取り決めのないまま父母が離婚した場合，離婚時からの子の監護者は，他の一方に対し，子の監護費用の分担を請求することができる（法定養育費）。この場合の請求額は，子の最低限度の生活の維持に要する標準的な費用の額であり，その他の事情を考慮し，子の数に応じて算定した額を請求する。請求時は，離婚の日から，①父母が協議により子の監護費用の分担を定めた日，②子の監護費用の審判が確定した日，③子が成年に達した日のうちの早い日までの間に監護費用の支払いを請求することができる。支払時期は，毎月末であるが，他の一方が支払能力を欠くこと，または支払いをすると生活が困窮する事態になることを証明した場合には，全部または一部の支払を拒むことができる。

裁判所は，必要があると認めるときは，収入および資産状況に関する情報開示を命令することができる（情報開示命令，人訴改正34条の3第1項）。

(5) 親子交流 (面会交流)

離婚後，子と同居していない親は子と交流をすることができる。親子（面会）交流は，子の利益を最も優先して考慮しなければならない（766条1項後段）。

改正前の判決によれば，親子（面会）交流は，夫婦の不和による別居に伴う子の喪失感や不安定な心理状況を回復させ，未成年者の福祉を害するなど親子交流を制限すべき特段の事由がない限り，実施されるとしている（東京高決平25・7・3判タ1393・233）。親子（面会）交流の日時または頻度，交流時間の長さ，子の引渡しの方法等が具体的にさだめられている等，監護親がすべき給付の特定にかけるところがない場合には，監護親に対して，間接強制決定をすることができる（最判平25・3・28民集67・3・864）。婚姻関係が破綻し，父母

が別居状態にある場合であっても，親子（面会）交流は子の監護の一内容であり，家庭裁判所は親子（面会）交流について相当な処分を命ずることができる（最判平12・5・1家月52・12・31）。

　離婚後の交流については，対面による交流の他，メールや電話，オンライン等による交流もあることから，改正後は，「面接交渉」「面会交流」は「親子交流」とされることとなった。離婚時における親子交流は766条における「父または母と子との交流」にて考慮され，別居時における，父または母その他の親族と子との交流については，父母の協議でさだめられる。この場合もっとも優先されなければならないのは，子の利益である（817条の13第1項）。協議が調わない場合等で，家庭裁判所においてさだめられる場合であっても，子と父母以外の親族における交流を認める場合は，子の利益のため特に必要があるときに限られる（817条の13第4項）。父母以外の親族との交流について，他に適当な方法がある場合には，審判を請求することができない（817条の13第5項）。

　子の利益のため特に必要があると認める場合には，審判により父母以外の親族と子との交流をさだめる（766条の2）。おもに，祖父母と孫との交流が想定されている。父母の間で，協議が調わないときや，または協議をすることができないとき（766条2項），家庭裁判所が相当な処分を命ずる場合（766条3項）について，審判を求める場合は，父母が審判の請求をおこなうが（766条の2第2項第1号），父母以外の親族（子の直系尊属及び兄弟姉妹以外の者にあっては，過去に当該子を監護していた者に限る）も審判を請求することができる（同条同項2号）。ただし，父母以外の子の親族が審判を請求する場合は，当該者と子との交流をさだめるために他に適当な方法がない場合に限られる（766条の2第2項，最決令3・3・29民集75・3・952）。子との交流の試行的実施もさだめられ（家事152条の3第1項），試行的実施にあたっては，交流の方法，日時及び場所，家庭裁判所調査官の立会いのほか子の心身に有害な影響を及ぼす言動を禁止する条件を付すことができる（同条2項）。

Ⅳ 婚姻外関係の法理

> わが国において届出婚主義が採用されたのは，明治8年太政官達第209号によってのことであったところ，事実上の婚姻関係にあり，裁判官がその事実を認めている場合には夫婦としての登記がなくとも夫婦とするとされることもあった。明治民法775条1項は，婚姻はこれを戸籍吏に届け出ることによってその効力を生ずると規定し，内縁関係にある夫婦は法律上の保護の対象とはならなかった。現行法においても，739条1項は，法律上の保護を受けるための要件として婚姻届の提出を求めている。

第1 婚約・結納

　婚約は，将来婚姻しようという約束をすることをいう。真実夫婦として共同生活を営む意思で婚約の申込みに応じて婚姻の約束をすることである（最判昭38・9・5民集17・8・942）。夫婦共同生活の実態を必要としない点で，内縁とは異なる。婚約をした当事者が，正当な理由なく婚約を履行しなかった（婚約不履行）場合には，債務不履行あるいは婚約者の地位の侵害による不法行為として，損害賠償の責任を負う。

　婚約の破棄にかかる賠償すべき損害としては，婚約や婚姻に至るまでの準備費用などがあげられる。婚約解消による精神的損害については，婚約解消の動機や方法などが公序良俗に反し，著しく不当性を帯びている場合に限られる（大判大4・1・26民録21・49）。

　婚約解消にあたり，第三者の不当介入が認められる場合には，債務不履行あるいは不法行為により第三者も損害賠償責任を負う。前者によれば当事者の債務不履行責任と第三者の債務不履行責任となるが，後者によれば，当事者と第三者が共同不法行為責任を負う。

結納は，婚約の成立を確証するとともに，婚姻が成立した場合に当事者や家族の情誼を厚くする目的で授受される一種の贈与である（最判昭 39・9・4 民集 18・7・1394）。婚姻が成立しなかった場合には，目的不達成となり，不当利得による，返還請求をおこなうことができる。なお，婚約を解消したことにつき責任がある者は，信義則上，結納金の返還を請求することができない（東京高判昭 57・4・27 判時 1047・84）。

第 2　内縁（事実婚）

1　内縁とは

　内縁とは，婚姻意思をもって共同生活をおくり，対外的（社会的）には夫婦としてありながらも，法律上の届出がなく，法律上の夫婦として認められない男女の関係のことをいう。判例は，内縁関係を「婚姻ノ予約」と考え，これを有効とした（婚姻予約理論，大判大 4・1・26 民録 21・49）。内縁関係が事実上は法律婚による夫婦とかわらないこと，届出を欠くために法律上の保護をうけることができないことを重視し，内縁関係を準婚関係ととらえ，婚姻法を準用する考え方である（準婚理論）。内縁関係を不当に破棄した者に，不法行為による損害賠償責任を負わせることも可能である。

　内縁関係は，事実関係を保護し，法律上の保護を与えるものであるから，これを欠く場合には内縁関係は成立しない。一度も同居したことがなく生計の維持関係もなく，共有財産もない特別に親しい関係にある男女において，男女関係が解消された場合については，婚姻およびこれに準ずるものと同様の存続の保障を認めることはできない（最判平 16・11・18 判タ 1169・144）。

　内縁が近親婚等の婚姻障害事由に当たる場合であっても，近親者間における婚姻を禁止すべき公益的要請よりも遺族の生活の安定と福祉の向上に寄与するという法の目的を優先させるべき特段の事情がある場合には内縁関係が認められることがある（最判平 19・3・8 民集 61・2・518）。

　内縁関係では，夫婦における事実上の共同生活を前提として認められる婚姻の効果が類推適用される。具体的には，同居協力扶助義務（752 条），貞操義務（770 条 1 項 1 号の反対解釈），婚姻費用分担義務（760 条），日常家事債務の連帯

責任（761条），帰属不分明の財産の共有推定（762条2項），離婚時の財産分与（768条）をあげることができる。他方，夫婦の氏（750条），姻族関係の発生（725条3号），配偶者相続権（890条）等の身分上の効果としてさだめられているものは，内縁関係には適用されない。内縁関係にある男女より生まれた子は嫡出でない子となり，母との関係では分娩の事実より母子関係が発生するが（最判昭37・4・27民集16・7・1247），父子関係については父が認知をすることができる（779条）。

内縁関係が解消された場合，離別の場合には財産分与の規定が類推適用されるが，死亡により内縁関係が解消された場合，内縁配偶者に相続権は認められない。学説においては，肯定説・否定説と分かれるところであるが，判例では，「死亡による内縁解消のときに，相続の開始した遺産につき財産分与の法理による遺産清算の道を開くことは，相続による財産承継の構造の中に異質の契機を持ち込むもので，法の予定しないところである。」として，内縁配偶者の相続権は否定された（最判平12・3・10民集54・3・1040，内縁配偶者に相続人が存在しない場合につき958条の2第1項）。

内縁関係継続中に居住していた不動産が死亡した内縁配偶者の単独所有である場合には，一方が死亡した後も他方が居住を継続する旨の合意が成立していたとする（最判平10・2・26民集52・1・255）。被相続人の相続人からの家屋明渡しの請求は特別の理由のない限り，権利濫用として許されない。

借家の場合，内縁配偶者は賃借権を承継する（借地借家法36条）。相続人が内縁配偶者に対して明渡しを請求する場合，内縁配偶者は被相続人より承継した賃借権を援用してこれを拒むことができる。労働災害や年金保障などの社会立法においては，法律上の配偶者と同様の扱いをうけることができる場合がある（労災16条の2，健保3条7項1号，国年5条7号など）。

2 重婚的内縁関係

内縁関係にある当事者の一方または双方に配偶者がいる内縁関係を重婚的内縁関係という。この場合，内縁関係として保護されるためには，内縁当事者間に婚姻意思があり，夫婦共同生活の実態が存在すること，および，法律婚が破綻状態にあり形骸化し，離婚しているのと同様の状態にあることとす

る判例がある（最判昭58・4・14民集37・3・270）。

　当事者の一方または双方が法律婚の状態にあるため，たとえば，婚姻費用分担義務など，法律婚の関係を継続するために認められる効果については，重婚的内縁関係には類推適用されない。

3　同性婚（同性パートナーシップ）

　1989年にデンマークではじめて同性婚が認められてから現在に至るまで，37の国や地域で同性婚が認められている（2024年3月現在）。わが国においては，739条1項が婚姻当事者の性について明らかにしていないにもかかわらず，婚姻は男女間でなされるものとしているとして，同性間の婚姻を認めないことが憲法違反であるとして訴訟が提起されている。

　同性婚を認めないことが憲法違反であることとしては，①憲法24条1項（婚姻の自由）は婚姻当事者の性を明らかにしていないこと，②憲法14条1項の平等原則に違反していること，③憲法24条2項の個人の尊厳を侵害していることなどが理由としてあげられている。これに対し，国側は，現在の婚姻制度は婚姻の目的にあっていること，憲法は同性婚を想定していないことなど主張する。

　判例においては，「異性間の婚姻のみを定め，同性間の婚姻を許さず，これに代わる措置についても一切規定していないことから，個人の尊厳に立脚し，性的指向と同性間の婚姻の自由を保障するものと解される憲法24条の規定に照らして，合理性を欠く制度である」とも指摘されているところである（札幌高判令6・3・14LEX/DB25598384）。

V 親　子

> 民法第4編親族第3章「親子」は，法律上の親子関係として，実子と養子をさだめる。実子は自然的血縁関係に基礎づけられる親子関係であり，養子は，自然的血縁関係に基礎づけられない親子関係である。法律上の親子関係が成立すると，親子間に権利義務関係が発生する。母と子の間の親子関係は，分娩の事実によるが，父と子との親子関係の発生は，妻の出産と子の出生時期により判断されるため，生物学上の父と法律上の父が一致しない場合がある。令和6年には，子の養育については父母双方が婚姻の有無にかかわらず責任を負うこと等の観点から，子の利益に配慮した改正がなされた。

第1　実親子関係

1　嫡出親子関係

(1)　**嫡出推定の意義**

子の出生当時，父母が婚姻関係にあった場合，子は嫡出子となる。父母が婚姻関係にない場合，子は非嫡出子とされ，父の認知（779条）により非嫡出子となる。母子関係は，母の出産という客観的事実をもって当然に成立し，懐胎・出産をもって法律上の母となる（最判昭37・4・27民集16・7・1247，最決平19・3・23民集61・2・619）。嫡出子と推定される子との間で親子関係を否定する場合には，嫡出否認の訴えによる。嫡出子と推定されない親子関係を否定する場合には，親子関係存否確認の訴えによる。

(2)　**推定をうける嫡出子**

(a)　**嫡出の推定**

妻が婚姻中に懐胎した子は，婚姻中の夫の子と推定する（懐胎主義，772条1

項)。妻が婚姻前に懐胎した子で，婚姻が成立した後に生まれた子も，子の身分関係の早期安定と子の利益を保護するため，当該婚姻における夫の子と推定する (同条1項)。婚姻成立の日から200日以内に生まれた子にあっても，婚姻前に妻が懐胎したものと推定し，婚姻の解消若しくは取消しの日から300日以内に生まれた子については，婚姻中に懐胎したものと推定する (772条2項)。婚姻中に夫の子を懐胎し，離婚後に子を出産するといった事例が想定されている。妻が子を懐胎した時から子の出生の時までの間に二以上の婚姻をしていたときは，その子は，その出生の直近の婚姻における夫の子と推定する (772条3項)。婚姻解消後300日以内にあって，妻が再婚し，子を出産した場合，子は再婚後の夫の子と推定される。

　改正前は，婚姻成立の日から200日以内に生まれた子は，婚姻中に懐胎したものと推定されなかった。他方，戸籍実務においては，婚姻成立の日から200日以内にあっても，出生届が提出される子を嫡出子としていた (推定されない嫡出子，昭和15・4・8付民事甲第432号民事局長通牒)。今回の改正では，婚姻成立の日から200日以内に生まれた子についても，嫡出子として推定されることとなった。

(b)　**嫡出の否認**

　772条の規定により父子関係がさだめられた場合であっても，父または子は，子が嫡出であることを否認することができる (774条1項)。嫡出子であることの否認は，嫡出否認の訴えによる (775条)。父子関係を早期に安定させ，子の身分を安定させること，家庭の平和を守ることなどの目的による。

　嫡出の否認は，子が未成年である場合には，①親権を行う母，②親権を行う養親または未成年後見人が，子のために行使することができる (774条2項)。母がともに養育する主体である父について否認権を行使することにより，子の利益を保護することとなり，母の権利として認める利益がある。ただし，子の利益を害することが明らかなときは，否認権を行使することができない (774条3項)。

　772条3項により，子の父がさだめられている場合であっても，子の懐胎の時から出生の時までの間に母と婚姻していた者であって，772条3項によりさだめられる父以外の者 (前夫) も，子が嫡出であることを否認することが

できる（774条4項）。772条2項は，婚姻解消後300日以内に生まれた子は婚姻中に懐胎したものと推定するが，772条3項は，母が再婚した後に出産した子は再婚後の夫の子と推定する。母に再婚禁止期間がないことから，子が婚姻解消後300日以内に生まれた場合には，本来であれば前夫の子としても推定され，再婚相手の子としても推定されることとなる。772条3項は，このような重複を避けるために再婚相手の子と推定しており，前夫の夫の否認権は，子が再婚後の夫の子と推定される場合について，認められる。ただし，その否認権の行使が子の利益を害することが明らかである場合には，否認権を行使することはできない（774条4項）。

774条4項にさだめる否認権を行使した前夫が，新たに子の父とさだめられた場合，子が自らの嫡出子であることを否認することができない（774条5項）。

母が子を懐胎した時から子の出生の時までに二以上の婚姻をしていた場合，子は，出生の直近の婚姻における夫の子と推定される（772条3項）。

嫡出否認の訴えは，①父は子または親権を行う母に対して，②子は父に対して，③母は父に対して，④前夫は父及び子または親権を行う母に対して行使する（775条1項）。①または④にあって，親権を行う母がないときは，家庭裁判所は，特別代理人を選任しなければならない（775条2項）。

嫡出否認の訴えは，3年以内に提起しなければならない（777条）。起算点は，①父が否認権を行使する場合には父が子の出生を知った時，②子が否認権を行使する場合には子の出生の時，③母が否認権を行使する場合には，子の出生の時，④前夫が否認権を行使する場合には前夫が子の出生を知った時である（777条）。父子関係の否定が子に与える影響を考慮し，子の発達の観点から3年間と規定された。

772条3項の規定により再婚相手の子として推定された子の嫡出性が，774条の規定により否定された場合，再婚後の夫と子の父子関係は，出生時に遡って消滅し，子は出生のときから前夫の子として推定される（772条4項）子の父であることが否認された者は，父と推定されない（772条4項）。これをさらに前夫が否認権を行使することができるとすれば，子は多大な不利益を被ることとなり，子の地位の早期安定の要請に反する。

772条3項の規定により父が定められた子について，嫡出であることが否認されたときは，嫡出否認の訴えは，子・母・前夫・新たに子の父とさだめられた者が，嫡出否認の裁判が確定したことを知ったときから1年以内に提起しなければならない（778条）。本条は，再婚後の夫と子との推定が否認され，前夫の子として推定された場合において，前夫の子との推定を否認するための嫡出否認権の出訴期間についてさだめたものである。嫡出否認の訴えは，①新たに子の父と定められ者については嫡出否認の裁判が確定したことを知った時，②子・母・前夫については，いずれも，①の裁判が確定したことを知った時が起算点となる（778条）。

なお，嫡出否認権者である子について，出訴期間の満了前6か月以内の間，親権を行う母，親権を行う養親及び未成年後見人がないときは，親権者の親権回復や，養子縁組の成立，未成年後見人の就職から6か月を経過するまでの間は，子は嫡出否認の訴えを提起することができる（778条の2第1項）。子が父と継続して同居した期間が3年を下回るときは，21歳に達するまでの間，嫡出否認の訴えを提起することができる（778条の2第2項）。

子が自ら父との間の父子関係を否認することは，子の人格的な利益にもなるとの指摘もされている。ただし，子の否認権の行使が父による養育の状況に照らして父の利益を著しく害するときは，否認権を行使することはできない（778条の2第1項ただし書き）。父子としての社会的事実関係が存在する場合には，養育者としての父の利益を保護する必要があるとする。

否認権者は子のみとして，子の出訴期間の特則（778条の2第2項）は，親権者である母や未成年後見人に適用しない（778条の2第3項）。777条4号による前夫の否認権や，778条4号にかかる前夫の否認権による嫡出否認の訴えは，子が成年に達した後は，提起することができない（778条の2第4項）。

なお，嫡出であることが否認された場合，子や母が，父とされた者に対して監護費用を返還するとすれば，監護費用の返還が負担になる場合など，否認権を行使しないことも考えられる。嫡出性が否認された場合であっても，子は，父であった者が支出した子の監護に要した費用（養育費等）を償還する義務を負わない（778条の3）。嫡出否認権の行使により新たに子の父とさだめられた者が死亡しており，遺産分割が始められるような場合，子は，新たに

父とさだめられた被相続人の相続に際し，遺産分割を請求し，価額のみによる支払の請求をすることができる（778条の4，他の共同相続人が既にその分割その他の処分をしている場合である）。

　父または母は，子の出生後において，その嫡出であることを承認したときは，それぞれの否認権を失う（776条）。改正前は，嫡出の承認主体は父のみであるとされていたが，令和6年改正により母も承認できる主体とされた。承認とは，自らの子であることを積極的に認める意思表示である。承認にあたっては，明示・黙示は問わず，明確に自己の子であると認めることが必要である。嫡出性の承認があれば，嫡出否認権は消滅し，嫡出親子関係が確定する。承認の効果は確定的であり，撤回もできない。嫡出否認の訴えを提起することもできない。

　嫡出否認の訴えについて否認権者が拡大されたことにともない，生殖補助医療の提供等及びこれにより出生した子の親子関係に関する民法の特例に関する法律（令和2年法第76号）では，第10条において，妻が，夫の同意を得て，夫以外の男性の精子を用いた生殖補助医療により懐胎した子については，夫，子または妻は，774条1項及び3項の規定にかかわらず，その子が嫡出であることを否認することができないとした。

(3) 推定の及ばない子

　772条により嫡出推定をうける子であっても，母が父の子を懐胎することのない場合は，嫡出推定がされない（推定されない嫡出子）。母が父の子を懐胎する可能性がない場合には，懐胎主義の例外を認めている。

　推定の及ばない子について父子関係を否定するには，親子関係不存在確認の訴えによる（最判昭44・5・29民集23・6・1064）。母が父の子を懐胎する可能性がない場合とは，父と母が懐胎期間中に同棲していない場合や，夫が長期にわたり行方不明の状態にあること，夫婦関係が破綻し長期にわたり別居している状態にあること，事実上の離婚状態にあること，長期にわたり入院していること等があり，明らかに外観上，夫の子を懐胎する可能性がない場合には，772条の推定が及ばない。

　推定の及ばない子にあたるか否かを判断する考え方としては，血縁説と外

観説があるほか,家庭破綻説(折衷説)等がある。血縁説は,DNA 鑑定などの技術の進歩に伴い,親子関係は科学的証明により確定することができるとする。外観説は,家庭生活の平和の維持や夫婦のプライバシー保護の観点から,外観上,夫婦間に子を懐胎する事情がないことが明らかである場合に,推定の及ばない子とする(最判平 12・3・14 家月 52・9・85)。家庭破綻説は,血縁説にも外観説にもよらず,夫婦間に懐胎の可能性があるか否かについては,家庭が破綻しているかどうかの観点から判断することを提唱する。DNA 鑑定により,父子関係を判断することについて,判例では,科学的証拠があることが明らかであっても,嫡出の推定が及ばなくなるものとはいえず,親子関係不存在確認の訴えをもって当該父子関係の存否を争うことはできないものと解するのが相当であるとする(最判平 26・7・17 判タ 1406・59)。

(4) 父を定める訴え

重婚の禁止に反して婚姻をした女性が出産した場合で,子の父を定めることができない場合には,裁判所がこれを定める(773 条)。子の嫡出推定が重複する場合に,裁判所がこれを定めるものであり(人訴 2 条 2 号),再婚禁止期間の規定が廃止されたため,重婚のみに適用されることとなった。

父を定める訴えは,形式的形成訴訟であり,子・母・母の前婚の配偶者または母の後婚の配偶者が提起する(人訴 45 条 1 項)。子の出生届は母が提出し(戸籍 54 条 1 項),子は母の戸籍に,父の欄が空白のまま,身分事項欄に「父未定」とされる。

(5) 藁の上からの養子

772 条は,妻が夫の子を懐胎することにより親子関係が発生することを推定する。実親子関係は自然的血縁関係に基礎づけられ,生物学上の父子関係が存在しない場合には,嫡出否認の訴えや親子関係不存在確認請求等により,父子関係を否定する方策を講じている。他方,わが国においては,他人の生んだ子について,自らの子として出生届を提出し,実子とすることがおこなわれていた(藁の上からの養子)。戸籍上は嫡出子であるが,妻の懐胎という事実がないため,母子関係が発生せず,父子関係も推定することができない。

このような届出は虚偽の出生届提出であり，公正証書原本不実記載罪（刑157条）にあたる。判例は，①当事者間での実親子と同様の生活実態の存在と期間，②実親子関係不存在の判決が確定することにより子及び関係者が被る精神的苦痛，経済的不利益，③改めて養子縁組の届出をすることの可能性等を考慮して，実親子関係の不存在を確定することが著しく不当な結果をもたらすものといえるときには，当該確認請求は権利の濫用に当たるとした（最判平18・7・7民集60・6・2307）。

2 非嫡出親子関係

子の出生当時，父母が婚姻関係にない場合，父子関係は発生しない。父子関係を発生させるためには父の認知が必要である。父が認知した場合，子は非嫡出子となる。認知の性質については，父が子との父子関係を承認し，自らの子であるとの意思表示であるとする考え方（意思主義・主観主義）や，父と子の血縁関係を基礎に父子関係を承認する考え方（事実主義・客観主義）がある。親の意思を重視すれば，意思主義の考え方となるが，自然血縁関係を重視すれば事実主義の考え方となる。わが民法は，原則として主観主義によってたつとされている。

(1) 任意認知

嫡出でない子は，その父または母がこれを認知することができる（779条）。
母子関係については，母の認知をまたず，分娩の事実により当然発生する（最判昭37・4・27民集16・7・1247）。母子関係を否定する場合には，親子関係が存在することの確認を求める訴を提起する（最判昭49・3・29家月26・8・47）。認知は，①戸籍法のさだめるところによる届出（認知届の提出，要式行為，781条1項），②遺言（781条2項，遺言認知）によってすることができる。認知は代理人が本人にかわってすることはできない。認知をする父が，未成年者または成年被後見人であっても，その法定代理人の同意を要しない（780条）。制限行為能力者であっても，意思能力があれば認知をすることができる。虚偽の嫡出子出生届があった場合であっても，戸籍事務管掌者によって受理されたときは，認知届としての効力を有する（最判昭53・2・24民集32・1・110）。

成年の子を認知する場合には，子の承諾が必要である（782条，成年子認知）。成年の子については，父子関係を基礎として扶養を請求するような場合もあり，子が認知を望まない場合もあることが想定されるからである。

父は，胎児を認知することができる（783条，胎児認知）。胎児認知には，母の承諾を得なければならない。母が望まない状態で父の認知がおこなわれることを防ぐためである。子が出生したのち，772条の規定により子の父がさだめられたときには，認知の効力は生じない（783条2項）。

死亡した子に，直系卑属がある場合には，父又は母が認知をすることができる（783条3項，死亡子認知）。直系卑属がある場合には，代襲相続が発生する。直系卑属が成年者であるときは，その承諾を得なければならない。認知後の子の監護に関する費用の分担や，その他必要な事項については，父が認知する場合について準用される（788条による766条から766条の3までの準用）。

(2) **強制認知**

子，その直系卑属またはこれらの者の法定代理人は，父または母に対し，認知の訴えを提起することができる（裁判認知）。子は意思能力があれば，制限行為能力者であっても訴えを提起することができる。父または母の死亡の日から3年を経過したときは，認知の訴えを提起することができない（死後認知，787条）。死後認知は検察官を被告とし，父の死亡が客観的に明らかになった時点が起算点となる（最判昭57・3・19民集36・3・432）。生物学上の父が，認知をしない場合等に，子の側から自然血縁関係により法律上の親子関係を形成する方法である。

強制認知は当事者間に法的父子関係を発生させる形成の訴えである。法的親子関係は，認知判決をまってその存在を主張する。判例は，認知の訴は，形成の訴であるとする（最判昭29・4・30民集8・4・861）。

認知の訴えを提起する場合には，子と被告となる父との間に，生物学上の親子関係が存在することを立証する。立証責任は原告が負う。子の出生当時，父母が内縁関係にある場合は，父の推定を受けている者が，反証をあげる責任を負う（立証責任の転換，最判昭29・1・21民集8・1・87）。父子関係があることを証明するためには，かつては，①懐胎可能な時期に父と母が情交関係にあっ

たこと，②他の男性と情交関係を持っていないことの証明をすることとされていた（不貞の抗弁，大判明45・4・5民録18・343）。

その後，最高裁では，人類学的考察，懐胎可能期間に情交関係があったこと，血液型検査に背馳がないこと，生活関係において父親としての愛情を示したこと，生活費の一部を負担していること等の事情を総合考慮して，認知の訴えを認めている（最判昭31・9・13民集10・9・1135）。認知請求権は，放棄することができない。父が，子や母に対して金銭を支払うかわりに認知請求権を放棄するようなことは，無効である。（最判昭37・4・10民集16・4・693）。

(3) 認知の効力

認知は，出生の時にさかのぼってその効力を生ずる。ただし，第三者がすでに取得した権利を害することができない（784条）。出生時に母の氏を称していた子が父の氏に変更する場合には，家庭裁判所の許可を得なければならない（819条4項・5項）。母は，父が分担すべきであった監護費用を父に対して請求することが可能となり（788条・766条），認知によって子が相続人となった場合には，遺産分割で財産を取得している相続人に対して，価額による支払を請求することができる（910条）。

認知した子に対する親権は，改正前は父母の協議で父を親権者と定めたときに限り，父が行うとされていたが（改正前819条4項），改正後は，父が認知した子に対する親権は母が行うが，父母が婚姻関係にない場合であっても，共同して子の監護教育をする場合もあることから，認知した子に対しての共同親権の実施を可能とする（819条4項，817条の12）。

自然血縁関係のない父が子を認知した場合（不実認知）は，真実に反する認知であるから，無効となる。認知無効の判決により，認知ははじめから無効となる。認知が無効とされた場合であっても，子は，認知者が支出した子の監護費用を償還する義務を負わない（786条4項）。

認知無効の訴えは，①子または法定代理人は，子またはその法定代理人が認知を知った時から7年以内，②認知をした者は，認知の時から7年以内，③胎児認知（786条1項）の場合には，子の出生の時から7年以内，④子の母は，子の母が認知を知った時から7年以内につき，認知について反対の事実

があることを理由として，提起することができる（786条1項）。ただし，認知無効の主張が子の利益を害することが明らかであるときは，認知無効の訴えを提起することができない（786条1項）。

　子については，子を認知した者（認知者）と認知後に継続して同居した期間が3年を下回るときは，21歳に達するまでの間，認知無効の訴えを提起することができる。子が父と同居した期間が連続していない場合には，そのうちの最も長い期間を同居期間とする。ただし，子による認知無効の主張が，認知者による養育の状況に照らして認知者の利益を著しく害するときは，認知無効の訴えを提起することができない（786条2項）。子が認知無効の訴えを提起する際の同居期間の要件は，法定代理人が認知無効の訴えを提起する場合には，適用しない（786条3項）。認知無効の訴えには，他に父が嫡出でない子について出生届を提出した事例について，認知届としての効力を有するとした事例（最判昭53・2・24民集32・1・110，無効行為の転換），認知届を養子縁組届としてみなすことはできないとした事例（最判昭54・11・2判時955・56）等がある。

　認知をした父または母は，その認知を取り消すことができない（785条）。「取消し」は，認知が真実の親子関係と一致しているのであれば，原則として禁止されるが，人事訴訟法2条2号により，認められる場合もある。

　認知が無効となった場合であっても，子は，認知をした者が支出した費用の償還義務を負わない（786条4項）。父が負担した「子の監護に関する費用」は，不当利得となるが，子の利益保護の観点から，子は償還義務を負わないとした。

(4) 準　正

　準正とは，嫡出でない子が父母の婚姻や父母の認知によって嫡出子の身分を取得することをいう。準正には，すでに父が認知している子の父母が婚姻した場合（婚姻準正）と，婚姻中の父母が子を認知した場合（認知準正）がある。

　認知準正の場合は，認知のときから嫡出子としての身分を取得する（789条2項）。子がすでに死亡していた場合であっても，婚姻準正や認知準正は準用される（789条3項）。死後認知の場合，相続開始時には相続人でないこととな

るため，相続分に不均衡を発生させないために，婚姻時からその効力を生じると考えられている（通説）。婚姻中，父母が認知した子は，その認知の時から，嫡出子の身分を取得する（789条2項）。婚姻準正の場合は，父が認知した子に直系卑属がある場合に，直系卑属は嫡出子の子となり代襲相続をする。

(5) 生殖補助医療と親子関係

生殖補助医療の提供等及びこれにより出生した子の親子関係に関する民法の特例第2条（以下「生殖補助医療法」という。）によれば，生殖補助医療は，人工授精又は体外受精若しくは体外受精胚移植を用いた医療と定義されている。これらのいずれにおいても，生物学上の父・母，社会的父・母が存在する。生殖補助医療法は厚生労働省において議論された後，令和6年4月1日より施行されている（「精子・卵子・胚の提供等による生殖補助医療制度の整備に関する報告書（以下，報告書という）」（平成15年），「精子・卵子・胚の提供等による生殖補助医療により出生した子の親子関係に関する民法の特例に関する要綱中間試案」（同年7月））。

人工授精には，夫の精子を用いる場合（AIH，配偶者間人工授精）と夫以外の精子を用いる場合（AID，非配偶者間人工授精）がある。体外受精には，夫婦の卵子と精子を体外受精させ，妻が懐胎・出産する場合（配偶者間体外受精），提供精子・提供卵子・提供胚により妻が懐胎・出産する場合（非配偶者間体外受精），夫の精子を用いて人工授精し，妻が出産する場合（AIH）がある。

AIH（配偶者間人工授精）及び配偶者間体外受精により生まれた子は嫡出子と推定される（772条）。夫の死後，妻が夫の凍結精子を利用し，子を出産した後に死後認知の訴訟を提起した事例につき，法律上の親子関係の形成は認められないとした事案がある（最判平18・9・4民集60・7・2563）。

非配偶者間人工受精及び非配偶者間体外受精は，妻が懐胎・出産することにより，772条の適用をうける。生物学上の親子関係につき判例は，「夫の同意を得て人工授精が行われた場合には，人工授精子は嫡出推定の及ぶ嫡出子であると解するのが相当である」としている（東京高決平10・9・16家月51・3・165）。

令和6年4月1日施行の「生殖補助医療の提供等及びこれにより出生した子の親子関係に関する民法の特例に関する法律（生殖補助医療法）」（令和2年法

律第 76 号) は, 妻が夫の同意を得て, 夫以外の男性からの精子提供により子をもうけた場合には, 夫は嫡出否認の訴えを提起することができないとし (生殖補助医療法 10 条), 卵子提供について, 同法 9 条は, 女性が自己以外の女性の卵子を用いた生殖補助医療により子を懐胎し, 出産したときは, その出産をした女性をその子の母とするとした (男性への性別取扱変更の審判を受けた者の妻が婚姻中に懐胎した子と父との親子関係につき, 最決平 25・12・10 民集 67・9・1847)。

なお, 生殖補助医療には, 他には代理出産 (代理懐胎) がある。代理出産は, 妻以外の第三者の女性が妊娠・出産することをいうが, 代理出産は, 上記報告書では禁止されている。判例においては, アメリカ人女性が, 日本人夫婦の体外受精胚により代理出産した事例につき,「医療法制, 親子法制の両面にわたる検討が必要になると考えられ, 立法による速やかな対応が強く望まれるところである」としている。(最決平 19・3・23 民集 61・2・619)。代理懐胎により生まれた子と, 体外受精胚を提供した夫婦間では, 特別養子縁組をすることが考えられる (神戸家姫路支審平 20・12・26 家月 61・10・72)。

第 2　養親子関係

養親子関係とは, 自然的血縁関係にない者の間で発生する親子関係をいう。親となる者は「養親」となり, 子となる者は「養子」となる。

養子縁組には, 普通養子縁組と特別養子縁組がある。普通養子縁組は, 当事者の合意により届出をすることにより成立し (成年養子縁組, 未成年養子縁組, 後見人が被後見人を養子とする場合), 特別養子縁組は, 特別の事情がある場合に, 家庭裁判所の審判により成立し (817 条の 2, 817 条の 7), 実親子関係が終了する (817 条の 9)。

戦後,「家」制度が廃止され, 養子縁組は,「家のため」から, 親が将来の扶養, 家名承継, 祭祀承継等のために養子縁組をおこなう「親のため」という考え方をへて, 現在では, 養親が養子を養育することにより養子が安定した家庭環境を得ることができ, 子の福祉の見地から子の利益をはかる「子のため」におこなわれるものと考えられている。

1　普通養子縁組

(1)　縁組の届出

　普通養子縁組は，縁組の届出を提出し，受理されることにより成立する（創設的届出，800条）。792条から799条までの規定その他の法令の規定に反することはできない。判例は嫡出子出生届をもって養子縁組届とみなすことは許されないとして，出生届を養子縁組届とみなすことを否定した（最判昭50・4・8民集29・4・401）。

(2)　縁組意思

　縁組は，人違いその他の事由によって当事者間に縁組意思がないときは，無効となる（縁組意思，802条1号）。縁組意思には，社会生活上の親子関係を形成しようとする意思（実質的意思説）と縁組届の提出に向けられた意思（形式的意思説）の考え方があるが，通説は実質的意思説である。

　判例においては，縁組意思は「当事者間に真に養親子関係の設定を欲する効果意思」とされる。単に他の目的を達するための便法として仮託されたに過ぎず，真に養親子関係の設定を欲する効果意思がなかつた場合，養子縁組は無効となる（最判昭23・12・23民集2・14・493）。

　近年，養子縁組は，さまざまな目的のために利用されている。節税目的での養子縁組につき縁組意思を欠くとはいえないとした事例（最判平29・1・31民集71・1・48）や，同性間における養子縁組につき縁組意思が認められるといえるとする判例がある（東京高判平31・4・10　LLI/DB　L07420167）。

(3)　養親・養子

　20歳に達した者は，養子をすることができる（792条，令和4年の成年年齢引き下げにより改正）。養親となる者は，20歳に達しているだけではなく，親子となることを常識的に理解することのできる能力を有しなければならない。養親となる者は既婚・未婚を問わない。

　尊属または年長者は，これを養子とすることができない（793条）。養子制度は，社会通念上，法的親子関係を擬制する制度であるから，養親が養子より年長者である必要があるが，同年齢であっても，誕生日の前後により，養親・

養親として養子縁組をすることができる。養子の年齢について制限がないことから，成年養子や兄弟養子，孫を養子とすることも可能である。

後見人が被後見人（未成年被後見人・成年被後見人）を養子とするには，家庭裁判所の許可を得なければならない。後見人の任務が終了した後，まだその管理計算が終わらない間にあっても，家庭裁判所の許可をうけなければならない（794条）。後見人については，被後見人の財産を不正利用する等の行為がある場合もあり，被後見人の利益を保護する見地から，家庭裁判所の許可を得なければならない。成年被後見人は成年後見人の同意なくして養子縁組をすることができる（799条，738条の準用）。

配偶者のある者が縁組をする場合には，その配偶者の同意を得なければならない（796条本文）。配偶者のある者が養親になる場合であっても，養子になる場合であっても，単独で養子縁組をおこなう場合であっても，その配偶者の同意を得なければならない。ただし，配偶者とともに縁組をする場合（夫婦共同縁組）または配偶者が縁組意思を表示することができない場合には，配偶者の同意なく，養子縁組をすることができる。

(4) **未成年養子**

配偶者のある者が未成年者を養子とする場合には，配偶者とともにしなければならない（夫婦共同縁組，795条）。未成年養子は，監護・養育が必要であることと，夫婦の一方による養子縁組は他方配偶者の法的地位に影響を及ぼすことから，夫婦共同縁組とされている。ただし，配偶者の嫡出である子を養子とする場合（連れ子養子）または配偶者がその意思を表示することができない場合は，単独で未成年者を養子とすることができる（795条ただし書き）。夫婦の一方の意思にもとづかない縁組届が出された場合であっても，「一方の配偶者の意思に反しその利益を害するものでなく，養親の家庭の平和を乱さず，養子の福祉をも害するおそれがない」等の特段の事情がある場合には，縁組意思を有する当事者との縁組を有効とする（最判昭48・4・12民集27・3・500）。

未成年者を養子とする場合には，家庭裁判所の許可を得なければならない（798条）。かつて未成年養子は，芸妓養子など，自己の利益のために養子縁組

をするといったことがあったため，昭和22年改正により新設された。未成年養子は，未成年者の福祉に配慮して，縁組の動機や目的，実親の状況等，総合的に考慮される。自己または配偶者の直系卑属を養子とする場合には，家庭裁判所の許可は不要である（孫養子，798条ただし書き）。

15歳未満の子と養子縁組をする場合には，子の法定代理人が子に代わって，縁組の承諾をすることができる（代諾養子縁組，797条1項，家事161条の3）。養子となる者の父母で子の監護者があるときは，監護者の同意を得なければならない。15歳未満の養子縁組は，子の福祉のためにおこなわれる。養子となる者の父母で親権を停止されている者があるときも，親権を停止されている者の同意を得なければならない（797条2項）。

他人夫婦の子を嫡出子として出生届を提出した後，戸籍上の親の代諾により代諾養子縁組をした場合（「藁の上からの養子」）は，表見代諾養子縁組となり無効である。判例では，父母の代諾は，一種の無権代理であるとし，養子が15歳に達した後，適法に追認がなされたときは，縁組ははじめから有効となるとした（最判昭27・10・3民集6・9・753，116条ただし書きの類推適用につき最判昭39・9・8民集18・7・1423）。

改正後は，15歳未満の者を養子縁組とする縁組につき，**離婚後に共同親権とされた場合を想定し，代諾養子縁組にあたって父または母の一方の同意を得ることができない場合は，家庭裁判所が同意に代わる許可を与えることができるとした**（797条3項）。ただし，子の利益のために特に必要がある場合に限られる（797条4項）。

(5) **普通養子縁組の効果**

養子は，縁組の日から，養親の嫡出子の身分を取得し（809条），養子と養親及びその血族との間には，血族間におけるのと同一の親族関係が生じる（727条）。養子の親族と養親の親族の間では親族関係は発生しない。

離縁をすると，養子及びその配偶者並びに養子の直系卑属及びその配偶者と養親及びその血族との姻族関係は，終了する（729条）。普通養子縁組の場合は，養子縁組後も，実方の親族との関係は終了しない。

養子と養方の傍系血族は，婚姻することができるが（734条），養子若しくは

その配偶者または養子の直系卑属若しくはその配偶者と養親またはその直系尊属は，親族関係が終了した後であっても，婚姻することができない(736条)。

養子は養親あるいは，子の父母であって養親の配偶者の親権に服し（818条2項・3項），養親の氏を称する（810条）。養子が婚姻によって氏を改めている場合には，その氏を称する（810条ただし書き）。

離縁をすると，養子は縁組前の氏に復する（816条1項）。配偶者とともに養子をした場合で，養親の一方のみと離縁した場合には，縁組前の氏には復さない（816条1項ただし書き）。縁組から7年経過後に縁組前の氏に復した者は，離縁の日から3か月以内に届け出ることによって，離縁の際に称していた氏を称することができる（縁氏続称，816条2項）。離縁により復氏した場合の祭祀に関する権利の承継につき，817条は769条を準用する。

(6) **養子縁組の無効・取消し**

養子縁組は，①人違いその他の事由による縁組意思の不存在（802条1号），②縁組届の不存在（802条2号）により無効となる。夫婦共同縁組で，一方に縁組の意思がない場合（795条）や代諾権がない者の代諾による縁組は原則として無効となる（ただし養子が15歳に達した後に追認すれば遡及的に有効となる（前掲最判昭27・10・3））。養子縁組は，①養親が20歳未満の者である場合（804条），②養子が尊属または年長者である場合の縁組（805条），③後見人と被後見人の無許可縁組（806条），④配偶者の同意のない縁組（806条の2），子の監護をすべき者の同意のない縁組等（806条の3），⑤養子が未成年者である場合の無許可縁組（807条）に該当すると，取消しの対象となる（803条）。

20歳未満の者が養親である場合，養親が20歳に達した後6か月を経過し，または追認をしたときは，取消しを家庭裁判所に請求することができない（804条ただし書き）。詐欺・強迫による養子縁組がある場合についても，養子縁組を取り消すことができる。808条は747条を準用し，詐欺を発見し若しくは強迫を免れた後6か月を経過し，または追認したときは取消権が消滅する。取消権は，将来に向かってのみその効力を有する（808条による747条の準用）。

(7) 離　縁

　離縁とは，縁組届により法的親子関係を形成した当事者が，親子関係を解消することをいう。離縁の方式には，協議離縁（811条）・調停離縁（家事244条），審判離縁（家事284条）・裁判離縁（814条）・和解離縁（人訴46条）・認諾離縁（人訴46条）がある。

　縁組の当事者は，協議で離縁をすることができる。未成年者と離縁する場合には，夫婦が共に行う。ただし，夫婦の一方が意思表示をすることができないときは，単独で離縁をすることができる（夫婦共同離縁，811条の2）。

　養子が15歳未満である場合には，養親と離縁後に法定代理人なるべき者が協議する（代諾離縁，811条2項）。養子が15歳になれば，単独で離縁をすることができる。養子の父母が離婚している場合には，その協議で，その双方または一方を親権者とさだめる（811条3項）。養子の父母の離婚に際し，協議が調わないときまたは協議をすることができないときは，家庭裁判所は，父若しくは母または養親の請求にて，協議に代わる審判をすることができる（811条4項）。法定代理人となるべき者がいないときは，家庭裁判所は，養子の離縁後に未成年後見人となるべき者を選任する（811条5項）。

　縁組の当事者の一方は，①悪意の遺棄（814条1項1号），②3年以上の生死不明（814条1項2号），③縁組を継続し難い重大な事由（814条1項3号）がある場合，離縁の訴えを提起することができる（裁判離縁，814条）。養子が15歳未満である場合には，養親と離縁の協議をすることができる者が，原告・被告となり，離縁の訴えをおこなう（815条）。

　上記離縁事由①②につき，裁判所が一切の事情を考慮して縁組の継続を相当と認めるときは，離縁の請求を棄却することができる（814条2項における770条2項の準用）。③の事由については，有責当事者からの離縁請求が行われた場合が問題となるところ，判例は，身分法を貫く正義の原則に著しく反する特段の事情がない限り，その当事者の離縁請求は，縁組を継続し難い重大な事由があるとして許されるべきであると判示する（最判昭40・5・21家月17・6・247）。縁組の当事者が死亡した後に生存当事者が離縁をする場合には，家庭裁判所の許可を得て，離縁する（死後離縁，811条6項）。

　なお，811条3項は離縁のときに，養父母がすでに離婚している場合，養父

母はその協議で，単独親権か共同親権かを指定しなければならないとする（811条3項）。子の利益のため，父母の子との関係，父と母との関係その他一切の事情が考慮される（811条4項による819条7項の準用）。

2 特別養子縁組
(1) 特別養子縁組総論
父母による養子となる者の監護が著しく困難または不適当であることその他特別の事情がある場合に，子の利益のために特に必要があると認めるときは，実方との血族との親族関係を終了し，配偶者のある養親との間に養子縁組をおこなう制度である。菊田医師事件は，子どもを望む夫婦の嫡出子として出生届をすべく，虚偽の出生証明書を発行した事件であるが，特別養子制度の創設に影響を与えた。昨今，特別養子制度は，養子となる者の年齢制限により利用することができない等の事例が発生し，令和2年改正では，養子となる者の年齢の上限を引き上げることや，一定の要件で実親の同意の撤回を制限すること等の改正がなされた。

(2) 特別養子縁組の成立
特別養子縁組は，養親となる者の請求により家庭裁判所の審判をもって成立させる（817条の2）。養親は配偶者のある者でなければならず，他方配偶者の同意が得られない場合には，養親となることはできない（817条の3第1項・第2項）。養子となる者が他方配偶者の嫡出子である場合は単独で養親となることができるが，普通養子縁組による場合には，夫婦共同縁組をしなければならない。養親は，25歳に達していなければならないが，夫婦の一方が20歳に達していれば養親となることができる（817条の4）。

特別養子縁組の請求当時，養子となる者が15歳に達している場合には，養子となることができない。成立の審判時に子が15歳未満であることとされ，15歳に達する前から引き続き養親候補者に養育されている場合には，その者の同意を得なければならない（817条の5第3項）。15歳以上でも特別養子縁組をすることができる（817条の5第2項）が，特別養子縁組が成立する前に18歳に達した者については養子となることができない（817条の5第1項後段）。

ただし，養子となるものが15歳に達する前から養親となる者に監護されている場合で，やむを得ない事由により，15歳に達するまでに特別養子縁組の請求がなかった場合には，養子となることができる（817条の5第2項）。養子となるものが15歳に達している場合には，養子となる者の同意が必要となる（817条の5第3項）。

家庭裁判所では，①実親による養育状況及び実親の同意の有無等を判断する審判（特別養子適格の確認の審判），②養親となる者と養子となる者の適合性を判断する審判（特別養子縁組成立の審判）の二段階の手続きをおこなう（家事164条・164条の2）。

(3) **父母の同意**

特別養子縁組の成立には，養子となる者の父母の同意が必要である（817条の6本文）。父母が意思表示をすることができないとき，または父母による虐待，悪意の遺棄その他養子となる者の利益を著しく害する事由がある場合には父母の同意は不要である（817条の6ただし書き）。なお①養子となるべき者の出生の日から2か月を経過した後にされたものであること，②家庭裁判所調査官による事実の調査を経た上で家庭裁判所に書面を提出してされていること，等の場合には撤回することができない。ただし同意をした日から2週間を経過する日までは撤回することができる（家事164条の2第5項）。

(4) **要保護性**

特別養子縁組は，父母による養子となる者の監護が著しく困難または不適当であることその他特別の事情がある場合において，子の利益のため特に必要があると認めるときに，成立させる（817条の7）。特別の事情には，特別養子縁組を成立させ，父母及びその血族との間の親族関係を原則として終了させることが子の利益のため特に必要と判断される事情をも含む（東京高決平8・11・20家月49・5・78）。

(5) **監護の状況**

特別養子縁組を成立させるには，養親となる者が養子となる者を6か月以

上の期間監護した状況を考慮しなければならない（試験養育期間，817条の8）。6か月の期間は，養親となる者が家庭裁判所に特別養子縁組を請求したときから起算する。ただし，その請求前の監護の状況が明らかであるときは，この限りでない（817条の8第2項ただし書き）。

(6) 特別養子縁組の効果

特別養子縁組が成立すると，養子と実父母及びその血族との親族関係は終了する（817条の9）。ただし，連れ子養子の場合には単独養子縁組となるため，養子と実父母及びその血族との親族関係は終了しない（同条ただし書き）。養子は，縁組の日から，嫡出子の身分を取得し（809条），養親の氏を称する（810条）。戸籍については，実親の本籍と同じ場所を本籍として，新戸籍を編製し，実親の戸籍から除籍し，単独戸籍から養親の戸籍に入籍し，単独戸籍は通常の戸籍簿からはずされて除籍簿につづられる（戸20条の3）。

(7) 離　縁

①養親による虐待，悪意の遺棄その他養子の利益を著しく害する事由がある場合，②実父母が相当の監護をすることができる場合であって，養子の利益のために特に必要があると認めるときは，家庭裁判所は，養子，実父母または検察官の請求により，特別養子縁組の当事者を離縁させることができる（817条の10第1項）。817条の10第1項以外の事由で離縁をすることができない。養子と実父母及びその血族との間では，離縁の日から，特別養子縁組によって終了した親族関係と同一の親族関係が生じる（817条の11）。

第3　親　権

1　親権とは

親権をおこなうものは，子の福祉の観点から，子の利益のために，子の監護及び教育をする権利を有し義務を負う（監護教育権，820条）。また，子の財産を管理し，かつ，その財産に関する法律行為についてその子を代表する（財産管理権，824条本文）。

明治民法では、子はその家にある父の親権に服するとされていたが（明治民法877条）、現在は未成年の子は父母の共同親権に服する（818条1項）。

現在では、児童の権利に関する条約において、父母または法定保護者は児童の養育及び発達についての第一義的な責任を負うとし（児童の権利に関する条約18条1項）、締約国は、児童の保護のためすべての適当な立法上、行政上、社会上及び教育上の措置をとるとする（児童の権利に関する条約19条1項）。また児童の権利の尊重及び確保の観点から、児童に関するすべての措置をとるにあたっては、児童の最善の利益が主として考慮されること（児童の権利関する条約3条1項）、締約国は、児童が自由に自己の意見を表明する権利を確保すること（児童の権利に関する条約12条1項）とさだめている。

なお、改正前822条では、親権を行う者は、監護及び教育に必要な範囲内で、その子を懲戒することができると定めていたが（懲戒権、改正前822条）、児童虐待を正当化する口実に使われることがあること、子の監護及び教育は、820条にさだめる「監護及び教育」としておこなうことができること等から、懲戒権に関する定めを削除し、監護及び教育にあたり遵守すべき総則的な規律として、子の監護及び教育にあたり、子の人格を尊重するとともに、その年齢及び発達の程度に配慮しなければならず、かつ、体罰その他の子の心身の健全な発達に有害な影響を及ぼす言動をしてはならないとする（821条）。

2 親権者

親権は、成年に達しない子について、その子の利益のために行使しなければならない（818条1項）。婚姻中、父母は共同で子に対して親権を行使する（818条2項）。子が養子であれば、養親、あるいは子の父母であって養親の配偶者の親権に服する（同条2項）。

改正前、親権は、父母の婚姻中は父母が共同して行使するが、父母が離婚した場合には、父母の一方が単独で行使するとされていた（改正前819条）。養親が夫婦の場合、養子は養親の共同親権に服するが、養親が双方ともに死亡した場合には、実親の後見が開始し、父母の一方が、長期旅行、入院、行方不明等、事実上親権を行使することができない場合には、他の一方が親権を行使する。親権者が親権喪失の宣告を受けている場合等についても、他の一

方が親権を行使するとされていた（同条3項）。

　改正後は，父母の親権は原則として父母が共同行使し，一方が親権をおこなうことができないときや，子の利益のために急迫の事情がある場合等については，単独で親権を行使することができるとする（824条の2第1項）。また，監護教育に関する日常の行為（例：医療行為，子の日常にかかる行為等）であれば，共同親権であっても，単独で親権を行使することができ（同条2項），父母に協議が調わない場合には，特定の事項に係る親権の行使について，子の利益のため，家庭裁判所が父母の一方が単独で親権を行使することをさだめることができる（同条3項）。

　未成年者に子がある場合，未成年者の親権者が，親権をおこなう（親権代行，833条）。未成年者には親権行使の能力がないためである。未成年者に親権者がいない場合には，未成年後見人が代わって親権をおこなう。

　改正後は，令和4年改正821条が子の人格の尊重を明文化したことに加え，親子関係の基本的な考え方を明確にし，父母は，子の心身の健全な発達を図るため，その子の人格を尊重すること，子の年齢及び発達の程度に応じて子を養育すること，子が自己と同一の生活を維持することができるよう扶養すること（817条の12第1項），父母は婚姻関係の有無にかかわらず，子の利益のために互いに人格を尊重し協力しなければならないことがさだめられている（817条の12第2項）。

　親権者の変更については，子の利益のため必要があると認めるときは，親権者を変更することができる。子またはその親族は家庭裁判所に請求し，親権者の変更を請求する（819条6項）。親権者の変更に当たっては，①協議の経過（夫婦間暴力等の有無，調停の有無，裁判外紛争解決手続きの利用の有無，協議の結果についての公正証書の作成の有無），②その後の事情の変更等を考慮するとさだめられている（同条8項）。

　また，父母の親権を単独親権とするか，共同親権とするかについても，明文規定によりその考え方が示された。親権の態様を選択するにあたっては，①子の利益のため，②父母と子との関係，③父と母との関係，その他一切の事情を考慮しなければならないとされる。ただし，④父または母が子の心身に害悪を及ぼす恐れがあると認められる場合，⑤夫婦間暴力のおそれ等によ

り共同親権の行使が困難であると認められる場合等により，子の利益を害すると判断された場合には，単独親権としなければならない（819条7項）。

3　親権の効力

　親権とは，父母が未成年の子を監護・養育するための権利および義務である（820条）。親権は子の利益のために行使されなければならず，親権者が子の人格を尊重し，子の年齢及び発達の程度に配慮し，かつ，子の心身の健全な発達に有害な影響を及ぼす言動をしてはならない（821条）。親権には，身上監護および財産管理がある。

(1)　身上監護

　子は，親権者が指定した場所に，その居所を定めなければならない（居所指定権，822条）。親権者の監護教育の目的を達するために，子が親権者のさだめる場所に居所をさだめることをさだめる。子が第三者の妨害等により，異なる場所に居所を定めている場合は，親権者は妨害排除請求ないし引渡し請求をすることができる。ただし，子がその意思により異なる場所に居所をさだめている場合には，妨害排除請求ないし引渡し請求をすることはできない。なお，本条は子が意思能力のある場合に適用される。

　子は，親権者の許可を得なければ，職業を営むことができない（823条1項）。本条にいう職業は，職業の態様を問わず，継続的に従事する業務のことをいう。6条の「営業」より広い意味に考えられているが，許可に当たっては，種類を特定することとされる。親権者より許可があれば，子は，業務に従事することができる。

　子の命名につき，親権の一部であるとする学説があることに言及しつつ，①親の命名権は自由に行使することができること，②親権の濫用になるような場合や，社会通念上明らかに名として不適当とみられる場合には，名前を受理が拒否されることもあるとした判例がある（悪魔ちゃん事件，東京家八王子支審平6・1・31判時1486・56）。

(2) 財産管理

親権者は，子の財産を管理し，かつ，その財産に関する法律行為についてその子を代表する（824条本文）。親権者の財産管理権は，権利であり義務である。財産管理には，子の有する家屋の修理や賃貸物件の管理など，すべての財産に関する法律行為が含まれる。本条にいう「代表」は，代理と異ならず，法定代理である。ただし，身分行為にはおよばない。

子の行為を目的とする債務を生ずべき場合には，本人の同意を得なければならない（同条ただし書き）。「子の行為」とは事実上の行為であることから，子の活動の自由を保障するために，子の同意を要件とする（労働契約について，労基58条1項）。

父母が共同して親権をおこなう場合で，父母の一方が，共同の名義で，①子に代わって法律行為をした場合や，②子が法律行為をすることに同意した場合であっても，その行為の効力は妨げられない（825条）。他の一方の意思に反したときは，110条の表見代理の適用が考えられるが，本条は適用されない。本条による行為が有効となるのは，相手方が善意である場合であり，相手方が悪意である場合は，①の場合は他方の意思表示は無効となり，②の場合は，親権者の同意のない法律行為となり，取消しの対象となる。

親権者は，自己のためにするのと同一の注意をもって，その管理権をおこなわなければならない（827条）。本条は，親権者と子の関係から，善管注意義務ではなく，例外的に，注意義務の程度をさだめている。親権者が，子の義務に反して，子に損害を与えたときは，損害賠償責任を負う。本条は，管理権喪失宣告の原因の1つでもある（835条）。

子が成年に達したときは，親権者は，遅滞なくその管理の計算をしなければならない（828条）。親権者は，未成年の子の監護教育をし，財産を管理するが，監護教育や財産管理にかかる費用は，子に財産がある場合には，子の財産の収益と相殺したものとみなされる（828条）。ただし，無償で子に財産を与える第三者が反対の意思を表示したときは，適用されない（829条，第三者が無償で子に与えた財産の管理につき830条，委任の規定の準用につき831条）。親権者と子との間での財産管理について生じた債権は，管理権が消滅した時から5年間これを行使しないときは，時効によって消滅する（832条1項）。子が成年に達

しない間に管理権が消滅した場合で，子に法定代理人がいない場合には，時効は，子が成年に達し，または後任の法定代理人が就職した時から起算する（同条2項）。

親権者と子との間や，親権に服する子同士の間で，利害が対立するような状況にある場合，親権者が適切な親権の行使をすることは難しくなることが考えられる。このような場合，親権者は，子の利益の保護のため，その子のために特別代理人を選任することを家庭裁判所に請求しなければならない（利益相反行為，826条）。1項では，親権をおこなう父または母とその子との利益が相反する場合がさだめられ，2項では，親権に服する数人の子がある場合で，その1人と他の子との利益が相反する場合がさだめられている。

利益相反行為の判断基準について，形式的判断説と実質的判断説がある。

形式的判断説は，利益相反行為か否かは，その行為の外形から判断すべきとする。判例では，民法826条所定の利益相反行為に当るか否かは，当該行為の外形で決すべきであって，親権者の意図やその行為の実質的な効果を問題とすべきではないとする（最判昭48・4・24判時704・50）。取引の安全を図るためには，行為自体を客観的に判断すべきであるとする。形式的判断説によれば，親権者が子の名義で借金し，子の不動産に抵当権を設定することは，行為の目的を問わず，利益行為相反とならない。判例においては，子を代理してその所有する不動産を第三者の債務の担保に供することは，法の趣旨に著しく反すると認められる特段の事情がない限り，濫用にあたらず，親権者と子の利益が相反するものではないとした事例（最判平4・12・10民集46・9・2727）や，親権者が自ら連帯保証すると共に，子を代理して子の不動産に祖父の債権者たる第三者のために抵当権を設定した行為は利益相反行為に当る（最判昭43・10・8民集22・10・2172）とした事例がある。他方，実質的判断説は，行為の動機や目的などの一切の事情を考慮して判断するべきであるとする。実質的判断説によると，主観的事情が考慮されるため，第三者に不測の損害を与えるおそれがある。

利益相反行為であるにもかかわらず，親権者が特別代理人を選任せず取引をおこなった場合，当該行為は無権代理行為となる（最判昭46・4・20家月24・2・106）。代理権濫用の場合には，93条ただし書きを類推適用し，行為の相手

方が代理権濫用を知っていたかまたは知るべきであった場合にはその行為の効果が子に及ばない。

なお，兄弟間で利益相反となる場合については，未成年者らのうちの1人について親権者が代理をする場合には，その他の子については特別代理人がそれぞれの子を代理する（相続放棄の事例につき最判昭53・2・24民集32・1・98）。

(3) 監護教育に関する諸問題

親権者が子に対して有する監護教育権は，子を監護教育することは親の権利である義務であることを意味している。監護教育権を有する親権者は，第三者から監護教育権を侵害された場合，妨害排除請求をおこなうことが可能であり，子が正当な権限のない第三者に拘束されている場合は，子の引渡し請求をすることができる。

子の引渡し請求は，子の利益のために行使されなければならない（820条）。判例においては，離婚後，親権者となった父が，監護権を有しない母に対して，親権にもとづく妨害排除請求として子の引渡し請求をした事案について，子の利益を害する親権の行使は，権利の濫用として許されないとしている（最決平29・12・5民集71・10・1803）。

子の引渡しを求める方法としては，家事審判による請求と人身保護法による請求がある。父母が別居中である場合であっても，親権者の一方に監護者としての適格性に疑問がある場合には，子の福祉のために，他方の親権者は，子の引渡しを請求することができる（東京家審平8・3・28家月49・7・80）。

人身保護法は，不当に奪われている人身の自由を，司法裁判により，迅速，且つ，容易に回復させることを目的とする（1条）。子の引渡し請求についても，本法により子の引渡し請求をすることができる（最判昭33・5・28民集12・8・1224）。人身保護法により子の引渡しを請求するためには，①拘束が権限なしにされ違法性があることが顕著であること，②救済の目的を達するために他に適当な方法がないこと，③相当の期間内に救済の目的が達せられないことが明白であること，を必要とする（人身保護規則4条）。

判例では，「拘束の違法性が顕著であるといい得るためには，請求者に比し，拘束者が幼児を監護することが子の幸福に反することが明白であることを要

する」(明白性の要件)とする(最判平5・10・19民集47・8・5099)。

法律上監護権を有しない者が幼児を拘束している場合においては、被拘束者を監護権者である請求者の監護の下に置くことが拘束者の監護の下に置くことに比べて子の幸福の観点から著しく不当なものでない限り、非監護権者による拘束は権限なしにされていることが顕著である場合(人身保護規則4条)に該当し、監護権者の請求を認容すべきものとする判例がある(最判平6・7・8判夕859・121)。

なお、子の引渡しが判決や審判で命じられたにもかかわらず、子が引き渡されない場合、間接強制あるいは強制執行の手続きをとることができる。民事執行法174条は、子の引渡しの強制執行について定め、債務者が子の監護を解く見込みがあるとは認められないとき、子の急迫の危険を防止するため直ちに強制執行をする必要があるときには、強制執行をすることができるとさだめる。

間接強制は、「子の年齢及び発達の程度その他の事情を踏まえ、子の心身に有害な影響を及ぼすことのないように配慮しつつ、合理的に必要と考えられる行為を行って」実現されるものであるが、他方、子の引渡しが、子に有害な影響を及ぼす場合には、「金銭の支払を命じて心理的に圧迫することによって長男の引渡しを強制することは、過酷な執行として許されない」として、このような申立ては権利の濫用にあたるとされる(最決平31・4・26判夕1461・23)。なお国際離婚における子の拘束については、ハーグ条約(国際的な子の奪取の民事上の側面に関する条約)において、子の返還申立てについてさだめられている。

(4) 親権の終了

親権者の親権行使が不適当であり、子の福祉の観点から、親権者が親権行使をすることが困難または不適当であるときは、親権喪失(834条)・親権停止(834条の2)・管理権喪失(835条)の審判により、親権を喪失させることができる。これらの条文により終了するのは、親権者と親権に服する子との関係であり、また、子が成年になったときのように、完全に親権を消滅させるものではない。親権喪失・停止、管理権喪失の原因が止んだ場合には、親権

を回復させることもさだめられている（836条・837条2項）。

　改正前（平成23（2011）年改正）は，親権喪失の原因は，父または母による親権の濫用または著しい不行跡とされていたが，期限を設けずに親権の全部を喪失させるものであったことから，申立てや審判に躊躇することや，親権喪失後の親子再統合に支障をきたすおそれがあり，適切に利用されていなかったという問題があった。また，親権の一時的制限も考慮され，たとえば，輸血にかかる医療ネグレクトの事案にあっては，医療行為の短期間の間，親権の一時的制限をするのが相当であるとされていた。

　改正後（現行法）は，①父または母による虐待または悪意の遺棄があるとき，②父または母による親権の行使が著しく困難または不適当であるとき，であって，子の利益を害するときは，家庭裁判所は，子，その親族，未成年後見人，未成年後見監督人または検察官の請求により，その父または母に対して，親権喪失の審判をすることができるとした（親権喪失，834条本文）。ただし，2年以内に親権喪失の原因が消滅すると見込める場合には，子の心身の状態及び生活の状況その他一切の事情を考慮して，2年を超えない範囲で，親権停止の期間をさだめる（親権停止・834条ただし書き・834条の2第2項）。父または母による親権の行使が困難または不適当であることにより子の利益を害する場合については，家庭裁判所が親権停止の審判をすることができる（834条の2第1項）。父または母の管理権の行使が困難または不適当であることにより子の利益を害するときは，家庭裁判所は，父または母について管理権喪失の審判をすることができる（管理権喪失・835条）。

　親権喪失・停止，管理権喪失の原因が消滅したときは，家庭裁判所は，本人またはその親族の請求によって，親権喪失・停止，管理権喪失の審判を取り消すことができる（836条）。また，やむを得ない事由がある場合は，家庭裁判所の許可を得て，親権または管理権を辞することができる（837条1項）。辞任した際の事由が消滅したときは，親権または管理権を回復することができる（同条2項）。

Ⅵ 後見・扶養

> 明治時代における家制度は,戸主に家族の後見人・保佐人となる権利を与え,他方家族を扶養する義務を課していた。戸主は家族に対して扶養の義務を負うとする一方で(明治民法747条),夫婦は互に扶養をする義務があり(明治民法790条),直系血族及び兄弟姉妹,他方配偶者の直系尊属のうち家にある者についても互に扶養義務があるとしていた(明治民法954条)。戦後は,家制度に関する条文が削除・改正され,後見・扶養ともに,現行法における近代的な後見・扶養制度になったとされる。

第1 後見・保佐・補助制度

後見は,①未成年者に対して親権を行う者がないこと,または親権を行う者が管理権を有しないとき,②後見開始の審判があったときに開始する(838条)。成年後見制度はそれまで民法においては禁治産・準禁治産制度とされていたのを,「ノーマライゼーション」「本人意思の尊重」の観点から,新たに後見(7条から10条),保佐(11条から14条),補助(15条から18条)の3類型として新設された。あわせて介護保険制度が創設され,高齢者の財産管理や契約をめぐっての高齢者の保護と,加齢に伴って生ずる変化に起因する疾病等により要介護状態となった場合についての尊厳の保持や自立した日常生活の援助のための保健医療サービスと福祉サービスが提供されることとなった(介護保険法1条)。

1 未成年後見
(1) 未成年後見人
未成年者に対して親権を行う者がないときは未成年後見が開始する(838条

号)。親権者の死亡等により親権者が不在となれば，未成年者の身上監護や財産管理が十分に行われないおそれがあるため，未成年後見人を選任し，未成年者を保護する制度である。

　未成年者は父母の婚姻中は父母の親権に服する (818条2項)。父母の婚姻中は，父母が共同して親権を行使するが，改正前は，父母の一方が親権を行うことができないときは，他の一方が行い (改正前818条3項)，子が養子であるときは，養親の親権に服するとされていた (改正前同条3項1号)。

　父母が協議上の離婚をするときは，その協議で，その双方または一方を親権者とさだめる (819条1項)。

　「親権を行う者がないとき」とは，親権者の死亡，失踪宣告 (31条)，親権喪失の審判 (834条)，親権の辞任 (837条1項)，親権者の後見開始 (7条) をさす。

　未成年者に対して最後に親権を行う者は，遺言で，未成年後見人を指定することができる (839条1項本文：未成年者の指定後見人)。「最後に親権を行う者」とは，現在未成年者に対して親権を行使している者が亡くなれば，当該未成年者に対して親権を行使する者がない場合をいう。未成年後見人の指定は遺言のみとされている。また未成年後見人を指定することができるものは，未成年後見監督人を指定することもできる (848条)。

　遺言により未成年後見人を指定する者は管理権を有する必要がある (839条1項ただし書き)。管理権を有しない場合には未成年後見人を遺言で指定することができない。親権を行う父母の一方が管理権を有しない場合には，他の一方が未成年後見人の指定をすることができる (839条2項)。また親権を行う者が管理権を有しない場合には，未成年後見人は，財産に関する権限のみを有する (868条)。

　遺言で未成年後見人が指定されていない場合には，家庭裁判所は，未成年被後見人またはその親族その他の利害関係人の請求によって，未成年後見人を選任する (840条1項：未成年後見人の選任)。未成年後見人の死亡・辞任 (844条)・解任 (846条) 等によって未成年後見人となるべき者が不在となった場合においても同様とする (840条1項)。未成年後見人がいる場合であっても必要があるときは，家庭裁判所がさらに未成年後見人を選任することができる。この場合の請求権者は，840条1項にさだめる請求権者のほか，未成年後見

人自身も請求することができる (同条2項)。

　未成年後見人を選任する際には，①未成年後見人の年齢，②心身の状態並びに生活及び財産の状況，③未成年後見人となる者の職業及び経歴並びに未成年被後見人との利害関係の有無，法人である場合には事業の種類及び内容並びにその法人及びその代表者と未成年後見人との利害関係の有無，④未成年被後見人の意見，その他一切の事情を考慮しなければならない (同条3項)。

　父若しくは母が親権若しくは管理権を辞し，または父若しくは母について親権喪失，親権停止若しくは管理権喪失の審判があったことによって未成年後見人を選任する必要が生じたときは，その父または母は，遅滞なく未成年後見人の選任を家庭裁判所に請求しなければならない (841条)。本条は，未成年者に後見人が存在しない状態を発生させないよう，父または母に「遅滞なく」未成年後見人の選任を家庭裁判所に請求することを義務づけたものである。

　他には，その他の利害関係人として，児童相談所所長 (児福33の7条)，保護実施機関 (生活保護81条) にも選任請求の義務が課せられる。

　未成年後見人は，未成年被後見人に対する身上監護義務と財産管理義務を負う。身上監護義務については，未成年後見人は親権を行う者と同一の権利義務を有する (857条)。ただし，親権を行う者が定めた教育方法・居所・営業許可に関する変更を行う場合には，未成年後見監督人があるときはその者の同意を得なければならない (857条ただし書き)。

　未成年後見人が数人あるときは共同してその権限を行使する (857条の2第1項)。かつて，未成年後見人は複数の未成年後見人の間で方針に違いがあれば未成年被後見人の福祉の観点から好ましくないとして後見人は1人とされていたが，現在では後見人は複数あることが容認されている。この場合，家庭裁判所が，職権で一部の者の権限を財産に関する権限にのみ限定することも可能であるし (同条2項)，各未成年後見人が単独でまたは数人の未成年後見人が財産に関する権限について分掌して権限を行使することをさだめることができる (同条3項)。なお第三者の意思表示は，未成年後見人の1人に対してすれば足りる (同条5項)。

　未成年後見人の任務は，未成年被後見人が①成年に達したとき，②婚姻し

たとき，③養子縁組をしたとき，④死亡したとき，⑤後見人の辞任・解任があったとき等に終了する。

　未成年被後見人が成年に達し，後見人の任務が終了した場合には，後見人は2か月以内に管理計算を行わなければならない（870条）。管理計算の終了前に，未成年被後見人と未成年後見人またはその相続人との間でした契約は，未成年被後見人が取消すことができるとした（872条1項）。

(2) 未成年後見監督人

　未成年後見人を指定することができる者は遺言で未成年後見監督人を指定することができる（848条）。未成年後見監督人は，①後見人の事務の監督，②後見人が欠けた場合の新しい後見人の選任についての家庭裁判所への請求，③急迫な事情がある場合の処分等の職務を遂行する（851条）。なお，後見人の配偶者・直系血族及び兄弟姉妹は，後見監督人になることができない（850条）。

2 成年後見制度

　成年後見制度は，判断能力の不十分な者を保護するための制度である。未成年者については未成年後見制度で身上監護・財産管理を行うが，認知症や障害等により支援が必要な場合は成年後見制度において身上監護・財産管理を行う。成年後見制度は，平成11年12月1日に成立し，同月8日に公布された。改正前の禁治産・準禁治産制度は，家庭裁判所が心神喪失の常況にある者に禁治産の宣告をし，また心神耗弱者・浪費者に対して準禁治産の宣告をし，禁治産者には後見人を付し，準禁治産者には保佐人を付することとされていた。後見人は禁治産者の法律行為のすべてにわたり代理権と取消権を有し，保佐人は法律行為の一部について同意権と取消権を有していたことや，「禁」治産という呼称や禁治産者であることが戸籍に記載されるなど，制度が硬直的であるなどの問題点があった。

　改正にあたっては，高齢社会への対応および知的障がい者・精神障がい者等の福祉の充実の観点から，自己決定の尊重・残存能力の活用・ノーマライゼーション等の理念にもとづき，本人保護の理念との調和から，柔軟かつ弾

力的な利用しやすい制度を構築することが目指された。

　また成年後見制度は，おもに本人の多様な判断能力及び保護の必要性の観点から，後見制度のほか，保佐・補助制度があり，他方で，介護保険制度が同時に施行された。

(1) 成年後見制度
(a) 成年後見人
　精神上の障害により事理を弁識する能力を欠く常況にある者については，家庭裁判所は後見開始の審判をすることができる（7条）。後見開始の審判を受けた者は，成年被後見人とし，これに成年後見人を付する（8条）。

　家庭裁判所は職権で成年後見人を選任し（843条1項），成年後見人が欠けたときは，家庭裁判所は，成年被後見人若しくはその親族そのほかの利害関係人の請求によりまたは職権で，成年後見人を選任する（843条2項）。成年後見人が欠けたときとは，成年後見人の死亡・辞任・欠格・解任などをさす。

　成年後見審判の請求権者は，本人，配偶者，四親等内の親族，未成年後見人，未成年後見監督人のほか，保佐制度の利用者が後見制度を利用することを踏まえて保佐人・保佐監督人，補助制度の利用者が後見制度を利用することを踏まえて補助人・補助監督人，または検察官である（7条）。

　成年後見人が選任されている場合であっても，必要があると家庭裁判所が認めるときには，職権でさらに成年後見人を選任することができる（843条3項）。

　成年後見人を選任するには，①成年被後見人の心身の状態並びに生活及び財産の状況，②成年後見人となる者の職業及び経歴並びに成年被後見人との利害関係の有無（法人である場合は，事業の種類及び内容並びにその法人及びその代表者と成年被後見人との利害関係の有無），③成年被後見人の意見，その他一切の事情を考慮しなければならない（843条4項）。自己決定の尊重の観点から，成年被後見人の意思が尊重されるべきである。

　成年後見人は，正当な事由があるときは辞任することができる（844条）。ただし家庭裁判所の許可を要する。「正当な事由」には，仕事上の都合による転居，疾病，成年後見人の負担加重，親族との不和等があげられているが，各

成年後見人の事情に応じて判断される。成年後見人の辞任により新たな成年後見人を選任する必要がある場合には，遅滞なく新たな成年後見人の選任を家庭裁判所に請求しなければならない (845条)。成年被後見人の保護に欠ける状態を防ぐためである。

　成年後見人に不正な行為，著しい不行跡の他，後見の任務に適しない事由があるときは，家庭裁判所は成年後見人を解任することができる (846条)。成年後見人は財産管理等が職務の一内容であることから，一定の事情がある場合には家庭裁判所が成年後見人を解任することができる。

　成年後見人は，被後見人の財産を管理し，かつ，その財産に関する法律行為について被後見人を代表する (859条1項)。成年後見人には，当該職務を遂行するにあたっての適格性がもとめられるため，①未成年者，②家庭裁判所で免ぜられた法定代理人，保佐人または補助人，③破産者，④被後見人に対して訴訟をし，またはした者並びにその配偶者及び直系血族，⑤行方の知れない者は，後見人となることができない (847条)。②の家庭裁判所で免ぜられたとは，解任をされたことをいい，辞任は含まれない。かつて免ぜられた者や，他の者の代理人となっていて免ぜられたことがある者も含まれる。

　成年後見人は，成年被後見人の生活，療養看護及び財産の管理に関する事務を行う (858条)。事務を行うにあたっては，成年被後見人の意思を尊重し，かつ，その心身の状態及び生活の状況に配慮しなければならない。成年被後見人の意思を尊重することが配慮義務としてさだめられる（身上配慮義務）。身上配慮義務は善管注意義務 (869条・644条) を具体化した義務である。被後見人の生活，療養看護は，医療・介護等にかかる契約の締結から終了にいたるまでの法律行為をさす。

　成年後見人の職務は医療・介護の広範囲にわたるが，成年被後見人の居住の用に供する建物またはその敷地について，売却，賃貸，賃貸借の解除または抵当権の設定その他これらに準ずる処分をするには，家庭裁判所の許可を得なければならない (859条の3)。「居住の用に供する」とは成年被後見人が現に居住の用に供している建物をいう。賃貸借は，本人が居住のために賃貸借契約を締結している不動産のことをさす。826条（親子間の利益相反行為）は後見について準用される (860条)。

成年後見人は，被後見人の財産を管理し，かつ，その財産に関する法律行為について被後見人を代表する（859条1項）。財産管理を行うにあたり，成年後見人は，遅滞なく，被後見人の財産の調査に着手し，1か月以内に，その調査を終わり，目録を作成しなければならない（853条1項）。ただし期間を伸長することはできる。後見人は，財産目録の作成が終わるまでは，急迫の必要がある行為のみをすること権限を有するが，善意の第三者に対抗することはできない（854条）。

　成年後見人は，就職の際に，被後見人の生活，教育または療養看護及び財産の管理のために毎年支出すべき金額を予定し（861条1項），後見の事務をおこなうための必要な費用は被後見人の財産の中から支出する（同条2項）。家庭裁判所は，後見人及び被後見人の資力その他の事情によって，成年後見人に報酬を与えることができる（862条）。

　成年後見人は，後見の事務を行うにあたり，郵便物等の開封をすることがある。成年後見人は家庭裁判所に請求することによって，期間を定めて，成年被後見人宛の郵便物を成年後見人に配達すべき旨を嘱託することができるとする。嘱託の期間は6か月を超えることができず（860の2第2項），職務の途中で事情変更があった場合には，成年被後見人，成年後見人若しくは成年後見監督人の請求により，または職権で，嘱託を取り消し，変更することができる（同条3項）。成年後見人の任務が終了した時は嘱託を取り消さなければならない（同条4項）。

　成年後見人は，成年被後見人宛の郵便物を開封することもできる（860条の3第1項）。成年後見人は，郵便物のうち，成年後見人の事務に関しないものは速やかに成年被後見人に交付しなければならない（同条2項）。なお成年被後見人は成年後見人が受け取った郵便物の閲覧を求めることができる（同条3項）。

　成年後見人は被後見人の財産を管理し，かつ，その財産に関する法律行為について被後見人を代表する（859条1項）。「代表」とは代理と解され，後見人の代理権は法定代理権である。後見人の代理権は被後見人の有する財産全体に及ぶが，身分行為には及ばない。ただし成年被後見人の行為を目的とする債務を生ずべき場合には，成年被後見人の同意を得なければならない（824条

ただし書き）。後見人が被後見人の財産または被後見人に対する第三者の権利を譲り受けたときは，被後見人はこれを取り消すことができる（866条1項）。

　法定の監督義務者に該当しない者が，714条の損害賠償責任を負うかにつき，判例は同条1項を類推適用し，「責任無能力者との身分関係や日常生活における接触状況に照らし，第三者に対する加害行為の防止に向けてその者が当該責任無能力者の監督を現に行いその態様が単なる事実上の監督を超えているなどその監督義務を引き受けたとみるべき特段の事情が認められる場合には，衡平の見地から法定の監督義務を負う者と同視」するとし，成年後見人の身上配慮義務については，「身上配慮義務は，成年後見人の権限等に照らすと，成年後見人が契約等の法律行為を行う際に成年被後見人の身上について配慮すべきことを求めるものであって，成年後見人に対し事実行為として成年被後見人の現実の介護を行うことや成年被後見人の行動を監督することを求めるものと解することはできない」とした（JR東海事件，最判平28・3・1民集70・3・681）。

(b)　**成年後見監督人**

　成年後見監督人は，家庭裁判所が必要あると認めるときは，選任することができる（849条）。請求権者は，被後見人，その親族若しくは後見人である。家庭裁判所の職権によることもある。後見人の配偶者，直系血族及び兄弟姉妹は，後見監督人となることができない（欠格事由：850条）。後見監督人の職務は，①後見人の事務監督，②後見人が欠けた場合の家庭裁判所への選任請求，③急迫の事情がある場合の必要な処分，④利益相反行為である（851条）。このうち，「利益相反行為」については，後見人またはその代表する者と被後見人の間の利益相反行為のほか，後見人が複数ある場合の被後見人間の利益相反行為などがある。

　後見監督人または家庭裁判所は，いつでも，後見人に対し後見の事務の報告若しくは財産の目録の提出を求め，または後見の事務若しくは被後見人の財産の状況を調査することができ（863条1項），被後見人の財産の管理その他後見の事務について必要な処分を命ずることができる（863条2項）。

　後見人が，被後見人に代わって営業もしくは13条1項各号に掲げる行為をし，または未成年被後見人がこれをすることに同意するには，後見監督人

の同意を得なければならない（864条）。また後見人が被後見人に対して債権あるいは債務を有している場合には，財産の調査に着手する前に，後見監督人にこれを申し出なければならない（855条1項）。後見人が被後見人に債権を有していることを知ってこれを申し出ないときは，その債権を失う（同条2項）。後見人自身の財産と被後見人の財産を明確に区別するためである。なお，同条1項は後見監督人がある場合に適用される。

(c) **後見の終了**

成年後見人の任務が終了したときは，後見人またはその相続人は，2か月以内に管理計算を行わなければならない（870条）。後見人が交替することにより任務が終了する場合には，後任の後見人が管理計算を行う。期間は事情により伸長することができる（同条ただし書き）。後見監督人がある場合には，立会をしなければならない（871条）。後見人が被後見人に，被後見人が後見人に返還すべき金額には，計算終了時から利息が付される（873条1項）。後見人が自己のために被後見人の金銭を消費した場合には，その消費の時から，利息を付し，損害があるときは損害賠償責任を負う（同条2項）。後見人の善意・悪意，故意・過失の有無は問わない。

(d) **死後事務**

成年被後見人の死亡により成年後見は終了するが，873条の2は，成年被後見人の死亡後，成年後見人が，①相続財産に属する特定の財産の保存に必要な行為，②弁済期が到来している相続財産に属する債務の弁済，③死体の火葬または埋葬に関する契約の締結その他相続財産の保存に必要な行為，をすることができるとさだめる（873条の2）。本条は，成年被後見人の相続人の意思に反することが明らかなときは行うことができない。また相続人が相続財産を管理することができるに至るまでと期間が決められている。

成年後見人が行うことができるとされている死後事務のうち，①本人の死体の火葬または埋葬に関する契約の締結（葬儀に関する契約締結は含まれない），②本人が入所施設等に残置した動産その他の物に関する寄託契約の締結，③電気・ガス・水道の供給契約の解約，④債務の弁済のために本人名義の預貯金口座から現金を払い戻すことなど（振込による払い戻しも含む。）については家庭裁判所の許可が必要となる。なお，保佐人や補助人，未成年後見人，任意

後見人はこの申立てをすることができない。

(2) 保　佐

　精神上の障害により事理を弁識する能力が著しく不十分である者については，家庭裁判所は，保佐開始の審判をすることができる（11条）。請求権者は，本人，配偶者，四親等内の親族，後見人，後見監督人，補助人，補助監督人または検察官である。保佐開始の審判を受けた者は，被保佐人とし，保佐人が付される（12条，876条の2第1項）。

　被保佐人が①元本を領収し，または利用すること，②借財または保証をすること，③不動産その他重要な財産に関する権利の得喪を目的とする行為をすること等の行為をするにあたっては保佐人の同意を得なければならず，保佐人の同意を得ないでした法律行為は取消すことができる（13条4項）。

　家庭裁判所は，職権で保佐人を選任する（876条の2第1項）。成年後見人の選任（843条2項から4項まで）及び後見人の辞任・解任・欠格事由（844条から847条まで）の規定は保佐人について準用される（876条の2第2項）。

　保佐人またはその代表する者と被保佐人との間の利益相反行為については，保佐人は，臨時保佐人の選任を家庭裁判所に請求しなければならない（876条の2第3項）。ただし保佐監督人がある場合には，請求の必要はない。

　家庭裁判所は必要がある場合には保佐監督人を選任することができる（876条の3第1項）。請求権者は，被保佐人，その親族若しくは保佐人である。家庭裁判所は，11条本文にさだめる者または保佐人若しくは保佐監督人の請求によって，被保佐人のために特定の法律行為について被保佐人に代理権を付与する旨の審判をすることができる（876条の4第1項）。本人以外の者によって審判をするには本人の同意がなければならない（同条2項）。

　保佐人は，保佐の事務を行うにあたっては被保佐人の意思を尊重し，かつ，その心身の状態及び生活の状況に配慮しなければならない（876条の5第1項）。任務の終了等については，成年後見人の規定が準用される（同条2項・3項）。

(3) 補　助

　精神上の障害により事理を弁識する能力が不十分である者については，家

庭裁判所は，本人，配偶者，四親等内の親族，後見人，後見監督人，保佐人，保佐監督人または検察官の請求により，補助開始の審判をすることができる（15条1項，876条の6，876条の7）。家庭裁判所は，被補助人のために特定の法律行為について補助人に代理権を付与する旨の審判をすることができる（876条の9第1項）。本人以外の者の請求により補助開始の審判をするには，本人の同意がなければならない（同条2項）。補助開始の審判を受けた者は，被補助人とし，これに補助人を付する（16条，876条の7第1項）。

家庭裁判所は，被補助人が特定の法律行為をするにはその補助人の同意を得なければならない旨の審判をすることができる（17条1項，876条の6，876条の9第1項）。特定の法律行為は13条1項にさだめる行為の一部に限られる。補助人の同意を得なければならない行為であって，その同意を得ないでした行為は，取消すことができる（17条4項）。

補助人またはその代表する者と被補助人との利益が相反する行為については，補助人は，臨時補助人の選任を家庭裁判所に請求しなければならない（876条の7第3項）。ただし補助監督人がある場合には，この限りでない。

家庭裁判所は，必要がある場合には補助監督人を選任することができる（876条の8第1項）。補助監督人については成年後見人の規定が準用される（876条の8第2項）。補助の事務及び補助人の任務の終了についても，成年後見人の規定が準用される（876条の10）。

3　任意後見

任意後見制度とは，自己に十分な判断能力がある状態で，判断能力が低下した状態に備え，自ら任意後見人との間で支援内容に関する契約（任意後見契約）を締結する仕組みのことをいう。任意後見制度は，①任意後見契約，②任意後見監督人による監督制度からなる。

後見制度は，従来，支援が必要となる状況が発生してから家庭裁判所の審判を通して支援を開始する後見・保佐・補助の制度を置いていたが（法定後見），自己決定の尊重の観点から，判断能力低下後の支援内容を事前に契約することを認める（任意後見）。

平成12年に施行された介護保険制度は，福祉を行政により措置制度から

自己決定のための契約に転換した。このことにより契約締結能力を有することが求められ，成年後見制度は，本人の契約締結能力を補完するための制度として創設された。任意後見は民法ではなく「任意後見契約に関する法律」において規定され，任意代理の委任契約に公的機関の監督が付される。

任意後見契約は，委任者が，受任者に対し，精神上の障害により事理を弁識する能力が不十分な状況における自己の生活，療養看護及び財産の管理に関する事務の全部または一部を委託し，その委託にかかる事務について代理権を付与する委任契約である（任意2条1号）。任意後見契約は，民法上の委任契約とは異なり，委任事務の内容が限定され，法律行為が対象となる。

精神上の障害により本人の事理を弁識する能力が不十分な状況になったときは，家庭裁判所は任意後見監督人を選任し（任意4条1項），任意後見監督人が選任された時からその効力を生ずる（任意2条1号）。

任意後見監督人は，①任意後見人の事務監督，②任意後見人の事務に関する家庭裁判所への定期的な報告，③急迫の事情がある場合に，任意後見人の代理権の範囲内で必要な処分をおこなうこと，④任意後見人またはその代表する者と本人の利益が相反する行為についての本人を代表することを職務とする（任意7条1項）。

家庭裁判所は，任意後見監督人に対し，必要があれば事務に関する報告を求め，本人の財産調査を命じ，必要な処分を命ずることができる（同条3項）。

任意後見契約の当事者は本人と任意後見人であるが，任意後見監督人が選任される前の任意後見契約の受任者は，任意後見受任者とよばれる（任意2条2号・3号・4号）。任意後見受任者または任意後見人の配偶者，直系血族及び兄弟姉妹は，任意後見監督人となることができない（任意5条）。

任意後見契約は，公正証書によってしなければならない（任意3条）。

任意後見人には身上配慮義務が課せられ（任意6条），不正な行為，著しい不行跡その他その任務に適しない事由がある場合は，家庭裁判所は任意後見人を解任することができる（任意8条）。また，任意後見監督人が選任される前であれば，本人または任意後見受任者は，いつでも，任意後見契約を解除することができる（任意9条1項）。任意後見監督人が選任された後は，正当な事由がある場合に限り，本人又は任意後見人は，家庭裁判所の許可を得て，任意

後見契約を解除することができる (任意9条2項, 後見開始の審判につき任意10条1項・任意10条3項)。

4 後見登記

後見, 保佐及び補助の審判を受けた者, 任意後見登記契約を締結した者は, 登記所において後見登記を行う (後見登記等に関する法律1条から3条)。いずれも嘱託または申請により (同法4条・5条), 後見登記等ファイルに記録される (同法6条)。

第2 扶 養

1 扶養とは

(1) 扶養とは

扶養とは, 疾病や加齢等の要因により自己の資力により生活を維持することが困難となった場合に, 家族や国家等から金銭等の援助をうけることによって, 自らの生活を維持する制度である。憲法では「すべて国民は, 健康で文化的な最低限度の生活を営む権利を有する」とし (憲法25条), この理念にもとづく, 生活保護法では「国が生活に困窮するすべての国民に対し, その困窮の程度に応じ, 必要な保護を行い, その最低限度の生活を保障するとともに, その自立を助長する」とさだめられている (生保1条)。

生活保護法における最低限度の生活とは, 健康で文化的な生活水準であり,「その具体的な内容は, その時々における文化の発達の程度, 経済的・社会的条件, 一般的な国民生活の状況等との相関関係において判断決定されるべきもの」されている (最大判昭57・7・7民集36・7・1235 (堀木訴訟上告審), 憲法百選Ⅱ (7版) 132頁)。保護は, 保護を必要とするものがその利用しうる資産, 能力その他あらゆるものを, その最低限度の生活の維持のために活用することを要件とし (同法4条1項), 民法にさだめる扶養義務の扶養及び他の法律にさだめる扶助は, すべて生活保護に優先して行われる (同法4条2項, 補足性の原則, 私的扶養優先の原則)。

(2) 扶養の法的性質

　直系血族及び兄弟姉妹は，互いに扶養をする義務がある (877条1項)。本条は，親子・兄弟姉妹間の扶養義務を定めたものである。他方，夫婦においては，同居・協力・扶助義務が課せられ (752条)，親族間では，直系血族及び同居の親族は，互いに扶け合わなければならない (730条)。

　いずれの条文も「扶養」「扶助」「扶け合う」として，困窮時の援助がさだめられているが，①夫婦間の扶養，②親と未成熟子の扶養，③親と成年子の扶養，④老親扶養，⑤親族間扶養と分けて考える必要がある。特に親子間については，子が成年に達すると親権が終了する (818条1項) から，成年に達する前と成年に達した後について考える必要がある。また夫婦が離婚した場合の子の養育費については，子の監護に関する費用の分担その他の子の監護について必要な事項として，夫婦の協議でさだめられる (766条1項)。

　かつて中川善之助教授は，民法の扶養義務には，「生活保持義務」と「生活扶助義務」があるとされた。前者は，親が未成熟子を扶養し，夫婦が互いに扶養しあうのは，身分関係の本質的要素であるとされ，親は子を自らの生活の一部として扶養し，夫婦は自らの生活を維持するために他方を扶養するとされ，他方の扶養は自己の生活維持であるとされた。これに対し，兄弟姉妹は例外的なことであり，特殊事情により生活が困窮した他者の生活を扶けることと同じであるとして，親子以外の直系血族及び成年子が親を扶養する場合がこれにあたるとされた。生活保持の義務は自己と同一の生活程度を維持することであり，「最後に残された一片の肉までを分け与える義務」であり，生活扶助の義務は自己の生活を維持し余力があれば生活を支援することであり，「自らの生活をして余力がある場合」に生活を支援する。ただし現在では，具体的な家族関係や家族が有する財産の状況により個別具体的に検討するとの主張や，夫婦が別居し破綻している状況にある場合の生活保持義務の程度等，検討を要する事項もあるとの主張がある。

2　扶養義務者

(1) 扶養義務者

　877条1項は扶養義務者として，①直系血族，②兄弟姉妹をさだめる (絶対

的扶養義務者)。本条本項に該当する者は身分関係に基づいて当然互いに扶養の権利を有し扶養の義務を負う。直系血族には親等の遠近に関係なく自然血族と法定血族が含まれる。養子縁組をおこない，養親と実親がある場合には，養親と実親の双方に対して扶養義務を負う。特別養子縁組の場合には，特別養子縁組によって養子と実方の父母及びその血族との親族関係が終了している（817条の9）ため，扶養の義務が発生しない。非嫡出子については，父の認知があれば父は子に対して扶養義務を負う（東京地判昭54・3・28判タ389・137）。母は分娩の事実により母子関係が証明されるので，扶養義務を負う（最判昭37・4・27民集16・7・1247）。扶養義務者の判断はまずは形式的に判断され，一定の親族関係に基づく法律関係であるから，内縁の夫が内縁の妻であった者の子と弟を相手とし申立てる扶養調停は審判の対象とならない（東京高決昭53・5・30家月31・3・86）。兄弟姉妹には，父母を同じくする者（全血）と父または母の一方が異なる者（半血），養子と養親の実子，養子同士が含まれる。

ついで877条2項は，「特別の事情」がある場合に3親等内の親族に扶養義務を認める。本条本項に該当する者の間には当然に扶養の権利義務は発生せず，特別の事情がある場合には家庭裁判所はこれらの者に対して扶養義務を負わせることができる。3親等内の親族には，直系姻族，2親等の傍系血族，3親等内の血族および姻族を含む。「特別の事情」は家庭裁判所により判断されるところであり，厳格に判断される場合や，当事者の具体的事情を考慮して緩やかに判断されている場合がある。事情に変更があった場合には，家庭裁判所は審判を取り消すことができる（877条3項）。判例は，特別の事情とは，「要扶養者の三親等内の親族に扶養義務を負担させることが相当とされる程度の経済的対価を得ているとか，高度の道義的恩恵を得ているとか，同居者であるとか等の場合に限定して解するのを正当とすべく，単に三親等内の親族が扶養能力を有するとの一事をもつてこの要件を満すものと解することはできない」とする（大阪家審昭50・12・12家月28・9・67）。

(2) 扶養の順位

扶養をする義務のある者（扶養義務者）が数人ある場合には，扶養をすべき者の順位について当事者間に協議が調わないとき，または協議をすることが

できないときは，裁判所が扶養義務者をさだめる（878条）。

扶養は当事者の協議または家庭裁判所の審判によるが，扶養権利者または扶養義務者が複数ある場合，扶養義務者の事情によっては扶養の負担をすることが難しい場合もあるため，まずは当事者の協議により順位をさだめる。順位を決定するにあたっては，婚姻関係にある場合には，配偶者に対する扶養義務が優先される。配偶者や子に対する扶養義務は直系血族や兄弟姉妹に対する扶養義務より優先される。子が養子縁組をしている場合には，実親よりも養親の扶養義務が優先する（神戸家姫路支審平12・9・4家月53・2・151）。扶養を受ける権利のある者（扶養権利者）が数人ある場合において，扶養義務者の資力がその全員を扶養するのに足りないときの扶養を受けるべき者の順序についても，家庭裁判所が扶養権利者をさだめる（878条）。

各人の抽象的な扶養義務については，扶養の必要性と扶養義務の履行可能性の存在が認められれば，その成立を肯定できるとしても，各人の具体的な扶養義務の内容は，当事者の協議又は家庭裁判所の審判をまたなければ確定しない（東京地判平6・1・17判タ870・248）。

3 扶養の程度・方法

(1) 扶養の程度・方法

扶養の程度または方法について，当事者間に協議が調わないとき，または協議をすることができないときは，扶養権利者の需要，扶養義務者の資力その他一切の事情を考慮して，家庭裁判所がこれをさだめる（879条）。本条は，扶養の程度・方法につき，扶養義務者と扶養権利者双方の事情や関係性を考慮しながらさだめるものとしており，判断基準として「一切の事情」とする。

扶養は，扶養当事者が支援を必要とする状態にあることを必要とする（要扶養状態）。また扶養とは，法律上親族関係にある者について身分上の本質的要素として認められるものであることから，扶養義務者についても自らの状況を前提に扶養をすることが可能であるか（扶養可能状態）が考慮される。

親が未成年子を扶養するのは，親の権利であり義務である。親権を行う者は，子の利益のために子の監護及び教育をする権利を有し，義務を負い（820条），成年になると親権が終了する。未成年子の養育費については，婚姻期間

中は婚姻費用分担において請求され，離婚時には離婚後の子の監護に関する請求において負担される。

　成年後の子については，高等教育を受けている子が学費の負担を親に求めることができるかについて議論されている。判例では，不足が生じた経緯，不足する額，子自身の意向及び親の意向，親の資力，親自身の再婚の有無，その家族の状況その他諸般の事情を考慮して柔軟な解決をはかっている（東京高決平 22・7・30 家月 63・2・145）。

　成年子と老親の間は，成年子の家庭に対する扶養が優先され，老親に対する扶養は生活扶助義務とされる。判例では，過去における養育の事実，相続権の有無，成年子の生活状況・資力や老親の生活状況・資力が考慮されると同時に，成年子と老親のこれまでの交渉の程度等も考慮し判断されている（広島家審平 2・9・1 家月 43・2・162）。扶養の方法には金銭扶養と引取扶養があるが，現在では金銭扶養が原則である。引取扶養は当事者間に合意があれば審判をすることができるが，引取扶養が必要となるのは，高齢者である場合が多い。金銭扶養は定期払いの方法による。

(2) 扶養料の請求

　扶養は現在では金銭扶養が原則とされている。扶養は，要扶養状態の状態にある扶養権利者が，扶養義務者に対して扶養料を請求し，扶養義務者の扶養可能状態に応じて定期的に支払われる。扶養料支払の始期と終期については，過去の扶養料は請求時以降の分に限り請求することができるとして，扶養権利者からの扶養料請求時を始期とする見解もあるが（大判明 34・10・3 民録 7・9・11），扶養は生活困窮者に対する援助であること，過去の扶養料を請求できないとすれば扶養義務者が扶養義務を免れる結果となること，それまでに第三者からの支援によって生活をしていたというような事実がある場合には，第三者が扶養義務者に扶養料を請求できず不利益をこうむるおそれがあること等の視点から柔軟に考え，要扶養状態になった以降の扶養料の請求を認めるとする。過去の扶養料については，①扶養権利者からの扶養義務者への請求，②扶養義務者間の請求，③第三者からの扶養義務者への請求にわけられる。このうち，②は扶養義務者の1人が扶養権利者に援助をした場合

である。家庭裁判所は，扶養義務者の資力その他一切の事情を考慮して扶養義務の負担割合をさだめる（京都家福知山支審平29・9・4判時2373・44）。③は扶養義務のない第三者が扶養権利者に援助をした場合である。この場合は，事務管理（697条）または不当利得（703条）による。

4　扶養に関する協議または審判の取消し

　扶養義務者若しくは扶養権利者の順序または扶養の程度若しくは方法について協議または審判があった後事情に変更があった場合は，家庭裁判所で協議または審判の変更または取消をすることができる（880条，福岡高決平29・9・20判タ1449・144では，離婚後再婚した親が再婚相手の子と養子縁組した場合について，養育費を見直すべき事情にあたるとした）。

5　扶養請求権の処分の禁止

　扶養を受ける権利は，これを処分することができない（881条）。被相続人の一身に専属する権利は相続の対象とならないため（896条ただし書き），扶養請求権は相続の対象とならない。扶養は身分関係に基づいて認められる権利であるためである。ただし権利者の扶養請求権ですでに履行期に達しているものについては金銭債権に転化したものとして相続性が肯定される。

Ⅶ　相続人・相続の効力

相続とは，被相続人の財産上の権利義務を承継することをいう。相続人の範囲は法律でさだめられるが，生前に遺言を残すことにより，被相続人が指定する者を承継人とすることも可能である。ここに，相続の本来的性質が問題となる。相続人はおもに，家族がその対象となるであろうが，遺言は，被相続人の財産は私有財産であり個人の財産であることを示している。被相続人は承継人を家族以外の者にすることもできる。他方，相続法では，家族に一定の相続財産承継を保障している。被相続人の財産は誰のものか。相続に家族にどのようにかかわるべきであるか。永遠の課題であろう。

第1　相続の開始

1　相続法の制定経緯

　明治時代の相続は，人の死亡または戸主権の喪失等による戸主権の承継または財産の包括承継をいうとされていた。相続には，家督相続と遺産相続という，2種類の相続形態があった。家督相続は戸主の地位と家に属する遺産を承継し，遺産相続は戸主以外の家族が死亡した際に，その財産を承継した。

　家督相続は，戸主権の喪失等により開始する。戸主の死亡により相続が開始することもあり，戸主権の喪失（隠居等による生前相続）により相続が開始することもあった。相続人は戸主となる者1名であった。家督相続は，男子であり年長者である者がこれを承継した（長子単独相続）。

　遺産相続は，戸主以外の家族が死亡（失踪宣告）した場合のみ開始した。相続人についても，家督相続は被相続人の家族である直系卑属（男子優先，明治民法970条）か養子縁組等により嫡出子の身分を取得した者でなければ相続はできなかったが，遺産相続については，男女の別なく，被相続人の直系卑属

が遺産相続人となった。

　第2次世界大戦終了後,「日本国憲法の施行に伴う民法の応急的措置に関する法律」(昭和22年法律第74号)により,家督相続に関する制度は適用しないとされ,相続については,遺産相続に関する規定に従うこととなった(同法7条)。直系卑属,直系尊属及び兄弟姉妹は男女・長幼の別なく,順序に従い相続人となり(同法8条),遺留分についても兄弟姉妹以外の相続人につき認められることとなった(同法9条)。その後,民法の一部を改正する法律(昭和22年法第222号)を経て,現行民法第4編・第5編が施行された(昭和23(1948)年1月1日施行)。

　現行民法は,終戦後(昭和20(1945)年8月15日)からあまり時間をおかず施行されたため,戦後の社会に必要な法改正も十分ではなく,民法施行後も,引き続き改正のための審議が行われていた。昭和37(1962)年には,代襲相続制度の改正,特別縁故者制度の新設,昭和55(1980)年には,配偶者相続分の引き上げ,寄与分制度の新設,平成11(1999)年には,公正証書制度遺言における通訳や筆談による方式の追加,平成20(2008)年には「中小企業における経営の承継の円滑化に関する法律」の制定,平成25(2013)年には婚外子の相続分規定の削除と順次改正が行われている。

　平成30(2018)年には,民法(相続関係)の改正について(諮問第100号)において「高齢者化社会の進展や家族の在り方に関する国民意識の変化等の社会情勢に鑑み,配偶者の死亡により残された他方配偶者の生活への配慮」が必要であるとされ,配偶者居住権の新設,遺留分侵害額請求権の金銭債権化,自筆証書遺言の方式の緩和,「特別の寄与」制度の新設,遺産分割前の預貯金の払戻し,共同相続の場合の対抗要件の問題,遺言書保管制度の新設,遺言執行者の職務の明確化などの一連の条文が改正・新設された。

　平成31(2019)年には,所有者不明土地の増加により,土地の円滑な利用や管理が困難となっていることや,所有者不明土地問題を契機に,民法の規律が現代の社会経済情勢にそぐわないことが顕在化したこと等から,「民法等の一部を改正する法律」(令和3年法律第24号),「相続等により取得した土地所有権の国庫への帰属に関する法律」(令和3年法律25号)が成立した。民法の改正では,遺産分割に関する見直し,具体的相続分による遺産分割の時的限界,

遺産共有と通常共有が併存している場合の特則，不明相続人の不動産の持分取得・譲渡をあげることができる。また，所有者不明土地の発生を予防する観点から，その主要な発生原因である相続登記の未了や住所変更時等の未了に対応するため不動産登記法も改正された（相続登記の義務化（令和6年4月1日施行））。

2 相続の根拠

相続は，私有財産制のもとに認められる財産の承継システムであるが，他方，被相続人が生前有していた財産は，家族のために拠出されていた財産であること（婚姻費用分担義務（760条），日常家事債務の連帯責任（761条）），また夫婦間の同居協力扶助義務（752条）には経済的な結びつきも含まれていることを考えると，相続は私有財産制のもと個人財産を承継する仕組みであるとしてしまうことも難しいように思われる。

相続の根拠については，①死者の意思に基づきおこなわれるという考え方（意思説），②血縁関係にある者が財産を承継するという考え方（血の代償説），③相続人に帰属するであろう潜在的持分を清算するという考え方，④残された遺族の生活を保障するものという考え方，⑤契約関係が残る場合等，債権回収の観点から取引の安全を確保するためにおこなわれるという考え方などがあげられる。

相続法の分野では，私有財産制の見地から，遺言自由の原則として，被相続人が有している個人財産の死後の処分については，被相続人の自由にまかされている。他方，相続を被相続人の死後，残された家族がいることから，家族を扶養するため被相続人の個人財産の承継を制限する規定ももうけられている。そのため，相続の根拠を一義的に理解することは難しい。

3 相続開始の原因・相続権

相続は，死亡によって開始する（882条）。相続の開始により承継される財産を生前有していた者を被相続人という。被相続人の財産法上の財産を承継する者は相続人と呼ばれる。相続は，死亡によってのみ開始するため，相続が開始した場合に相続人となるであろう者は推定相続人とされる。推定相続人

は，将来相続開始の際に，相続に関する権利義務を取得しうる期待権を有するだけで，相続開始前には，被相続人の財産に対して権利を有しない(最判昭30・12・26民集9・14・2082)。被相続人が相続開始時に有していた財産は相続財産となる。

相続開始の原因である死亡には，自然的死亡・認定死亡・失踪宣告・同時死亡の推定がある。

死亡に立ち会った医師は死亡診断書を作成する。親族など関係者が死亡診断書をそえて市区町村長に対して死亡届を提出する(戸籍法86条)。死亡時の判断基準については，心臓の不可逆的停止，呼吸の不可逆的停止，瞳孔の散大という心臓死(三兆候説)によって確認される。平成9(1997)年に制定された臓器移植法では，「脳死した者の身体」とは，脳幹を含む全脳の機能が不可逆的に停止するに至ったと判定された者の身体(臓器の移植に関する法律6条2項)とされ，脳死判定時についても本条にいう死亡と判断する考え方もある。

水難，火災その他の事変によって死亡した者がある場合には，その取調をした官庁または公署は，死亡地の市町村長に死亡の報告をしなければならない(認定死亡，戸籍法89条)。死亡したことが確実であると思われる場合におこなわれ，遺体が発見できない場合であっても，死亡の蓋然性が高いとし，死亡を認定するものである。戸籍簿には死亡したことが記載される。

不在者の生死が7年間明らかでないときは，家庭裁判所は，利害関係人の請求により，失踪宣告をすることができる(普通失踪，30条1項)。戦地に臨んだ者，沈没した船舶の中に在った者その他死亡の原因となるべき危難に遭遇した者の生死が，それぞれ，戦争が止やんだ後，船舶が沈没した後またはその他の危難が去った後1年間明らかでないときも，失踪宣告をすることができる(特別失踪，31条)。失踪の宣告を受けた者は期間が満了した時に，あるいはその危難が去った時に，死亡したものとみなされる(32条)。

数人の者が死亡した場合において，そのうちの一人が他の者の死亡後になお生存していたことが明らかでないときは，これらの者は，同時に死亡したものと推定する(同時死亡の推定，32条の2)。ただし，代襲相続は発生する。相続は，被相続人の住所において開始する(883条)。

4 相続財産に関する費用

相続財産に関する費用は，その財産の中から支弁する。ただし，相続人の過失によるものは，この限りでない（885条）。

相続財産に関する費用とは，公租公課，訴訟費用，必要費・有益費，相続財産の換価，弁済その他清算に関する費用，財産目録の作成費用のほか，相続財産に関しておこなわれる費用がすべて含まれる。

相続人は，その固有財産におけるのと同一の注意をもって，相続財産を管理しなければならず（918条），相続財産の管理にあたって支出される費用も相続財産に関する費用となる。遺言の執行に関する費用は，相続財産の負担とする。ただし，これによって遺留分を減ずることができない（1021条）。

残された者が死者をおくるために負担した葬儀費用については，受任者による費用等の償還請求等（650条），管理者による費用の償還請求等（702条）により相続人間で請求する。相続財産に関する費用には含まれない。相続税も各相続人が負担し，相続財産に関する費用には含まれない。

5 相続回復請求権

相続回復請求権とは，真正相続人が表見相続人に対して，侵害されている相続権を回復させるために，相続財産の占有・支配の回復を請求する権利のことをいう。真正相続人とは，相続権を有する正当な相続人である。表見相続人は，相続権がないにもかかわらず相続人であると称する者をいう。真正相続人は，正当な相続人であるから，侵害されている権利を回復することができる。相続回復の請求権は，相続人またはその法定代理人が相続権を侵害された事実を知った時から5年間行使しないときは，時効によって消滅する。相続開始の時から20年を経過したときも同様である（884条）。

相続回復請求権の法的性質については，独立権利説と集合権説の対立がある。独立権利説は，相続回復請求権は自己の相続権にもとづき包括的に返還請求する権利であるとする。この考え方によれば，相続権があることが立証されれば，目的物の特定をすることなく相続回復請求をすることができる。

集合権説は，相続回復請求権は，相続人が取得した個別財産に対して物権的請求権を行使するとする。この考え方によれば，目的物を特定して請求す

ることとなる。現行法では集合権説により判断されている。

　相続回復請求権の請求権者（原告適格）は，相続権を侵害された真正相続人，その法定代理人である。真正相続人に準ずる者としては，相続分の譲受人，包括受遺者，相続財産管理人，遺言執行者がある。

　相続回復請求権の相手方（被告適格）は，表見相続人である。判例は，自らに相続分がないことを知りながら（悪意）相続分があるとし，またはその部分に持分があると信じることができるような合理的な理由があるわけでないにもかかわらず（有過失），相続分があるとし，相続財産を占有管理することにより相続権を侵害している者は，本来，相続回復請求制度が対象として考えている者にはあたらないとした（最判昭 53・12・20 民集 32・9・1674）。悪意および有過失の判断は，相続権侵害の開始時点を基準として判断する。

　相続回復請求権の消滅時効を援用しようとする者は，真正共同相続人の相続権を侵害している共同相続人が，右の相続権侵害の開始時点において，他に共同相続人がいることを知らず（善意），かつ，これを知らなかったことに合理的な事由があったこと（合理的事由の存在）を主張立証しなければならない（最判平 11・7・19 民集 53・6・1138）。相続権が侵害されたというためには，侵害者において相続権侵害の意思があることを要せず，客観的に相続権侵害の事実状態が存在すれば足りると解すべきである（最判平 11・7・19 民集 53・6・1138）。

　相続回復請求権の行使については，現行民法が複数の相続人による共同相続をさだめることから，相続人間での相続権侵害が発生することについて，相続人間で相続回復請求権を行使することができるかが問題となる。この点について，上掲最高裁昭和 53 年判決は，これを肯定する。共同相続人間であっても，相続権の侵害がある部分については，表見相続人による侵害とかわらないこと，法律関係を早期に安定させるという観点からすれば，共同相続人間の争いであっても，そうでなくとも，かわるところはないことを理由とする。

　表見相続人が第三取得者を相手方とすることができるかにつき，判例は 884 条の適用を否定し，同条における消滅時効の援用をすることができないとする（最判平 7・12・5 家月 48・7・52）。

相続回復請求権は，真正相続人が相続権を侵害された事実を知ったときから5年間，また相続開始のときから20年間で消滅する（最判昭39・2・27民集18・2・383）。判例は，表見相続人は，相続回復請求権の消滅時効が完成する前であっても，真正相続人が相続した所有権を時効により取得することができるとする（最判令6・3・19判タ1523・93）。

相続回復請求権の行使にあたっては，必ずしも訴えによることは必要とせず，裁判外の請求は催告（150条）として時効中断事由となる（大判昭7・9・22新聞3493・13）。

第2 相続人と相続分

1 相続人と相続分（代襲相続）

民法は，法定相続人として，配偶者および一定範囲の親族をさだめる。相続人は，相続開始時に生存していなければならない（同時存在の原則）。法人は，包括受遺者となることができるが，相続人となることはできない。

近年では，所有者不明土地や空き家の増加に伴い，相続登記が未了な不動産が増加していることから，相続登記を促進するため，法定相続情報証明制度が新設された。登記官より交付される認証文付きの法定相続情報一覧図の写しは，相続登記の申請や，被相続人名義の預金の払戻し等の相続手続きに利用することができる（法定相続情報証明制度，平成29年5月29日から）。

(1) 相続人（法定相続人）

(a) 胎　児

胎児は，相続については，既に生まれたものとみなされる（出生擬制，886条1項）。自然人については私権の享有は，出生に始まるとされるが（3条1項），この原則によれば，被相続人死亡時に胎児であった者は相続人となることができず，不都合な結果を発生させる。このような不都合を回避するため，胎児は相続についてすでに生まれたものとみなされる。なお他には，不法行為の損害賠償や遺贈についてもすでに生まれたものとみなされる。

本条にいう「既に生まれたもの」については，停止条件説と解除条件説の

2つの考え方がある。停止条件説は，胎児は権利能力を持たず，生きて生まれたときに不法行為の時点や相続開始の時点にさかのぼって権利能力を取得する考え方である。この考え方によれば胎児はうまれてはじめて相続権を行使することができる。解除条件説は，胎児であっても権利能力を取得し，胎児が死体で生まれたときに，さかのぼって権利能力を失うとする考え方である。この考え方によれば，胎児であっても相続権を行使することができ，母が胎児にかわり代理権を行使することとなる。判例は，停止条件説による（大判昭7・10・6民集11・2023）。

(b) 血族相続人

被相続人の子は，相続人となる（887条1項）。887条の規定により相続人となるべき者がない場合には，被相続人の直系尊属，被相続人の兄弟姉妹が相続人となる（889条1項）。

「子」には，実子・養子の区別はない。養子については，普通養子の場合には，実親との親族関係は終了せず，実親の相続人となる。子が特別養子である場合には，実方の父母及びその血族との親族関係が終了するため，実親の相続人にはならない（817条の9）。

「兄弟姉妹」では，被相続人と父母の双方を同じくする全血の兄弟姉妹も，被相続人と父母の一方を同じくする半血の兄弟姉妹も相続人となる。

(c) 配偶者

被相続人の配偶者は，常に相続人となる（890条）。配偶者のほか，子，直系尊属，兄弟姉妹がある場合には，その者と同順位となる。この場合，①第1順位は，配偶者と子，②第2順位は，配偶者と直系尊属，③第3順位は，配偶者と兄弟姉妹，となる。

配偶者は戸籍上の配偶者であり，内縁の配偶者は含まれない。判例では，死亡により内縁関係を解消した一方当事者からの財産分与請求につき，「…死亡による内縁解消のときに，相続の開始した遺産につき財産分与の法理による遺産清算の道を開くことは，相続による財産承継の構造の中に異質の契機を持ち込むもので，法の予定しないところである」とする（最判平12・3・10民集54・3・1040）。

(2) 相続分

相続分には，法定相続分，指定相続分，具体的相続分がある。被相続人は，遺言で，共同相続人の相続分を定め，またはこれをさだめることを第三者に委託することができる（指定相続分）。被相続人が遺言により相続分を指定しなかった場合には，900条にさだめられた相続分となる（法定相続分）。

(a) 法定相続分

同順位の相続人が数人あるときは，900条各号のさだめるところによる。各自の相続人は均等に分けられる（均分相続，900条4号）。

① 配偶者と子（第1順位）が相続人であるときは，配偶者の相続分及び子の相続分は，各2分の1となる（900条1号）。配偶者の相続分は昭和55（1980）年の民法改正前までは3分の1であり，子が3分の2であった。

子にあっても，かつて非嫡出子は嫡出子の2分の1の相続分であったが，平成25（2013）年の民法改正により，改正前900条4号ただし書き前段が削除され，非嫡出子と嫡出子の相続分は同じとなった。本改正の契機となった判例では，「法律婚という制度自体は我が国に定着しているとしても，上記のような認識の変化に伴い，上記制度の下で父母が婚姻関係になかったという，子にとっては自ら選択ないし修正する余地のない事柄を理由としてその子に不利益を及ぼすことは許されず，子を個人として尊重し，その権利を保障すべきである」と判断していた（最決平25・9・4民集67・6・1320）。

② 配偶者及び直系尊属（第2順位）が相続人であるときは，配偶者の相続人は3分の2となり，直系尊属の相続分は3分の1となる（900条2号）。配偶者の相続分は昭和55（1980）年の民法改正前までは2分の1であり，直系尊属が2分の1であった。第1順位である子またはその代襲相続人が欠格者であるか廃除された場合や，相続人が相続放棄をした場合には直系尊属が相続人となる。

③ 配偶者及び兄弟姉妹（第3順位）が相続人であるときは，配偶者の相続分は4分の3となり，兄弟姉妹の相続分は4分の1となる（900条3号）。兄弟姉妹のみが相続人である場合には，兄弟姉妹がすべての財産を相続する。ただし，父母の一方のみを同じくする（半血の）兄弟姉妹は，父母の双方を同じくする（全血の）兄弟姉妹の相続分の2分の1となる（900条4号ただし書き）。

(b) 指定相続分

　被相続人は，遺言で，共同相続人の相続分を定め，またはこれをさだめることを第三者に委託することができる（指定相続分，902条2項）。相続分の指定は遺言によってすることができ，遺言書によりなされない場合には，指定および第三者への委託の効力が発生しない。

　相続分の指定は，被相続人Ａが，「子Ｂ・Ｃ・Ｄに対して，それぞれ，1/2，1/4，1/4」と指定するような場合があり，相続分が指定された場合には，指定相続分に従い遺産分割がおこなわれる。ただし，遺産分割の基準（906条）を考慮し，共同相続人全員の合意があれば，指定相続分と異なる割合で調停を成立させることもできると解されている。

　被相続人が，共同相続人中の1人若しくは数人の相続分のみを定め，またはこれを第三者に定めさせたときは，他の共同相続人の相続分は，法定相続分に従いさだめられる（902条2項）。被相続人Ａが，子Ｂ・Ｃ・Ｄのうち，Ｂについてのみ相続分を1/2と指定した場合には，Ｃ・Ｄの相続分は，各1/2×1/2＝1/4となる。

　相続分の指定は，遺言の効力発生時（985条1項），あるいは，第三者に相続分の指定を委託する場合には相続開始時に遡及して効力が発生する。

　相続債権がある場合，相続債権者は，相続分の指定がされた場合であっても，各共同相続人に対して法定相続分に応じてその権利を行使することができる（902条の2）。ただし，債権者が共同相続人の1人に対して，その指定された相続分に応じた債務の承継を承認したときは，他の共同相続人に対しても承認の効力が発生する（902条の2ただし書き）。

　判例では，被相続人Ａの子4名のうち，甲土地を共同相続し，うち1名の指定相続分が13/80であった場合につき，指定相続分を超える登記については無権利となり，登記には公信力がないことから，指定相続の割合で権利を取得すると判示するものがある（最判平5・7・19家月46・5・23）。なお，相続による権利の承継は，遺産分割によるものかどうかにかかわらず，法定相続分を超える部分については，登記，登録その他の対抗要件を備えなければ，第三者に対抗することができない（899条の2第1項）。

(c) **具体的相続分**

具体的相続分とは，特別受益や寄与分の算定により，法定相続分が修正された後の相続分をいう（☞第19 特別受益・寄与分）。

(3) **代襲相続**
(a) **代襲者等の相続権**

被相続人の子が，相続の開始以前に死亡した時，または相続欠格若しくは廃除によって，その相続権を失ったときは，その者の子がこれを代襲して相続人となる。(887条2項)。代襲相続とは，被代襲者が相続開始時に生存し，相続財産を相続していれば得られたであろう相続財産に対する代襲者の期待を保護するための制度である。被代襲者に代襲相続原因がある場合には，被相続の子あるいは孫が代襲相続する。公平の原則から認められた制度である。

被代襲者は，被相続人の子であり，代襲者は，相続人の子，あるいは被相続人の孫である。

被相続人の兄弟姉妹が相続人となる場合にも，代襲相続は発生する（889条2項）。この場合，兄弟姉妹の子（甥・姪）が代襲相続する。直系尊属及び配偶者には，代襲相続はおこらない。

代襲が開始するための原因（代襲原因）とは，①被相続人の子が相続の開始以前に死亡したとき，②被相続人の子が相続欠格に該当するとき，③被相続人の子が推定相続人から廃除されていたとき，である。

代襲原因がある場合，被相続人の孫がこれを代襲する。被相続人の子を代位して相続するのではなく，自己固有の代襲相続権により代襲相続する。被相続人の子が相続放棄をした場合，はじめから相続人とならなかったものとみなされる（939条）ため，代襲相続をすることはできない。

代襲原因のうち①には，同時死亡の場合も含まれる。代襲原因②③については，相続開始後に代襲原因が発生した場合であっても代襲相続はおこなわれる。

代襲者は，被代襲者の子あるいは孫である。子は相続人の子であり，相続人に対して相続欠格者であっても，廃除をされていても代襲相続をすることができる。被相続人の孫が代襲相続する場合には相続人の直系卑属であると

ともに、被相続人の直系卑属でなければならない。被相続人と相続人は、相続開始時に同時に存在していなければならない（同時存在の原則）。

胎児は相続についてはすでに生まれたものとみなされることから（886条1項）、代襲相続についても代襲相続人となる。

代襲者が、相続開始以前に死亡し、または相続欠格事由に該当し、若しくは廃除によって、その代襲相続権を失った場合には、887条2項と同様、再代襲が発生する（887条3項）。兄弟姉妹について再代襲はおこらない（889条2項は、887条2項を準用する）。相続人の範囲を広げることにより「笑う相続人」が発生することから兄弟姉妹が再代襲することはない。

(b) 代襲相続人の相続分

代襲相続の規定（887条2項または3項）により相続人となる直系卑属の相続分は、その直系尊属が受けるべきであったものと同じとなる（901条1項）。

被代襲者に子がある場合には、代襲相続人の相続分は被代襲者の相続分と同じとなる。被相続人の代襲者が兄弟姉妹である場合には、代襲相続人は甥・姪となり、900条に従い代襲相続される。なお兄弟姉妹について再代襲は発生しない。

直系卑属が数人あるときは、その各自の直系尊属が受けるべきであった部分について、法定相続分（900条）にしたがってその相続分をさだめる（901条1項）。兄弟姉妹の子が相続人となる場合についても、901条2項は899条2項を準用し、直系尊属が受けるべきであった部分について相続分をさだめる。

(c) 代襲相続の効果

代襲相続の発生により、代襲者は被代襲者の相続権を承継し、代襲者は、被代襲者にかわって、その者と同順位で相続人となる。代襲者が数人ある場合には、均分相続となる。

2　相続欠格・相続人の廃除

わが国における相続は、遺言により相続分の指定を可能にするなど、生前に私有財産処分の自由を認めるとともに、法定相続や遺留分制度等により、残された家族の生活保障や、家族の潜在的持分の清算を認める。

相続の根拠については、被相続人の意思を尊重するか、残された家族の潜

在的持分や生活保障を重視するかとの2つの考え方があるが，私有財産の見地から死後の財産処分の自由を認めるのであれば，法定相続について，家族に財産をのこすにあたり，誰に財産を承継させるかについては，被相続人が生前にその意思を反映させることができるということになるだろうか。

相続欠格とは，欠格事由に該当する行為をした推定相続人について，法律により相続資格が当然に剥奪される制度である。これに対し，相続人の廃除は，被相続人の意思で推定相続人の相続資格を失わせることができる制度である。いずれの制度においても，相続資格が剥奪され，相続権が失われる（なお，推定相続人の廃除については審判の取消しが認められる）。

(1) 相続欠格

相続欠格制度は，相続欠格に該当する行為を行った相続人について，相続的協同関係を破壊したこと，相続による財産承継の秩序を破壊したこと，秩序を破壊させるような違法行為をした者の相続資格を剥奪し民事制裁を加えること等の理由から，法律により当然に相続資格をはく奪する制度である（891条）。

相続欠格事由については，以下の5つがあげられる。

第1に，故意に被相続人または相続について先順位若しくは同順位にある者を死亡するに至らせ，または至らせようとしたために，刑に処せられた者である（891条1号）。本条にいう「故意」には，人を殺害するという認識のほか，被害者が被相続人または先順位若しくは同順位であることの認識が必要である。

過失致死や傷害致死は含まれないが，殺人既遂・未遂・殺人予備，自殺関与罪・同意殺人は本条に含まれる。また「刑に処せられる」ことが必要である。

同条中，「被相続人または相続について先順位若しくは同順位にある者」とは，被相続人，先順位もしくは同順位の相続人が対象となることを意味する。たとえば，相続人である子が被相続人を殺害する場合，第3順位である兄弟姉妹が第1順位である子を殺害する場合，第1順位である子同士の間で殺害事件があった場合等がある。

第2に，被相続人の殺害されたことを知って，これを告発せず，または告訴しなかった者である（891条2号）。これは公益的事由によりもうけられた規定であり，犯罪の発覚を妨げたことによる制裁である。ただし，是非の弁別がない者，または殺害者が自己の配偶者若しくは直系血族であったときは，本条の適用はない。是非の弁別がなければ告発は期待できず，配偶者や直系血族は，近い親族であり，このような立場にある者について当然に相続権を失わせるとまではいえないとした。

　第3に，詐欺または強迫によって，被相続人が相続に関する遺言をし，撤回し，取り消し，または変更することを妨げた者である（891条3号）。遺言は，生前に被相続人がその自由な意思のもとにおこなう，財産処分の意思表示であり，これを妨害した者に対して制裁を加える規定である。

　「詐欺または強迫」とは，欺罔行為により被相続人を錯誤に陥らせるか，あるいは，被相続人に害悪を示し畏怖を生じさせることをいう。これらの行為により，被相続人が遺言をしなかったことが必要である。

　「相続に関する遺言」とは，遺産分割の方法の指定及び遺産の分割の禁止（908条1項）や，遺言による担保責任の定め（914条）等がある。

　本号にいう「妨害行為」については，詐欺・強迫の故意のほか，妨害行為によって，自己に有利に遺産を帰属させようとする意思も必要となる（二重の故意）。

　第4に，詐欺または強迫によって，被相続人に相続に関する遺言をさせ，撤回させ，取消させ，または変更させた者である（891条4号）。被相続人が作成する遺言作成について，不当に干渉した者に対する制裁規定である。

　第5に，相続に関する被相続人の遺言書を偽造し，変造し，破棄し，または隠匿した者である（891条5号）。本号も，第3・4号と同様に，遺言作成に不当に干渉した者に対して制裁をくわえる規定である。「偽造」とは相続人が被相続人の名で遺言書を作成することであり，「変造」は，相続人が被相続人の作成した遺言書に加除訂正を加えることである。「破棄」とは遺言書の効力が消滅するような行為をさし，「隠匿」は遺言書の発見を困難にするような行為をさす。本号に該当するためには，相続人に，偽造・変造・破棄・隠匿をする故意があることのほか，これらの行為をおこなうことにより，自己に有利

な相続をおこなおうとする故意も必要である（二重の故意）。

判例においては，同条5号の趣旨は遺言に関し著しく不当な干渉行為をした相続人にたいして相続人となる資格を失わせるという民事上の制裁であるとして，遺言書の破棄または隠匿行為が相続に関して不当な利益を目的とするものでなかったときは，これを遺言に関する著しく不当な干渉行為ということはできないとした（最判平9・1・28民集51・1・184）。

相続欠格者は被相続人の相続について相続資格を失う。相続欠格者は遺贈をうけることもできない。相続欠格の効果は，相続欠格事由が相続開始前にあった場合にはそのときから，相続開始後に相続欠格事由があることが分かった場合には相続開始時にさかのぼって相続資格を失う。相続欠格制度の被相続人の意思による宥恕には否定的な見解もある。

(2) **推定相続人の廃除**

遺留分を有する推定相続人が，被相続人に対して虐待をし，若しくはこれに重大な侮辱を加えたとき，または推定相続人にその他の著しい非行があったとき，被相続人は，その推定相続人の廃除を家庭裁判所に請求することができる（892条）。推定相続人の廃除は，人的関係に基づいて，自らの意思で推定相続人の相続権を剥奪する制度である。相続権を剥奪するためには，家庭裁判所に請求し審判を求める必要がある。廃除者は被相続人であり，被相続人が，遺留分を有する推定相続人を廃除することによりおこなわれる（1042条）。廃除原因は，①被相続人に対する虐待若しくは重大な侮辱，②推定相続人の著しい非行である。

「虐待もしくは重大な侮辱」は，「被相続人に対し精神的苦痛を与えまたはその名誉を棄損する行為であって，それにより被相続人と当該相続人との家族的協同生活関係が破壊され，その修復を著しく困難ならしめるものを含むものと解すべきである」とされている（東京高決平4・12・11判時1448・130）。

推定相続人の廃除に関する審判が確定すると，被廃除者は遺留分権も含めた相続権を失う（受遺能力は失わない）。被廃除者は，廃除した被相続人との関係において相続権を失う（相対的効果）。被廃除者に直系卑属がある場合には代襲相続が発生する。

遺言による廃除の意思表示があった場合には，遺言執行者は，その遺言が効力を生じた後，遅滞なく，その推定相続人の廃除を家庭裁判所に請求しなければならない（893条）。被相続人の死亡時に遡って効力が生じる。廃除請求が確定する前に，被相続人が死亡した場合には，被相続人の死亡時に遡って効力を生じる。相続開始後，審判確定前に被廃除者が不動産を売却した場合，当該法律行為は無効となる。不動産を取得した第三者は，177条の第三者とはならず，他の共同相続人に対して自らの権利を主張することはできない（大判昭2・4・22民集6・260）。

　被相続人は，いつでも，推定相続人の廃除の取消しを家庭裁判所に請求することができる（894条1項）。推定相続人の廃除の取消しは，遺言によって推定相続人を廃除する旨の意思表示をした場合であっても準用する（894条2項）。推定相続人の廃除は，被相続人自らの意思表示によりおこなわれる民事制裁であることから，被相続人が自らの意思表示により廃除するのであれば取消しを可能としている。生前廃除の取消しの審判が確定した場合には，審判の確定から将来に向けて効力を生じる。相続開始後に生前廃除の取消しの審判が確定した場合には，被相続人の死亡時にさかのぼって被廃除者は相続権を回復する。

　推定相続人の廃除は，一身専属権であり，相続をすることも，代理によっておこなうこともできない。推定相続人の廃除またはその取消しの請求があった後その審判が確定する前に相続が開始したときは，家庭裁判所は遺産の管理について必要な処分を命ずることができる（895条1項）。推定相続人の廃除の遺言があったときも同様とする。

第3　相続財産

1　相続財産とは

　明治時代における遺産相続は，戸主以外の家族の死亡を原因とする財産関係の承継であった。明治時代においても遺産相続は包括承継とされ，財産の相続のことをさしていた。遺産相続は，家督相続とはことなり，共同相続制であった。戦後，家督相続は廃止され，相続財産はすべて相続人に承継され

る法制度のみとなった。現在，SNS等のデジタルの発達により，ネット銀行や仮想通貨，マイレージや，電子マネーの利用残高等，相続財産は多岐にわたる。

2 相続の一般的効力

相続人は，相続開始の時から，被相続人の財産に属した一切の権利義務を承継する（包括承継，896条）。「被相続人の財産に属した」とは，被相続人が生前有していた財産で相続人が取得した財産をいう。「一切の権利義務」には，被相続人が生前有していた法律上の権利（不動産・動産等）あるいは契約関係から発生する債権（預貯金債権等）・債務（金銭債務等）がある。法律上の権利あるいは債権のようにプラスの資産は積極財産とよばれ，債務などのマイナスの財産は消極財産とよばれる。ほかには，被相続人が生前有していた売買契約における契約者としての地位や，契約関係から発生する取消権や解除権などの法的地位も承継される。

相続人は，「相続開始の時から」当然に被相続人の権利義務を承継する。被相続人の死亡の事実を相続人が知っていたか否かは問わない。

ただし，被相続人の一身に専属したもの（一身専属権）は，相続の対象とはならない（896条ただし書き）。

3 相続財産

896条は包括承継を原則としつつ，被相続人の一身に専属した権利義務の承継を否定する。被相続人が生前有していた財産が一身専属権である場合や，当該財産の性質上相続になじまないものである場合には，相続されない。一身専属権には，親族法上の身分（夫または妻，親族間）にもとづいて認められている，婚姻費用分担請求権や扶養請求権，恩給や年金等の社会保障法にもとづいて認められる権利がある。なお一身専属権であっても，すでに具体的に権利が発生している場合には，金銭債権として相続の対象となる。

(1) 占有権

占有権は物に対する事実的支配が必要である。そのため相続においても，

相続の開始と同時に相続人が物に対する事実上支配する必要がある。

判例は，被相続人の事実的支配の中にあった物は，原則として，当然に相続人の支配の中に承継されるとみるべきであるとして，占有権も，特別の事情のない限り，生前被相続人の占有にあったものは，当然相続人の占有にうつるとした（最判昭44・10・30民集23・10・1881）。

占有権が相続される場合には，187条1項が適用され，相続人は，その選択に従い，自己の占有のみを主張し，または自己の占有に被相続人の占有を併せて主張することができる（最判昭37・5・18民集16・5・1073）。また被相続人所有の土地を相続した相続人が，新たに自己の所有であるとして事実上の支配をした場合には，新たな権原により更に所有の意思をもって占有をはじめたとする判例がある（185条，最判昭46・11・30民集25・8・1437）。

(2) 不動産賃借権

不動産賃借権についても，相続人がある場合には賃借人の地位を承継する。ただし，公営住宅については，公営住宅法の趣旨から，入居者が死亡した場合には，その相続人が公営住宅を使用する権利を当然に承継すると解する余地はない（最判平2・10・18民集44・7・1021）。公営住宅法は，住宅に困窮する低額所得者に対して低廉な家賃で住宅を賃貸することにより，国民生活の安定と社会福祉の増進に寄与することを目的とする（公営住宅法1条）。

被相続人が内縁配偶者と居住している場合については，内縁配偶者に相続権がないため，法定相続人が承継する。ただし，法定相続人が内縁配偶者に対して家屋の明渡しを請求することは権利の濫用とされ，賃貸人からの明渡しの請求に対して，内縁配偶者は，相続人の承継した賃借権を援用して明渡しを拒むことができる（最判昭42・2・21民集21・1・155）。居住の用に供する建物の賃借人が相続人なしに死亡した場合において，その当時婚姻または縁組の届出をしていないが，建物の賃借人と事実上夫婦または養親子と同様の関係にあった同居者があるときは，その同居者は，建物の賃借人の権利義務を承継する。ただし，相続人なしに死亡したことを知った後1か月以内に建物の賃貸人に反対の意思を表示した場合には，建物の賃借人の権利義務を承継しない（借地借家法36条1項）。

(3) **損害賠償請求権**

不法行為や債務不履行により発生する損害賠償請求権についても相続人に承継される。ただし，被相続人が不法行為により死亡した場合には，被相続人が生前に有していた損害賠償請求権が相続人に承継されるのか（相続肯定説），あるいは，相続人は，失われた扶養利益や，近親者の喪失による精神的損害についての自らの損害賠償請求をすることができるとするのか（相続否定説）の，2つの考え方がある。

かつて判例は被害者が即死した事例において，傷害を受けたと同時に被害者に賠償請求権が発生し，相続人は当該権利を承継すると解するのが相当であるとし（大判大15・2・16民集5・150），被害者の死亡が即時である場合とそうでない場合で相続に差があるのは不当であるとした。

これに対し，慰謝料については一身専属的権利であるから，相続の対象とはならないが，本人が慰謝料請求の意思表示をした場合には通常の金銭債権と同様，相続の対象となるとした考え方がある（意思表明説）。以降，慰謝料については，被害者が「残念，残念」といったことが意思表明であるとした判決などがあった（大判昭2・5・30法律新聞2702・5）が，昭和42年最高裁判決は，慰謝料について相続人は当然に慰謝料請求権を相続するものと解するのが相当であるとした（最判昭42・11・1民集21・9・2249）。

(4) **保証債務**

主たる債務者がその債務を履行しないときは，保証人がその債務を履行する責任を負う。保証債務は，主たる債務に関する利息，違約金，損害賠償その他その債務に従たるすべてのものを包含し（447条1項），相続により相続人に承継される。

保証債務のうち，身元保証は，期間を定めず被用者の行為により使用者が受けた損害を賠償することを約する契約であり（身元保証に関する法律1条），相続性は否定される。身元保証契約は保証人と本人との相互の信用を基礎として成立し存続するものであるから，特別の事情がない限り一身専属的な性質を有するとする（大判昭18・9・10大民集22・948）。ただし，被用者が自己の行為により既に使用者に損害を発生させ，身元保証人が使用者に対して損害賠

償債務を負担している場合には，通常の損害賠償債務と同じように相続人が承継する（大判昭 10・11・29 大民集 14・1934）。

保証債務のうち，根保証（個人根保証契約）は，保証人が死亡したときに個人根保証契約の元本が確定するため（465 条の 4 第 1 項 3 号），相続の対象となる。

(5) 無権代理の相続

無権代理人は，本人が追認をしなければ（113 条 1 項），自己の代理権を証明したとき，または本人の追認を得た時を除き，相手方の選択に従い，相手方に対して履行または損害賠償責任を負う（117 条 1 項）。無権代理人と本人が相続関係にあった場合には，相続の開始と同時に，無権代理人の地位と本人の地位が同一人に帰属することとなる。判例は，本人が無権代理人を相続した場合について，無権代理人と本人の資格が同一となる場合には，本人自らが法律行為をしたのと同様の法律上の地位を有することとなると解するのが相当であるとする（最判昭 40・6・18 民集 19・4・986）。

(a) 無権代理人が本人を相続した場合

無権代理人が本人を相続した場合，単独相続であれば無権代理人が追認を拒絶することは信義則上許されない。判例では，本人が無権代理行為の追認を拒絶した後に無権代理人が本人を相続した場合につき，追認拒絶の後に無権代理人が本人を相続したとしても，追認拒絶の効果に何ら影響を及ぼすものではないとしている（最判平 10・7・17 民集 52・5・1296）。

他方，共同相続である場合は，他の共同相続人の追認がない限り，無権代理人の相続分に相当する部分であっても，当然に有効とはならない。無権代理行為の追認権は，その性質上相続人全員に不可分的に帰属し，共同相続人全員が共同してこれを行使しない限り，無権代理行為が有効となるものではない（最判平 5・1・21 民集 47・1・265）。

(b) 本人が無権代理人を相続した場合

本人が無権代理人を相続した場合には，追認を拒絶しても信義則に反することはないが，117 条の無権代理人の債務は承継し，債務を免れることはできない（最判昭 48・7・3 民集 27・7・751）。

(6) 生命保険金請求権

　契約により当事者の一方が第三者に対してある給付をすることを約したときは，その第三者は，債務者に対して直接にその給付を請求する権利を有する（537条1項）。被相続人（諾約者）が保険会社（要約者）と保険契約を締結し，被相続人の死亡を原因として保険金が保険金受取人（受益者）に給付することを約した場合には，被相続人の死亡を原因として，保険金受取人が保険金請求権を取得する。判例では死亡保険金の請求につき，保険金受取人自らが固有の権利として取得するのであり，保険契約者または被保険者から承継取得するものではなく，相続財産に属しないとした（最判昭40・2・2民集19・1・1，最判平16・10・29民集58・7・1979）。

　保険金受取人が相続人の1人である場合であっても，死亡保険金請求権は，被保険者が死亡したときにはじめて発生するものであること，保険契約者の払い込んだ保険料と等価関係に立つものではなく，被保険者の稼働能力に代わる給付でもないことから，保険契約者の財産に属していたものとみることはできず，903条1項の財産には当たらない（前掲最判平成16年）。保険契約の条項に「保険受取人の指定がないときは，保険金を被保険者の相続人に支払う」旨の条項がある場合でも，保険金請求権は，保険契約の効力発生と同時に相続人たるべき者の固有財産となり，被保険者の遺産からは離脱する（最判昭48・6・29民集27・6・737）。

(7) 死亡退職金

　死亡退職金については，被相続人の所属する組織の規程に，民法とは異なった受給権者の定めがある場合には，当該規程は，職員の収入に依拠していた遺族の生活保障を目的とすると解されるとして，遺族は，規程の定めにしたがい自己固有の権利として退職金の受給権を取得する（最判昭55・11・27民集34・6・815）。また被相続人の所属する組織に規程がない場合については，被相続人が所属する組織が配偶者に支給した事案において，配偶者が被相続人を支えた内助の功に報いるためであることなどからすれば，相続人の代表としてではなく，配偶者個人に対して退職金を支給する趣旨であったとした事例をみることができる（最判昭62・3・3家月39・10・61）。

(8) 社員権・会員権

　一般社団法人の社員は，死亡により退社するとさだめられており（一般社団法人法29条3号），相続の対象とはならない。民法上の組合では，組合員の死亡が脱退事由とさだめられている（679条）ため，相続の対象とはならない。

　会員権については，ゴルフクラブ会員権があるが，死亡の際に会員資格を失う会則がある場合には，一身専属的なものであり，相続の対象とならない（最判昭53・6・16判時897・62）。預託金返還請求権についても，一身専属的な性格があるから，預託金の返還を求めることができる旨の規定がなければ，相続人が預託金返還請求権を行使することができない（最判平9・3・25民集51・3・1609）。

(9) 財産分与請求権

　財産分与請求権は，厳密にいえば，財産分与の三要素にもとづいて相続の対象について判断される。婚姻中に夫婦の協力で築いた財産の清算については，相続の対象となる。また慰謝料についても，通常の金銭債権・債務と同様，相続の対象となる。他方扶養的財産分与の請求権については，一身専属権となり相続の対象とはならない。ただし，いずれの財産についても，被相続人がすでに財産分与請求権を行使し，協議または審判によって具体的内容が確定している場合には，相続の対象となる。

4 祭祀財産，遺体・遺骨

(1) 祭祀財産

　祭祀財産は，分割相続することが適切でないことから，例外として特別の定めをする。系譜，祭具及び墳墓の所有権は，慣習にしたがって祖先の祭祀を主宰すべき者（祭祀主宰者）が承継し（897条1項），相続の対象とはならない。

　系譜とは，家系図・過去帳等，祖先からの系統を示すものをいう。祭具とは，位牌・仏壇・仏具・神棚等，祖先を祀るための用に供するものをいう。墳墓とは，墓石・墓碑，墓石のある土地の所有権や墓地使用権をいう。祭祀主宰者は，慣習にしたがって決められるが，被相続人があらかじめ祭祀主宰者を指名している場合には，その者が承継する。慣習が明らかでないときは，

祭祀主宰者は家庭裁判所がさだめる（897条2項）。

(2) 遺体・遺骨

遺骨の所有権は，祭祀のためにこれを排他的に支配，管理する権利であり，祭祀主宰者に原始的に帰属する（東京高判昭62・10・8家月40・3・45）。ただし，遺骨の所有権が争われた事例において，被相続人の遺骨は，被相続人が生前，支配していた身体が，その死亡によって遺体となり，火葬されたことによって遺骨にかわったものであるとして，所有権についても，祭祀財産に準じて，被相続人の祭祀を主宰すべき者が取得すると解する判例がある（最判平元・7・18家月41・10・128）。

(3) 葬儀費用・香典

葬儀費用については，相続人が法定相続分に応じて分割承継するとするもの（東京高決昭30・9・5家月7・11・57），相続財産の負担とするもの（東京地判昭59・7・12判時1150・205），喪主が負担するとするもの（東京地判昭61・1・28家月39・8・48），葬儀費用については喪主が負担し，埋葬等については祭祀主宰者が負担するとするもの（名古屋高判平24・3・29　LLI/DB　06720191）等の考え方がある。香典は相続財産ではなく，葬式費用等の遺族の負担の軽減のための贈与であるから，相続の対象ではない。

第4　相続財産の共有

1　相続財産の共有

(1) 相続財産の「共有」

相続人が数人あるときは，相続財産は，その共有に属する（遺産共有，898条1項）。本条にいう「共有」は，民法249条以下にさだめる「共有」と性質を異にするものではない（最判昭30・5・31民集9・6・793）。

相続の対象となる財産は，遺産分割を経て権利が帰属する。そして遺産分割は，遺産に属する物または権利の種類及び性質，各相続人の年齢，職業，心身の状態及び生活の状況その他一切の事情を考慮してこれをするとされ

(906条），相続の開始にさかのぼって効力を生じる（909条1項）。遺産共有はあくまでも遺産分割のための暫定的な状態で，実際には遺産分割をへて財産承継はその効力を生じる。

学説では，相続財産の「共有」について，共有説と合有説の考え方がある。共有説は249条以下の共有と同様の性質を有するとする。共有説の考え方によれば，909条ただし書きにより，遺産分割前の処分が認められ，各共同相続人は自由に単独で財産を処分することができる。他方，合有説は，遺産共有は遺産分割のために認められる所有形態であるとする。合有説の考え方によれば，各相続人の相続財産に対する持分権は潜在的なものであり，遺産分割が終了するまで相続財産の分割を請求することはできない。

判例は共有説によるため，遺産共有については249条以下の規定が適用される。また，各相続人の共有持分は，900条（法定相続分）から902条（指定相続分）にもとづき算定された相続分によってさだめられる（898条2項）。

共同相続人の共有持分権を，第三者が譲受けた場合は，第三者は適法に権利を譲り受け，他の共同相続人とともに相続財産を共有する関係にたつ。

第三者が，共同所有関係の解消を求めるためには，258条に基づく共有物分割訴訟をする（最判昭50・11・7民集29・10・1525）。共同相続人間で共有状態を解消するためには，家庭裁判所の審判により，通常裁判所の判決手続きによることはできない（最判昭62・9・4判時1251・101）。

(2) **債権の共同相続**

可分債権は法律上当然分割され，各共同相続人がその相続分に応じて権利を承継する（当然分割主義，最判昭29・4・8民集8・4・819）。各相続人は，それぞれ相続分に応じて権利を有する。各相続人は，相続分の限度で請求権を行使することができる。相続開始と同時に各共同相続人に権利が帰属するため，遺産共有の状態ともならず，遺産分割の対象にもならない。

なお共同相続された普通預金債権，通常貯金債権及び定期貯金債権は，いずれも，相続開始と同時に当然に相続分に応じて分割されることはなく，遺産分割の対象となる（最決平28・12・19民集70・8・2121）。預貯金契約は，消費寄託の性質を有すること，振込入金の受入れ，各種料金の自動支払，定期預

金の自動継続処理等，委任事務ないし準委任事務の性質を有するものも多く含まれていること，預貯金は決済手段としての性格を強めてきていることなどから，預貯金は現金との差をそれほど意識させない財産であると受け止められていることなどがその理由である（定期預金及び定期積金債権について最判平29・4・6判夕1437・67）。

投資信託受益権は，当然に相続分に応じて分割されない。委託者に対する監督的機能を有する権利が規定されており，可分給付を目的とする権利でないものが含まれていることなどがその理由である。外国投資信託は，投資信託に類するものであることから，相続開始と同時に当然に相続分に応じて分割されることはない。個人向け国債についても，内容及び性質に照らし，相続開始と同時に当然に相続分に応じて分割されることはない（最判平26・2・25民集68・2・173）。

相続人は，遺産の分割前まで，相続開始時にあった金銭を相続財産として保管している他の相続人に対して，自己の相続分に相当する金銭の支払を求めることはできない（最判平4・4・10家月44・8・16）。

賃料債権は，遺産とは別個の財産であり，各共同相続人がその相続分に応じて分割単独債権として確定的に取得する。各共同相続人がその相続分に応じて分割単独債権として確定的に取得した上記賃料債権の帰属は，後にされた遺産分割の影響を受けない（最判平17・9・8民集59・7・1931）。

(3) 債務の共同相続

金銭債務その他の可分債務は，法律上当然分割され，各共同相続人がその相続分に応じてこれを承継する（大決昭5・12・4民集9・1118）。

連帯債務は，通常の金銭債務と同様であり，法律上当然分割され，各共同相続人がその相続分に応じてこれを承継する。連帯債務者の1人が死亡した場合においても，その相続人らは，被相続人の債務の分割されたものを承継し，各自その承継した範囲内において，本来の債務者とともに連帯債務者となる（最判昭34・6・19民集13・6・757）。連帯債務は通常の金銭債務と同じであること，相続という偶然の事情により，連帯債務の債権確保が強化されるべきではないこと，被相続人の財産により担保されれば債権者は保護されるこ

(4) 代償財産

　共有持分権を有する共同相続人によって，相続財産としての土地が売却され金銭となった場合（代償財産），売却された土地は相続財産から逸出し，売却代金は，相続財産には加えられず，共同相続人が各持分に応じて個々に分割承継する。ただし，売却代金を一括して共同相続人の一人に保管させて遺産分割の対象に含める合意をするなどの特別の事情がある場合には，これにしたがう（最判昭54・2・22判時923・77）。遺産の分割前に遺産に属する財産が処分された場合であっても，共同相続人は，その全員の同意により，その処分された財産が遺産の分割時に遺産として存在するものとみなすことができる（906条の2第1項）。

2　相続財産の管理・保存
(1) 相続財産の管理

　相続人は，その固有財産におけるのと同一の注意をもって，相続の承認または放棄をするまでのあいだ，相続財産を管理しなければならない（918条）。

　相続財産の管理については，限定承認者は，その固有財産におけるのと同一の注意をもって，相続財産の管理を継続しなければならない（926条1項）。相続の放棄をした者は，その放棄の時に相続財産に属する財産を現に占有しているときは，相続財産の清算人に対して当該財産を引き渡すまでの間，自己の財産におけるのと同一の注意をもって，その財産を保存しなければならない（940条1項）。

　相続財産の管理に属する事項は，各共同相続人の持分の価格に従い，その過半数で決する（252条1項，共有者があるときも同様とする）。本条には，相続財産の管理者の選任及び解任も含まれている。相続財産の管理者は，相続財産の管理に関する行為をすることができる。単純承認をした場合であっても，財産分離の請求があった場合は，以後，その固有財産におけるのと同一の注意をもって，相続財産の管理をしなければならない（944条1項。相続財産管理人が選任された場合には異なる）。

共同相続人全員の同意を得られれば，相続財産に変更を加えることができる（252条の2第1項）。ただし，その形状または効用の著しい変更を伴う場合には，本条が適用されない（252条の2第1項）。判例では，全員の同意を得ずに畑として利用されている土地に宅地造成工事を行った場合につき，変更行為にあたるとして，他の共同相続人からの工事差止めや原状回復を認める（最判平10・3・24判時1641・80）。

裁判所は，共同相続人が他の共同相続人を「知ることができず，またはその所在を知ることができないとき」等の場合には，その相続人以外の相続人の請求により，その相続人以外の相続人の相続分の価格に従い，その過半数で相続財産の管理に関する事項を決することができる旨の裁判をすることができる（252条2項）。

相続財産の管理に関する費用は，相続財産の中から支弁する。相続財産の管理に関する費用とは，相続財産の換価，弁済，清算のための費用など，相続財産を管理するに必要な費用をいう。ただし，相続人の過失により相続財産の管理に関する費用が発生する場合には，その費用は相続財産から支弁しない（885条，253条）。相続人が，自己の財産におけるのと同一の注意を怠った場合がこれにあたる。

(2) 相続財産の保存

保存行為は，各共同相続人が単独ですることができる（252条5項）。家庭裁判所は，利害関係人または検察官の請求によって，いつでも，相続財産の管理人の選任その他の相続財産の保存に必要な処分を命ずることができる（897条の2第1項本文）。改正前（令和3年）は，共同相続人間で単純承認されたものの遺産分割が終了していないばあいにあっての相続財産の処分に関する規定がなく，また，相続人のあることが明らかでない場合についても，相続財産の保存に関する規定がなかった。改正後は，相続人のあることが明らかでないために相続財産の管理が困難である場合や，相続人が相続財産の管理を怠っている場合について，相続財産の保存に必要な処分をする必要性があるとする。

本条の申立権者は利害関係人または検察官である。利害関係人には，相続

債権者，共同相続人，次順位相続人などが含まれる。

(3) 相続財産の使用

各共同相続人は，相続財産の全部について，その持分に応じた使用をすることができる（249条1項）。相続財産を使用する相続人は，別段の合意がある場合を除き，他の相続人に対し，自己の持分を超える使用の対価を償還する義務を負う（249条2項）。

相続財産の使用については，共同相続人の1人が，相続財産である不動産を使用している場合，他の共同相続人が不動産を使用している相続人に対して，使用の対価を償還請求することができるかについて判例で争われた。

この点については，被相続人とともに建物に居住し家業を営んできた共同相続人の1人に対して，他の共同相続人が，共有物分割ならびに賃料相当額の損害金の支払いを請求した事案において，被相続人の死亡時から少なくとも遺産分割終了までの間は，他の相続人等が貸主となり，右同居の相続人を借主とする右建物の使用貸借契約関係が存続することになるものというべきであると判示された（最判平8・12・17民集50・10・2778）。

共同相続人の1人が，相続開始前から被相続人の許諾を得て遺産である建物において被相続人と同居してきたときは，特段の事情のない限り，遺産分割により所有関係が最終的に確定するまでの間，同居の相続人にこれを無償で使用させる旨の同意があったものと推認されること，遺産分割までは同居の相続人に建物全部の使用権限を与えて相続開始前と同一の態様における無償による使用を認めることが，被相続人及び同居の相続人の通常の意思に合致するといえることなどがその理由である。

3 権利承継と対抗要件

相続による権利の承継を対抗するためには，登記，登録その他の対抗要件を備えなければならない（899条の2第1項）。対抗要件を備える必要があるのは，900条（法定相続分）及び901条（代襲相続人の相続分）の規定により算出した相続分を超える部分である。相続により権利を承継した場合にはすべて本条の適用があり，遺産の分割によるものかどうかは問わない。899条の2第1

項における対抗要件には，177条（不動産に関する物権の変動の対抗要件）・176条（動産に関する物権の譲渡の対抗要件）がある。

相続による権利が債権である場合は，900条（法定相続分）及び901条（代襲相続人の相続分）により算定した相続分を超えて債権を承継した共同相続人がその債権にかかる遺言の内容を明らかにして債務者にその承継の通知をする（899条の2第2項）。通知がなされた場合には，共同相続人の全員が債務者に通知をしたものとみなされる。債権の対抗要件は，467条（債権の譲渡の対抗要件）が適用され，467条2項における，確定日付のある証書によって債務者に通知をしまたは債務者が承諾をする必要がある。本条は相続を原因とする権利の承継について，平成30年の法改正により新設された条文である。

(1) 改正前の考え方

①から③の事例につき，相続財産に対する自己の持分については，第三者に対し，登記なくして自己の権利を主張することができるとされていた。

①　法定相続により相続財産を承継した共同相続人のうちの1人が，相続財産を勝手に単独登記し，第三者に当該不動産を譲渡した場合，他の共同相続分は登記なくして自己の法定相続分を第三者に対抗することができるとされていた。登記に公信力はないため，自己の持分を超えた部分については権利を取得することはできず，無権利となるからである（最判昭38・2・22民集17・1・235）。

②　被相続人が，遺言によって相続分を指定した場合（902条），相続人は指定相続分について相続財産の取得を，登記なくして第三者に対抗することができるとされていた（最判平5・7・19家月46・5・23）。相続登記は，当該不動産が共同相続財産であることを公示する意義しか有しないから，第三者を保護する必要はないとされた。

③　特定の相続財産を特定の相続人に「相続させる」旨の遺言（現行法では特定財産承継遺言という：1014条）は，特段の事情のない限り，何らの行為を要せずに，被相続人の死亡のときに直ちに当該相続財産が当該相続人に相続により承継される（遺産分割方法の指定，908条）。このことから，「相続させる」旨の遺言により権利を取得した相続人は，登記なくしてその権利を第三者に対抗

することができるとされていた（最判平14・6・10家月55・1・77）。

(2) 現行法の考え方

現行法は，899条の2第1項により，相続による権利の承継は，「遺産の分割によるものかどうかにかかわらず」，900条及び901条の規定により算定した相続分を超える部分については，対抗要件を必要とするとさだめる。

上記1(1)の例でいえば，①は法定相続分についての権利が問題となるため，899条2第1項の適用はなく，法定相続の部分については登記なくして第三者に対抗することができる。②については「指定相続分」であるため，法定相続分を超える部分については対抗要件としての登記を備えなければ，第三者に対抗することができない。③についても，899条の2第1項が法定相続分を前提とすることから，法定相続分を超える部分については，登記をしなければ第三者に対抗することができない。ただし，本条が法定相続分を超える部分につき対抗要件を備える必要があるとしても，取得した権利全体について対抗要件を備える必要があるとされている（堂園幹一郎・野口宣大『一問一答　新しい相続法』(商事法務，2019年) 162頁)。

下記の④から⑤については，改正前においても対抗要件としての登記を必要としていた。

④　遺産分割により共同相続人の1人が相続財産（不動産）の権利を取得することとなったにもかかわらず，他の共同相続人が第三者に相続財産（不動産）を譲渡した場合，遺産分割により権利を取得した相続人は，法定相続分を超える部分については，対抗要件としての登記を備えない限り，第三者に対抗することができない。

遺産分割は，相続開始の時に遡ってその効力を生ずる（909条ただし書き）。しかしながら，第三者との関係にあっては，相続人が相続によりいったん取得した権利につき分割時に新たな変更を生ずるのと実質上異ならないと考えられている。そのため，不動産については，177条が適用され，分割により相続分と異なる権利を取得した相続人は，その旨の登記を経なければ，分割後に当該不動産につき権利を取得した第三者に対し，自己の権利の取得を対抗することができない（最判昭46・1・26民集25・1・90）。

⑤　遺贈とは，遺言により受遺者に相続財産の権利を贈与する意思表示であり，遺言者の死亡により，物権変動の効果が発生する。たとえば，被相続人が遺言により被相続人所有の不動産を遺贈するとした場合，受遺者は，被相続人の死亡と同時に不動産の権利を取得するが，所有権移転登記がなされない間は，完全に排他的な物権変動は生じない。遺贈にあっても，不動産の二重譲渡と同様に，対抗要件としての登記を必要とする（最判昭39・3・6民集18・3・437）。

相続放棄をした共同相続人の債権者が，他の相続人が登記未了の間に，当該相続人の相続分を差押さえた場合については，相続放棄の効果は絶対的で，何人に対しても，登記なくしてその効力を生ずる。915条所定の期間内に相続放棄の申述をすれば，相続人は，はじめから相続人とならなかったものとみなされる（939条）からである（最判昭42・1・20民集21・1・16）。

(3) 相続登記申請の義務化と相続人申告登記

相続（または遺贈）により不動産の所有名義を取得した者は，自己のために相続の開始があったことを知り，かつ，当該所有権を取得したことを知った日から3年以内に，所有権の移転登記を申請しなければならない（不動産登記法76条の2第1項）。所有者不明土地発生の主な原因は相続登記の未了等であることから，所有者不明土地発生を予防する観点から，相続登記の申請が義務化された。正当な理由がなく申告漏れがあった場合には，10万円以下の過料の罰則の対象となる（不登法164条1項）。また相続人が申請義務を簡便に履行することができるよう，相続人申告登記が新設された（不登法76条の3）。

第5　特別受益・寄与分

1　相続分の調整

共同相続人中に，被相続人から遺贈を受け，または婚姻若しくは養子縁組のため若しくは生計の資本として贈与を受けた者があるとき（特別受益，903条1項），相続開始の時において現状のままであるものとみなし（904条）相続財産に持戻す（持戻し）。共同相続人中に，被相続人の事業に関する労務の提供

または財産上の給付，被相続人の療養看護その他の方法により被相続人の財産の維持または増加について特別の寄与をした者があるときは，法定相続分に寄与分を加えた額をその者の相続分とする（904条の2第1項，寄与分）。

生前に被相続人よりうけた特別受益を相続財産に算入しないとすれば，生前に特別受益をうけた相続人と，そうでない相続人との間で不均衡が発生する。また特別の寄与をした相続人とそうでない相続分が，おなじように法定相続分にしたがって分割するとすれば，特別の寄与をした相続人とそうでない相続人との間で不均衡が発生する。このような不均衡を解消するため，各共同相続人の具体的相続分を算定するにあたっては，特別受益や寄与分が考慮される。このことにより，各共同相続人間の衡平がはかられる。

特別受益や寄与分のように，具体的事情が考慮されたのち，特別受益を受けた者（特別受益者）や，寄与をした相続人（寄与者）が，取得する相続分を，具体的相続分という。判例では，「遺産分割手続きにおける分配の前提となるべき計算上の価額またはその価額の遺産の総額に対する割合」とされる（最判平12・2・24民集54・2・523）。

2　特別受益

(1)　算定方法

特別受益による具体的相続分は，「被相続人が相続開始の時において有した財産の価額」に「その贈与の価額」を加えたものを相続財産と「みなし」（みなし相続財産），「第900条から第902条までの規定により算定した相続分（法定相続分）」の中から「その遺贈または贈与の価額」を控除した残額をもってその者の相続分（具体的相続分）とする（903条1項）

「被相続人が相続開始の時において有していた財産」は積極財産である。特別受益者が被相続人から受けた利益は相続分の前渡しとされるため，これを算定に際して持戻す。また遺贈は，遺言書によって財産の全部または一部を処分するものであり（964条），遺贈の対象となる財産は相続財産に含まれているから加算をする必要がない。相続開始時と遺産分割時で相続財産の価額が異なる場合は，遺産分割時の相続財産の価額に具体的相続分率を乗じて取得分を算出する。

【例】被相続人Aは，積極財産1億円を残して死亡した。Aの相続人は配偶者B及び子C・Dである。生前Aは，Cに2000万円を贈与し，Dに2000万円を遺贈していた。

【計算式】
①1億円＋2000万円＝1億2000万円（みなし相続財産）
②1億2000万円×1/2＝6000万円（Bの相続分）
③1億2000万円×1/4－2000万円＝1000万円（Cの相続分）
④1億2000万円×1/4－2000万円＝1000万円（Dの相続分）

C・Dともに2000万円の特別受益があるが，遺贈については，相続財産のうちに含められる。みなし相続財産から，各共同相続人の法定相続分を乗じて算出された額から具体的相続分を算定する。

なお，超過特別受益者がある場合の算定方法は以下のようになる。

【例】被相続人Aは，積極財産3000万円を残して死亡した。Aの相続人は配偶者B及び子C・Dである。生前Aは，Cに3000万円を贈与し，Dに500万円を遺贈していた。

【計算式】
①3000万円＋3000万円＝6000万円（みなし相続財産）
②6000万円×1/2＝3000万円（Bの相続分）
③6000万円×1/4－3000万円＝－1500万円（Cの相続分）
④6000万円×1/4－500万円＝1000万円（Dの相続分）

遺贈または贈与の価額が，相続分の価額に等しく，またはこれを超えるときは，受遺者または受贈者は，その相続分をうけることができない。Cは1500万円の超過受益者となり，具体的相続分は0円となる（超過特別受益）。

(2) 特別受益者

　特別受益者は「被相続人から，遺贈を受け，または婚姻若しくは養子縁組のため若しくは生計の資本として贈与を受けた者」である。特別受益者は相続人である。被相続人が別段の意思表示をした場合には，被相続人の意思にしたがう（903条3項）。相続放棄をした者ははじめから相続人とならなかったものとみなされるから，特別受益者にはあたらない（939条）。単純承認や限定承認をした場合であっても，特別受益者に含まれる。

　被代襲者が被相続人から特別受益者をうけている場合，代襲相続人は，共同相続人の衡平のため，持戻しをおこなう。判例は，代襲相続人は，その固有の権利として遺産を取得するのではなく，被代襲者が取得すべき遺産を取得するのであるから，被代襲者の特別受益の持戻し義務を引き継ぐとする（大阪高決平29・5・12判タ1450・83）。

　被相続人から生前に所有権を取得した後，被相続人と養子縁組し，推定相続人となった場合，903条が所定の財産として考慮するのが公平上相当であるから，当初から推定相続人たる地位を取得した場合に準じて扱うのが相当である（神戸家審平11・4・30家月51・10・135）。

　被相続人Aが死亡し，Aの遺産分割が未了の間にAの相続人Bが死亡した場合（再転相続），Bは，Aの相続の開始と同時に，Aの遺産について相続分に応じた共有持分権を取得しているから，Bの共同相続人中にBから特別受益に当たる贈与を受けた者があるときは，その持戻しをする（最判平17・10・11民集59・8・2243）。

(3) 特別受益財産の範囲

　①　遺贈は，目的のいかんにかかわらず，すべて特別受益財産となる。特定財産承継遺言による場合は，特定物は被相続人の死亡と同時に相続人に移転しており，あたかも特定遺贈があって，当該特定物が遺産から逸出し，残された遺産について遺産分割が行われることになる場合と状況が類似しているといえることから，903条1項を類推適用する（広島高岡山支決平17・4・11家月57・10・86）。なお遺贈された財産は相続財産に含まれているため，加算する必要はない。

② 贈与には，婚姻・養子縁組のための贈与，生計の資本としての贈与がある。

婚姻もしくは養子縁組のための贈与については，持参金，支度金，結納金など婚姻のために特に被相続人からしてもらった支度の費用が含まれ，親の世間に対する社交上の出費といった性質が強い結婚式及び披露宴の費用は含まれない（京都地判平10・9・11判タ1008・213）。

生計の資本としての贈与には，共同相続人のために住宅や財産を贈与した場合，営業資金の贈与，農地の贈与等がある。ほかには，高等教育の費用，扶養料，死亡退職金などがある。生計の資本として贈与されていれば，特別の事情がない限り，すべて特別受益として考慮される。特別受益にあたるためには，他の相続人に比較して特別の利益を与えられたことが必要となる。扶養料は，贈与ではなく，特別受益にはあたらない。

高等教育の費用は，生計の資本としての贈与となる。ただし，被相続人の生前の資産状況，社会的地位に照らし，被相続人の子である相続人に高等教育を受けさせることが扶養の一部であると認められる場合には，特別受益には当たらない（名古屋高決令元・5・17判時2445・35）。他方，親の資産，社会的地位から，高等教育をうけるのが普通だと認められる場合には，親の負担すべき扶養義務の範囲内に入るとして特別受益を認める（前掲京都地判平成10年）。

被相続人が生前加入していた生命保険契約により，死亡保険金が共同相続人の1人に支払われる場合，生命保険金請求権が特別受益の対象になるかが問題となる。保険契約は第三者のためにする契約であり，保険事由発生と同時に，保険受取人は，保険金請求権を固有の権利として取得する。しかしながら，保険料を被相続人が支払った結果，共同相続人の1人が保険金請求権を取得することは，相続人間の衡平を損なう。判例では，保険金の額，遺産総額に対する比率，同居の有無，被相続人の介護等に対する貢献の度合い，保険金受取人である相続人の相続分及び他の共同相続人と被相続人との関係，各相続人の生活実態等の特段の事情がある場合には，903条の類推適用により，死亡保険金請求権は持戻しの対象となるとする（最判平16・10・29民集58・7・1979）。

死亡退職金は，遺族（受給権者）が固有の権利としてこれを取得し，相続財

産には属さない。多くの学説は、死亡退職金等は、遺族の生活保障と賃金の後払い的性質を有すること、持戻しを否定すると共同相続人間の実質的公平が著しく害されることを理由に、生命保険金請求権と同様に、その特別受益性を肯定する。

(4) 特別受益財産の評価

特別受益における財産の価額は、相続開始の当時なお原状のままであるものとみなす（相続開始時説）。財産評価の時期が、相続開始時であるのは、903条本文に相続開始時という明文規定があること、遺産分割時に評価するとすれば、共同相続人の具体的相続分が物価変動によって変化し、不安定となることなどがその理由である。

受贈者の行為とは、受贈者が行為の結果を認識していた場合のみならず、受贈者の過失による行為も含む。受贈財産の滅失とは、焼失、破壊の物理的滅失のみならず、売買等により財産を滅失させる行為も含む。価格の増減とは、使用、修繕、改良等によって財産の価値を増減させることをいう。受贈財産が、天災等の不可抗力によって滅失した場合は時価により評価する。

(5) 持戻し免除の意思表示

被相続人が、特別受益財産について、持戻しをしない旨の意思表示をした場合には、被相続人の意思にしたがい、持戻しを免除する（903条3項）。

持戻免除の意思表示に特別の方式はなく、明示であると黙示であると、生前行為によると遺言によるとを問わない。持戻免除の意思表示の撤回は自由にすることができる（遺産の自由処分権）。

婚姻期間が20年以上の夫婦の一方である被相続人が、他の一方に対し、その居住の用に供する建物またはその敷地について遺贈または贈与をしたときは、当該相続人は、その遺贈または贈与について、特別受益による持戻しを免除した旨の意思表示をしたものと推定する（903条4項）。婚姻期間が20年以上の夫婦に限定したのは、婚姻関係が長期にわたる夫婦が居住用不動産の贈与をする場合は、自らの亡き後の配偶者の居住場所を確保するためや、これまでの貢献に報いるためにおこなわれることが多いと考えられるためであ

る。老後の生活保障のために贈与されるものであるから，贈与の対象は居住用不動産に限られる。また，条文上は「居住の用に供する」とされ，贈与または遺贈がされた時点で対象不動産に居住する必要があると考えられている。

3 寄与分

共同相続人中に，被相続人の事務に関する労務の提供または財産上の給付，被相続人の療養看護その他の方法により被相続人の財産の維持または増加について特別の寄与をした者がいる場合，相続財産の維持または増加に寄与した共同相続人について，法定相続分に，寄与に相当する額を加えた財産の取得を認める（904条の2）。本条は，昭和55年に新設された規定であり，遺産分割にあたり，被相続人の財産の維持または増加について特別の寄与をしたものが，他の共同相続人と同じように相続をすることは不均衡であるとして，共同相続人間の公平を図る見地からもうけられた。

(1) 算定方法

寄与分を考慮し具体的相続分を算定するにあたっては，被相続人が相続開始の時において有した財産の価額から共同相続人の協議で定めたその者の寄与分を控除したものを相続財産みなし（みなし相続財産），第900条から第902条までの規定により算定した相続分（法定相続分）に寄与分を加えた額をもってその者の相続分とする（具体的相続分）。

【例】被相続人Aは，積極財産1億円を残して死亡した。Aの相続人は配偶者B及び子C・Dである。Cは被相続人の事業に協力し，財産の維持・増加に貢献した。Cの寄与分は4000万円であった。

【計算式】
　①1億円－4000万円＝6000万円（みなし相続財産）
　②6000万円×1/2＝3000万円（Bの相続分）
　③6000万円×1/4＋4000万円＝5500万円（Cの相続分）
　④6000万円×1/4＝1500万円（Dの相続分）

なお，上記例で，Dに2000万円の特別受益がある場合には，903条と904条の2により，以下の計算となる。

【計算式】
①1億円－4000万円＋2000万円＝8000万円（みなし相続財産）
②8000万円×1/2＝4000万円（Bの相続分）
③8000万円×1/4＋4000万円＝6000万円（Cの相続分）
④8000万円×1/4－2000万円＝0円（Dの相続分）

(2) 寄与の主体

　共同相続人のうち「特別の寄与をした者」は，寄与分を請求する主体となる。相続放棄をした者ははじめから相続人とならなかったものとみなされ（939条），相続欠格事由にあたる相続人は相続人となることができず（891条），推定相続人から廃除された者についても相続人から廃除される（892条）ため，本条の適用をうけることができない。代襲相続人は，被相続人の相続人としての地位を承継することから，被代襲者の寄与分を主張することができる（横浜家審平6・7・27家月47・8・722）。包括受遺者は，相続人と同じ権利義務を有するが（990条），遺言によって財産を取得するのであって，相続人ではないことから，寄与分の主張は認められない。

　相続人の配偶者についても，共同相続人にあたらないため，寄与分の主張は認められない。そのため，被相続人の事業に従事していた長男の妻などについて，寄与分の主張が認められず，寄与分のない他の共同相続人との不均衡が主張されていた。判例においては，13年余りにわたり被相続人を介護した相続人の妻につき，同居の親族の扶養義務の範囲を超え，相続財産の維持に貢献した側面があると評価し，寄与分を認めた事例がある（山形家審昭56・3・30家月34・5・70）。本判決では，相続人の妻は履行補助者として相続財産の維持に貢献したものとされた。なお，共同相続人でないものが被相続人の財産の維持・増加に寄与した場合には，ほかにも，不当利得や事務管理による不当利得返還請求権や費用償還請求権を行使することもできる。

また平成30年には、被相続人に対して無償で療養看護その他の労務の提供をしたことにより被相続人の財産の維持または増加について特別の寄与をした被相続人の親族に対して、特別寄与料の支払いを請求することができる旨さだめられた (1050条)。ただし、本条は「被相続人の親族」について適用されるため、内縁配偶者や事実上の子には適用されない。

(3) 寄与の態様

寄与の態様には、被相続人の事業に関する労務の提供または財産上の給付、被相続人の療養看護、その他家事労働や夫婦としての資産形成など、被相続人の財産の維持または増加に寄与する行為等がある。寄与の評価にあたっては、「特別の寄与」であることが必要であり、被相続人との身分関係にもとづいてさだめられている貢献（扶養義務、同居・協力・扶助義務）の範囲であれば寄与分としては評価されない（無償性）。特別な寄与がなされた結果、被相続人の財産が維持され、また増加することが必要である。

判例では、農繁期と盆正月に帰宅し、被相続人夫婦と共に家事や農作業に従事していた相続人につき、寄与分が認められた事例がある（盛岡家一関支審平4・10・6家月46・1・123）。本件では、被相続人から生前贈与を受ける等して寄与相当分が報われている場合は、その限度で寄与分の請求はできないが、寄与分の評価額から贈与を受けた価額を差引いた額を寄与分として請求することができるとした。

療養看護についても、通常の扶養義務や協力扶助義務（752条）を超えて特別の寄与がなされる必要がある。判例では、相続人の妻が被相続人の入院期間中の看護以外にも入浴の世話や食事などの介護を13年余りにわたって行った事例につき、親族間の扶養義務に基づく扶養義務の範囲を超えたものであるとして、被相続人の財産の維持につき特別の寄与があつたとした判例がある（東京高決平22・9・13家月63・6・82）。

(4) 寄与の手続き

寄与分は、共同相続人の協議によりさだめられる（904条の2第1項）。共同相続人間の協議が調わないとき、または協議をすることができないときは、

家庭裁判所は，寄与者の請求により，寄与の時期，方法及び程度，相続財産の額その他一切の事情を考慮してこれをさだめる（904条の2第2項）。

家庭裁判所に寄与分をさだめる調停・審判を申し立てるには，遺産分割調停・審判の請求があったこと，あるいは，寄与分を定める処分調停を申し立てることとなる。また，相続の開始後，認知によって相続人となった者が遺産分割を請求しようとする場合にあっても，寄与者は家庭裁判所に寄与分調停（審判）の申し立てをすることができる（904条の2第4項）。

寄与分は，被相続人が相続開始の時において有した財産の価額から遺贈の価額を控除した残額を超えることができない（904条の2第3項）。

寄与分は，遺留分侵害額請求の対象とならない。1046条は，遺留分侵害額の算定にあたり，1042条の規定による遺留分から，900条から902条まで，903条及び904条の規定により算定した相続分に応じて遺留分権利者が取得すべき遺産の価額を控除する，としており，寄与分を含めない（1046条2項）。

4 特別の寄与

「特別の寄与」とは，寄与分制度が共同相続人にのみ認められていることから，相続人でない者が被相続人の療養看護をした場合に，その貢献に報いるためにつくられた制度である。親族間扶養には，夫婦間における扶助（752条）・親子間における監護教育義務（820条）・一般親族間の扶助義務（730条）・直系血族及び兄弟姉妹，三親等内の親族における扶養義務等がある。改正前は，特別縁故者制度，準委任契約にもとづく請求，不当利得返還請求，事務管理にもとづく費用償還請求等の理論構成により相続人でない者の療養看護に対する貢献をはかっていた（静岡家沼津支審平21・3・27家月63・6・89）。被相続人に対して無償で療養看護その他の労務の提供をしたことにより被相続人の財産の維持または増加について特別の寄与をした被相続人の親族は，相続の開始後，相続人に対し，特別寄与料の支払いを請求することができる（1050条1項）。

本条にいう「親族」とは，被相続人の親族に限定され，相続放棄者や相続欠格や相続人の廃除によって相続権を失ったものは除かれる。また，被相続人の親族は，相続開始時に親族であることを必要とする。

特別寄与料とは，特別寄与者の寄与に応じた額の金銭をいう。特別寄与者には，被相続人の療養看護につとめた者や，無償で被相続人の事業の維持発展に貢献した者があげられる。本条は，相続人でなくとも，被相続人の療養看護につとめた者に財産を分与することが実質的公平にかなうという観点からさだめられる。特別寄与料は，当事者間の協議によりさだめられる。協議をすることができないときは，特別寄与者は，家庭裁判所に対して協議に代わる処分を請求することができる。請求期間は，①特別寄与者が相続の開始及び相続人を知ったときから6か月を経過したとき，②相続開始の時から1年を経過したときであり，①は消滅時効期間，②は除斥期間と解される（1050条2項）。家庭裁判所が特別寄与料をさだめる場合には，寄与の時期，方法及び程度，相続財産の額その他一切の事情を考慮する（1050条3項）。寄与分（904条の2）の算定にあたっては，第三者が介護したのであれば受け取るであろう金額に療養看護の日数を乗じて，一定の割合を乗じて算出する判例がある。特別の寄与の算定にあたっても，このような算定方法が参考となる。特別寄与料の額は，被相続人が相続開始の時において有した財産の価額から遺贈の価額を控除した残額を超えることはできない（1050条4項）。相続人が複数ある場合，特別寄与者は，相続人の1人または数人に対して特別寄与料の支払いを請求することができる。各相続人は，特別寄与料の額に当該相続人の法定相続分（指定相続分）を乗じた額を負担する（1050条5項）。

5 期間経過後の遺産分割

　特別受益および寄与分は，相続開始の時から10年を経過した後にする遺産分割においては，これを主張することができない（904条の3）。相続財産は，相続開始と同時に共有関係にたつ（898条）が，遺産分割協議が長期にわたれば，管理に支障をきたす場合や，所有者不明土地が発生するおそれがある。このような状況を解消し，遺産分割を円滑にすすめるために，遺産分割に当たり具体的相続分の主張について時的限界がもうけられた。

　相続開始から10年を経過した遺産分割は，法定相続分（指定相続分）によっておこなわれる。ただし，①相続開始時から10年を経過する前に，相続人が家庭裁判所に遺産分割を請求したとき（904条の3第1号），②相続開始の時か

ら始まる10年の期間の満了前6か月以内の間に，遺産分割請求をすることができないやむを得ない事由がある相続人が，当該事由の消滅時から6か月以内に，家庭裁判所に遺産分割請求をしたときは，具体的相続分により遺産分割をおこなう（904条の3第2号）。

　遺産分割は，家庭裁判所でおこなわれ，遺産全体の一括分割も可能である。分割基準には，906条が適用され，配偶者居住権の設定も可能とする。相続開始より10年が経過した場合であっても，相続人全員が具体的相続分による遺産分割をすることに合意すれば，具体的相続分による遺産分割をすることができる。

　土地の共有者の1人について相続が開始された場合には，遺産共有と物権法上の共有が併存することとなる。このような状態で相続開始より10年が経過した場合には，相続財産の分割についても共有物分割訴訟においてすることができる（258条の2第2項，第3項）。共有物分割をする場合は，法定相続分（指定相続分）によることとなる。ただし，相続人が異議申出をした場合には，これをすることができない（なお，所在等不明共有者の持分の取得・持分の譲渡に関する時的限界につき，262条の2・262条3参照）。

第6　相続分の譲渡と取戻

　共同相続人の1人は遺産分割前にその相続分を第三者に譲り渡すことができる（905条1項）。相続分を一部譲渡することもできる。共同相続人より相続分を譲り受けた第三者は，譲受人の有する法定相続分（あるいは指定相続分）を，他の共同相続人と共有する関係にたつ。

　ここでいう「相続分」とは，積極財産のみならず消極財産をも含めた包括的な相続財産全体に対して各共同相続人が有する持分あるいは法律上の地位をいう（最判平13・7・10民集55・5・955）。

　譲渡の相手方は，905条1項の第三者だけではなく，共同相続人に対しても譲渡をすることができる。共同相続人間で相続分を譲渡したときは，積極財産と消極財産とを包括した遺産全体に対する譲渡人の割合的な持分が譲受人に移転し，譲受人は従前から有していた相続分と新たに取得した相続分と

を合計した相続分を有する者として遺産分割に加わる（上掲平成13年）。

共同相続人の一人が遺産を構成する特定の不動産について同人の有する共有持分権を第三者に譲り渡した場合については，民法905条の規定を適用または類推適用することはできない（最判昭53・7・13判時908・41）。

相続分の譲受人は遺産の管理や遺産分割の手続に参加することができるが，相続分を全部譲渡した相続人は遺産の管理や遺産分割の手続きに参加することができない。

共同相続人の1人が遺産分割前にその相続分を第三者に譲り渡したときは，他の共同相続人は，その価額及び費用を償還して，その相続分を譲り受けることができる（905条1項）。取戻権は，譲受人に対する一方的意思表示でよく，相手方の承諾は不要である（形成権）。相手方が反対しても効果が発生し，相続可能であるが，代位行使をすることはできない。

VIII　相続の承認と放棄

　明治時代の民法では，家督相続が主要な相続形態であり，家を維持するために，推定家督相続人の直系卑属には相続放棄が認められていなかった。遺産相続は財産の承継であるのに対し，家督相続は，戸主権並びに生前の法律関係を包括的に承継する。現行法は，相続人は，相続開始の時から被相続人に属した一切の権利義務を承継する（包括承継）。相続人の意思により，被相続人の財産を承継するか（単純承認・限定承認），承継しないか（相続放棄），選択する仕組みがもうけられている。

第1　相続権の行使

　相続の承認と放棄は，被相続人との関係で相続人とされる者に認められる（920条，922条，938条）。相続の放棄をした者は，その相続に関しては，はじめから相続人とならなかったものとみなされ（939条），単純承認をした者は無限に被相続人の権利義務を承継し（920条），限定承認をした者は，相続によって得た財産の限度においてのみ被相続人の権利義務を承継する（922条）。

　相続人は，自己のために相続の開始があったことを知った時から3か月以内に，相続について，単純若しくは限定の承認または放棄をしなければならない（915条1項本文，熟慮期間）。また相続人は，相続の承認または放棄をする前に，相続財産の調査をすることができる（915条1項2項）。相続人は，相続開始時に被相続人の財産の内容を知らないこともあり，相続に関する財産を調査したうえ，単純承認・限定承認・放棄の選択のための期間がもうけられている。

　本条にさだめる3か月の起算点は，「自己のために相続の開始があったことを知った時」である。判例では，①相続人が相続開始の原因となる被相続

人の死亡の事実を知ったこと，②自己が相続人となったことを覚知したこと，の双方の事実を必要とするとした（大決大15・8・3民集5・679）。

しかしながら，その後最高裁昭和59年判決は，相続の承認または放棄は，相続財産の調査により，相続財産の有無や状況等が認識されてはじめておこなうものであることから，「相続人が，右各事実を知った場合であっても，右各事実を知った時から3カ月以内に限定承認または相続放棄をしなかったのが，被相続人に相続人との間の交際状態その他諸般の状況からみて当該相続人に対し相続財産の有無の調査を期待することが著しく困難な事情があって，相続人において右のように信ずることについて相当な理由があると認められるときには，相続人が上記の各事実を知った時から熟慮期間を起算すべきであるとすることは相当でないものというべきであり，熟慮期間は相続人が相続財産の全部または一部の存在を認識した時または通常これを認識しうべき時から起算すべきものと解するのが相当である。」とした（最判昭59・4・7民集38・6・698）。

相続人が数人あるときは，起算点は相続人ごとに別々に進行する（最判昭51・7・1家月29・2・91）。相続人が未成年者または成年被後見人である場合には，相続の承認または放棄をすべき期間の起算点は，その法定代理人が未成年者または成年被後見人のために相続の開始があったことを知った時から起算する（917条）。被保佐人は，相続の承認若しくは放棄については保佐人の同意を得て自ら承認・放棄をすることができる（13条6号）。

915条1項にさだめる3か月の熟慮期間は，利害関係人または検察官の請求によって，家庭裁判所において伸長することができる（915条1項ただし書き）。相続人が915条1項の期間内に限定承認または相続の放棄をしなかったときは，単純承認をしたものとみなされる（921条2号）。

相続人が相続の承認または放棄をしないで死亡したときは，相続の承認または放棄をすべき期間は，その者が自己のために相続の開始があったことを知ったときから起算する（916条，再転相続）。たとえば，被相続人Aの死亡により相続人となったBが，熟慮期間内に相続の承認または放棄の意思表示をしないまま亡くなったとする（第1次相続）。Bに相続人としての子Cがあった場合，Cは，BがAに対して有していた，相続の承認または放棄に関する

権利を承継する（第2次相続）。本条は，このような場合は，Cの起算点は，Cが自己のために相続の開始があったことを知ったときとする。

　この点判例では，第1次相続の熟慮期間を第2次相続の熟慮期間と同一にまで延長すること，再転相続人の地位にもとづいて，第1次相続と第2次相続のそれぞれにつき，「各別に熟慮し，かつ，承認または放棄をする機会を保障する趣旨をも有する」とした。そのため，第2次相続を放棄すれば，第1次相続についての承認または放棄の選択権をうしなうが，第2次相続の放棄をしていない場合には，第1次相続について放棄をすることができ，第1次相続について放棄をしたとしても，第2次相続についても承認または放棄をするのに何ら障害にならず，その後第2次相続を放棄したとしても，第1次相続の相続についてした放棄の効力がさかのぼって無効になることはないと判示した（最判昭63・6・21家月41・9・101）。

　再転相続人は，第2次相続については認識があっても，第1次相続について認識をしていない場合もあり，そのような場合には，第1次相続についての相続の承認や放棄をすることもできない。そのため，916条の起算点は「相続の承認または放棄をしないで死亡した者の相続人が，当該死亡した者からの相続により，当該死亡した者が承認または放棄をしなかった相続における相続人としての地位を，自己が承継した事実を知った時」とされている（最判令元・8・9民集73・3・293）。

　相続人は，相続の承認または放棄があるまでの間，その固有財産におけるのと同一の注意をもって，相続財産を管理しなければならない（918条本文）。

　相続の承認または放棄があるまでは，相続財産の帰属が不明確なこともあり，それまで相続財産を管理することにより，相続財産と相続人の財産の範囲があいまいになることを回避する必要がある。相続人が限定承認をした場合には，その固有財産におけるのと同一の注意をもって，相続財産の管理を継続しなければならない（926条1項）。相続の放棄をした者は，その放棄の時に相続財産に属する財産を現に占有している場合には，相続財産の清算人に対して当該財産を引き渡すまでの間，自己の財産におけるのと同一の注意をもって，財産を保存しなければならない（940条1項）。

　相続の承認及び放棄は，熟慮期間内でも，撤回することができない（919条

1項)。相続の承認や放棄をしたのちに撤回することを認めれば，熟慮期間が経過するまで，相続財産の帰属先が不安定なままとなる。相続債権者や他の相続人にとっては，熟慮期間が経過するまでは不安定な地位におかれることから，相続の承認及び放棄は，熟慮期間内であっても撤回することはできないとした。

ただし，民法総則編及び親族編の規定により相続の承認または放棄の取消しをすることはできる (919条2項)。民法総則編により取消しができる場合には，未成年者が法定代理人の同意なしに単独で相続の承認及び放棄をした場合 (4条)，成年被後見人が相続の承認及び放棄をした場合 (9条)，被保佐人が保佐人の同意を得ずに相続の承認または放棄をした場合 (13条1項6号)，詐欺または強迫により相続の承認または放棄をした場合 (96条) がある。また民法親族編により取消しができる場合には，被後見人が後見監督人の同意を得ずに相続の承認または放棄をした場合 (864条) などがある。民法総則編及び親族編の規定により限定承認または相続放棄の取消しをしようとする者は，その旨を家庭裁判所に申述しなければならない (919条4項)。

取消権は，追認をすることができるときから6か月間行使しないときは，時効によって消滅する。相続の承認または放棄の時から10年を経過したときも取消権は消滅する (916条3項)。

なお，相続の承認または放棄に無効原因がある場合には，相続の承認または放棄の無効を主張することができる。明文規定はないが，相続の承認または放棄が法律行為であることから，無効の主張も認められるとされている。

第2　単純承認

相続人が単純承認をしたときは，無限に被相続人の権利義務を承継する (920条)。単純承認の場合は，被相続人の相続財産は相続人にすべて承継され，被相続人に債務があった場合には，相続人は自己の財産から弁済すべき責任を負う。単純承認については，これを意思表示と考える意思表示説と，単純承認は，921条の法定単純承認の結果として生じるものであるから，意思表示でも法律行為でもないと考える，法定効果説があるが，通説・判例は，単

純承認は意思表示であると考える。意思表示説によれば，915条1項は，相続人が意思表示により相続の承認または放棄を選択し，法定単純承認の要件を満たした場合には，単純承認の意思表示をしたものと考える。

921条にさだめる要件を満たした場合には，相続人は，単純承認をしたものとみなされる（921条，法定単純承認）。法定単純承認の事由は3つある。

第1は，相続人が相続財産の全部または一部を処分したときである。相続財産を処分するということは単純承認の意思があるということであり，「第三者から見ても単純承認があつたと信ずるのが当然であると認められることにある」とされる（921条1号，大判大9・12・17民録26・2034）。そのため，本条を適用するためには「相続人が自己のために相続が開始した事実を知りながら相続財産を処分したか，または，少なくとも相続人が被相続人の死亡した事実を確実に予想しながらあえてその処分をしたこと」が必要である（最判昭42・4・27民集21・3・741）。過失による軽微な破損は，第1号による「処分」にはあたらない。また，本号における「処分」は，限定承認・放棄の前におこなわれていることが必要である。

また保存行為及び第602条（短期賃貸借）にさだめる期間を超えない賃貸をする場合には，本号は適用されない（921条1号ただし書き）。

第2は，相続人が，相続の承認または放棄をすべき期間内に限定承認または相続の放棄をしなかったときである。相続人は被相続人の財産を原則として包括承継しているのであるから，限定承認や相続放棄をしなかった場合には，単純承認したと解されることとなる（921条2号）。

第3は，相続人が，限定承認または相続の放棄をした後であっても，相続財産の全部若しくは一部を隠匿し，私（ひそか）にこれを消費し，または悪意でこれを相続財産の目録中に記載しなかったときをあげる。本号にいう①隠匿，②私にこれを消費すること，③悪意で相続財産の目録中に記載しないことは，背信行為である。判例では「限定承認手続の公正を害するものであるとともに，相続債権者等に対する背信的行為であって，そのような行為をした不誠実な相続人には限定承認の利益を与える必要はない」とする（最判昭61・3・20民集40・2・450）。

ただし，その相続人が相続の放棄をしたことによって相続人となった者が

相続の承認をした後に,放棄した相続人が背信行為を行った場合については,単純承認とはみなされない。たとえば,相続人であるBが相続放棄をしたことでBの子Cが相続人となった場合,Cが相続の承認をした後にBが背信行為をした場合も単純承認が発生することはない。

本号にいう「隠匿」とは,財産を隠す行為であり,故意によることが必要となる。「私にこれを消費」とは,自らの利益のために相続財産を処分し,その価値を喪失することをいう。「悪意で財産目録中に記載しない」とは,財産目録の作成を必要する限定承認の場合に該当する。「悪意」について判例では,特定の財産があることを知っていながら財産目録中に記載しなかったという事実があればよいとするものもあるが（東京高判昭41・11・29金商40・10）,他方,詐害的意図をもって財産を隠匿することが必要であるとする見解もある。

第3　限定承認

相続人は,相続によって得た財産の限度においてのみ被相続人の債務及び遺贈を弁済すべきことを留保して,相続の承認をすることができる（922条）。被相続人の財産を承継するかは,相続人の選択によるところ,被相続人の債務がどの程度存在するか明確でない場合,相続によって得た財産の限度でのみ,債務や遺贈の弁済をするという条件付きで相続をすることができるとすれば,相続人の保護をはかることができる。本条は相続人保護のためにもうけられた条文である。限定承認を選択した相続人は,相続開始と同時に相続財産を承継するが,承継した債務の責任は,相続財産の範囲に限られる。

本条にいう「相続によって得た財産」とは,相続人が相続開始と同時に承継した積極財産をいう。相続財産から生じる果実も,相続財産として考慮される（相続開始後に生じる果実も含まれる）。

相続人が数人あるときは,限定承認は,共同相続人の全員が共同してのみおこなうことができる（923条）。

相続人が,限定承認をしようとするときは,相続の承認または放棄をすべき期間内に,相続財産の目録を作成して家庭裁判所に提出し,限定承認をする旨を申述しなければならない（924条）。熟慮期間については,相続人ごとに

進行するため，自らの熟慮期間を徒過した場合であっても，他の相続人の熟慮期間が進行中であれば，「最後の者」が限定承認をする場合に，期限を徒過した他の相続人も限定承認をすることができる（最判昭51・7・1家月29・2・91）。

相続人が限定承認をしたときは，その被相続人に対して有した権利義務は，消滅しなかったものとみなされる（925条）。相続人が被相続人に対して有している権利義務は，相続によって混同し消滅することとなるはずであるが，このようなことを認めると，たとえば被相続人が相続人に債権を有し，相続人の債務が混同により消滅するとすれば，相続人は自己の債務を弁済されたことになってしまうため，相続財産と相続人の財産を分けたうえで，相続人は第三者と同じ立場にたつことにしたものである。

限定承認者は，その固有財産におけるのと同一の注意をもって，相続財産の管理を継続しなければならない（926条1項）。相続財産は相続人の共有財産となっていることから，注意義務の程度がさだめられた。

限定承認は，相続人の財産と相続財産を切り離し，相続財産の範囲で清算手続きをおこなう。限定承認者は，5日以内に，すべての相続債権者及び受遺者に対し，限定承認をしたこと及び2か月をくだらない期間内に請求の申出をすべき旨を公告しなければならない（927条1項）。

相続債権者及び受遺者には，期間内に申し出をしなければ弁済から除斥される旨を付記しなければならない（927条，知れている相続債権者及び受遺者は，除斥することができない）。限定承認者は，知れている相続債権者及び受遺者には，各別に申出の催告をしなければならない（927条3項）。

限定承認者は，申出期間の満了前の場合には，相続債権者及び受遺者に対して弁済を拒むことができる（928条）。限定承認の手続きは，相続債権者及び受遺者が確定してから配当弁済する仕組みであるから，弁済期が到来している債権であっても，弁済を拒むことができる。申出期間満了後は，限定承認者は，相続財産で，期間内に申出をした相続債権者その他知れたる相続債権者に，債権額の割合に応じて弁済をしなければならない（配当弁済，929条）。相続債権者に対する弁済を公平におこなうためである。ただし，優先権を有する債権者の権利を害することはできない。本条にいう「優先権を有する債権

者」とは，相続財産に対して，先取特権，質権，抵当権を有している債権者をいう。

　限定承認の手続きにあたっては，弁済期にない債権であっても弁済をしなければならない（930条1項）。条件付きの債権または存続期間の不確定な債権は，鑑定人の評価にしたがって弁済をしなければならない（930条2項）。鑑定人は家庭裁判所が選任する。

　各相続債権者に弁済をした後は，受遺者に弁済をする（931条）。相続債権者は，生前の被相続人との契約により債権を取得しているが，受遺者は，被相続人の遺言により財産を取得することから，相続債権者保護のために，相続債権者への弁済の後，受遺者へ弁済することとした。弁済にあたり，相続財産を売却する場合には，競売に付さなければならない（932条）。相続債権者及び受遺者は，自己の費用で相続財産の競売または鑑定に参加することができる（933条）。限定承認者が，限定承認の手続き（公告若しくは催告）を怠り，相続債権者若しくは受遺者に先に弁済をしたことにより，他の相続債権者若しくは受遺者に弁済することができなくなったときは，損害賠償責任を負う（934条1項）。他の相続債権者または受遺者は，情を知って不当に弁済を受けた相続債権者または受遺者に求償権を行使することができる（934条2項）。

　公告期間内に申出をしなかった相続債権者及び受遺者については，限定承認者に知れなかった者について，清算手続き終了後，残余財産に対して権利を行使することができる（935条）。相続人が数人ある場合には，相続人の中から，相続財産の清算人が選任される（936条1項）。

　限定承認をした相続人のうちに，法定単純承認に該当する事由がある者がある場合には，相続債権者は，相続財産をもって弁済を受けることができなかった債権額について，相続分に応じて権利を行使することができる（937条）。本条は，法定単純承認に該当する事由のある相続人については単純承認と同様の責任を負わせ，他の相続人には，限定承認があったものとする。

　判例においては，被相続人が，3人の子のうちの2人に死因贈与し，始期付所有権移転仮登記手続きをしたところ，子2人が限定承認し，その後，仮登記に基づく所有権移転登記を経由した事例について，「…不動産の死因贈与の受贈者が贈与者の相続人である場合において，限定承認がされたときは，

死因贈与に基づく限定承認者への所有権移転登記が相続債権者による差押登記よりも先にされたとしても，信義則に照らし，限定承認者は相続債権者に対して不動産の所有権取得を対抗することができないというべきである」と判断した。限定承認者が死因贈与における受贈者として所有権移転登記をするのは信義則上相当でなく，「限定承認者は，右不動産以外の被相続人の財産の限度においてのみその債務を弁済すれば免責されるばかりか，右不動産の所有権をも取得するという利益を受け，他方，相続債権者はこれに伴い弁済をうけることのできる額が減少するという不利益を受けることとなり，限定承認者と相続債権者との間の公平を欠く結果となる」ことがその理由である（最判平10・2・13民集52・1・38）。

第4　相続放棄

　相続放棄とは，相続人が自らの意思表示により，相続財産の承継を放棄することをいう。相続の放棄をした者は，はじめから相続人とならなかったものとみなす（939条）。被相続人の財産は，相続人が包括的に承継するが，相続人が被相続人の財産を承継することを希望しない場合には，意思表示により，相続による財産承継を放棄することができる。

　明治民法において，相続放棄は遺産相続にのみ規定され，法定家督相続人には，相続放棄は認められていなかった（明治民法1020条）。現行法は家督相続を廃止し，すべての相続人に放棄の自由を認めている。

　相続の放棄をしようとする者は，その旨を家庭裁判所に申述しなければならない（938条）。相続の放棄をすることができる期間は，915条1項により自己のために相続の開始があったことを知った時から3か月である（熟慮期間）。相続人が，熟慮期間内に相続の放棄をしなかったときは，単純承認をしたものとみなされる（921条2号，法定単純承認）。

　相続人は，相続の放棄をする前に，相続財産の調査をすることができる（915条2項）。なおいったん相続の放棄をした場合には，相続の放棄を撤回することはできない（919条1項）が，詐欺・強迫等の取消し原因がある場合には，相続放棄を取り消すことができる（919条2項）。

相続放棄は，相続開始後におこなわれ，相続開始前の相続放棄の意思表示は無効である。

相続の放棄をした者は，その相続に関しては，はじめから相続人とならなかったものとみなされる（939条）。共同相続人がある場合には，相続放棄をした者以外の共同相続人が相続財産を承継する。相続の放棄をした者は，相続人とならないため，代襲相続もおこらない。

なお，共同相続人中に制限行為能力者がある場合は，法定代理人の同意を得なければならない（5条・13条・17条）。また，法定代理人は，相続人を代理し相続放棄をおこなう（824条・859条・876条の4・876条の9）。未成年の子であって，法定代理人と相続人である子の利益が相反する場合には，親権者は，子のために特別代理人を選任することを家庭裁判所に請求しなければならない（826条）。判例においては，養育目的で相続財産を共同相続人のうちの1人に集中させるために，共同相続人である後見人が同じく相続人である未成年の子の相続放棄の申述をした事例につき，「共同相続人の一人が他の共同相続人の全部または一部の者を後見している場合において後見人が被後見人を代理してする相続の破棄（ママ）は，必ずしも常に利益相反行為にあたるとはいえず…その行為の客観的性質からみて，後見人と被後見人との間においても，被後見人相互間においても，利益相反行為になるとは言えないものと解するのが相当である。」と判断している（最判昭53・2・24民集32・1・98）。

相続を放棄すると，はじめから相続人とならなかったものとみなされるため，他に相続人がある場合には，その相続人の相続分が増加することとなる。そのため，相続放棄をする相続人と，相続放棄をしない相続人は，利益相反性があるとされる。未成年者が相続を放棄したことにより，親権者が利益を得る場合には，利益相反性があると考える（形式的判断説）。相続の放棄をした者は，その放棄の時に相続財産に属する財産を現に占有しているときは，相続人または相続財産の清算人に対して，当該財産を引き渡すまでの間，自己の財産におけるのと同一の注意をもって，その財産を保存しなければならない（940条1項，令和3法24本条改正）。

改正前は，相続財産の放棄をした者については，管理継続義務があったが，義務の内容が明確でなかったことから，管理義務を保存義務とし，保存義務

の発生要件や内容，保存義務の終了や供託についてさだめられた。相続放棄をした者の保存義務は，放棄の時に相続財産に属する財産を現に占有している場合に発生する。保存義務の相手方は，他の相続人または相続財産法人などが考えられ，相続放棄をし，すでに相続人ではない者に保存義務を課すことから，保存義務の程度は，自己の財産におけると同一の注意となった。

相続を放棄した者が，財産を引き渡し占有移転した場合には，保存義務は終了する。

相続の放棄と登記の関係については，共同相続人のうちの1人に対して債権を有する者が，相続財産の登記を当該相続人に代位しておこない，当該相続人の法定相続分を差し押さえ，登記をした後に，当該相続人が相続放棄をした場合が問題となる。相続放棄者の法定相続分を差し押さえたとしても，相続放棄には，遡及効があり，相続放棄者ははじめから相続人とならなかったものとなる。相続財産は，相続放棄をしなかった他の共同相続人によって相続されることとなり，相続放棄者は相続財産に対して持分を持たないことになる。判例では，「民法が承認，放棄をなすべき期間（915条）を定めたのは，相続人に権利義務を無条件に承継することを強制しないこととして，相続人の利益を保護しようとしたものであり，同条所定期間内に家庭裁判所に放棄の申述をすると（938条），相続人は相続開始時に遡って相続開始がなかつたと同じ地位におかれることとなり，この効力は絶対的で，何人に対しても，登記等なくしてその効力を生ずると解すべきである」とする（最判昭42・1・20民集21・1・16）。

なお，相続放棄の意思表示が，詐害行為に当たるかも問題とされる。たとえば，被相続人Aが多額の債務を残して死亡した場合，相続人である子Bが相続放棄をすることは，Aの債権者に対して詐害行為となるかという点につき，民法424条1項は，債権者は，債務者が債権者を害することを知ってした行為の取消しを裁判所に請求することができるとする。判例は，相続放棄と詐害行為取消権について，身分行為については，詐害行為取消権行使の対象とならないとする（最判昭49・9・20民集28・6・1202）。詐害行為取消権の対象となるのは，「積極的に債務者の財産を減少させる行為であることを要し，消極的にその増加を妨げるにすぎないものを包含しない」こと，「相続の放棄

は，相続人の意思からいつても，また法律上の効果からいつても…既得財産を積極的に減少させる行為というよりはむしろ消極的にその増加を妨げる行為にすぎないとみるのが，妥当である」こと，「相続の放棄のような身分行為については，他人の意思によつてこれを強制すべきでないと解するところ，もし相続の放棄を詐害行為として取り消しうるものとすれば，相続人に対し相続の承認を強制することと同じ結果となり，その不当であること」がその理由である。

IX　財産分離

相続人は，相続開始の時から，被相続人の財産に属した一切の権利義務を承継する（包括承継，896条）。相続人の固有財産が債務超過の状態であれば，相続債権者は十分な返済を得られない場合も発生し，不測の損害をこうむるおそれがある。財産分離は，このような不利益を回避するために，相続人の財産と，被相続人が有していた相続財産を分離することで，相続人の債権者あるいは相続債権者が，当初の引当財産から優先的に弁済することをさだめている。

第1　第1種財産分離

相続債権者（被相続人の債権者）または受遺者は，相続開始の時から3か月以内に，相続人の財産の中から相続財産を分離することを家庭裁判所に請求することができる（第1種財産分離，941条1項）。家庭裁判所は，「相続財産と相続人の固有財産とが混合することによって相続債権者等がその債権の全部または一部の弁済を受けることが困難となるおそれがあると認められる場合」に財産分離を命ずる（最判平29・11・28判タ1445・83）。家庭裁判所が財産分離を命じたときは，その請求者は，5日以内に，他の相続債権者及び受遺者に対し，財産分離の命令があったこと及び一定の期間内に配当加入の申出をすべき旨を公告しなければならない。ただし期間は，2か月を下ることができない（941条2項）。財産分離の請求をした者及び配当加入の申出をした者は，相続財産について，相続人の債権者に先立って弁済をうける（942条）。家庭裁判所は，相続財産の管理について必要な処分を命ずることができる（943条）。家庭裁判所が相続財産の管理人を選任した場合には，不在者の財産管理の規定（27条〜29条まで）が準用される。相続人は，単純承認をした後であっても，固有財産におけるのと同一の注意をもって，相続財産の管理をしなければなら

ない。この場合，委任契約の規定（報告義務，受取物の引渡し義務，金銭の消費についての責任，費用償還請求権）が準用される（944条）。財産分離の対象財産が不動産である場合には，対抗要件としての登記を備えなければ第三者に対抗することができない（945条）。相続債権者や受遺者には，先取特権の物上代位の規定が（304条）準用される（946条による304条の準用）。相続人は，941条1項における期間（3か月）及び同条2項における期間（5日以内，2か月をくだらない期間）の満了前であれば，相続債権者及び受遺者に対して弁済を拒むことができる（947条1項）。942条2項の期間満了後であっても，相続人は，相続財産から，財産分離の請求または配当加入の申出をした相続債権者及び受遺者に，それぞれの債権額の割合に応じて弁済をしなければならない。ただし，優先権を有する債権者は，優先弁済をうけることができる（947条2項）。弁済については，限定承認にさだめられる弁済の規定が準用される（943条3項）。相続財産から全部の弁済を受けることができなかった場合に限り，財産分離の請求をした者及び配当加入の申出をした者は，相続人の固有財産から弁済をうけることができる。なお相続人の債権者は優先的に弁済を受けることができる（948条）。相続人は，自己の固有財産から相続債権者若しくは受遺者に弁済，または担保を供することで，財産分与の請求を防止し，効力を消滅させることができる。

第2　第2種財産分離

　相続人が限定承認をすることができる間または相続財産が相続人の固有財産と混合しない間は，相続人の債権者は，家庭裁判所に対して財産分離を請求することができる（950条1項）。第2種財産分離では，限定承認をした時の権利義務（925条），限定承認者による弁済（927条〜934条）等，限定承認に関する規定が準用される。また，財産分離の請求後の相続財産の管理等（943条〜945条），相続人の固有財産からの弁済（948条）についても，第1種財産分離に関する規定が準用される。相続債権者・受遺者に対する公告・催告は，財産分離の請求をした債権者がしなければならない（950条2項）。

X 相続人の不存在

> 相続人のあることが明らかでないときは，相続財産は法人とする（951条，相続財産法人）。相続人が存在しない場合は，相続財産の所有者が存在しないこととなるが，所有者が存在しない財産を財産分配・承継の対象とすることは適当ではない。そのため相続財産を法人とし，法的主体とすることにより，財産の清算を行い，相続人がない場合には，相続財産は国庫に帰属することとした。

第1 相続財産法人

「相続人のあることが明らかでないとき」とは，相続開始時に相続人が存在することが明らかでないことをいう。具体的には，戸籍上相続人の記載がない場合や，相続人の地位に関して訴訟があり（親子関係存否確認の訴訟等），相続権があるかどうか確定できない場合，相続人全員が相続欠格や廃除により，また相続放棄により相続人とならなかった場合，同時死亡の原則により相続人のないこととなった場合等がある。

包括受遺者がある場合には，相続財産の全部を相続することとなり，相続人と同一の権利義務を有することから，「相続人のあることが明らかでないとき」に当たらない。戸籍上相続人となる者が，所在不明あるいは生死不明の場合には，不在者の財産管理制度や失踪宣告による。

相続人のあることが明らかでない場合，相続財産は相続の開始と同時に当然に法人となる。相続財産法人の主体は相続財産であり，清算人による相続財産の管理・清算を目的とする。清算人は法人の代理権を有するにすぎず，相続財産を法人として擬制する。

相続財産法人の成立に当たり，利害関係人または検察官より請求があった場合には，家庭裁判所は相続財産法人の清算人を選任しなければならない

（952条1項）。利害関係人とは「相続財産の帰属につき法律上の利害関係を有する者」であり，特別縁故者，相続債権者，包括受遺者等がある。本条により清算人が選任されない場合には，家庭裁判所は，相続財産の管理人の選任その他の相続財産の保存に必要な処分を命ずることができる（897条の2第1項）。

　相続財産の清算人を選任した場合，家庭裁判所は6か月を下らない期間内に，相続財産を選任した旨と一定期間内に相続人が権利を主張する旨を公告しなければならない（952条2項）。相続財産の清算人は，2か月以上の期間を定めて，すべての相続債権者及び受遺者に対し，期間内に請求の申し出をすべき旨を公告しなければならない。この期間は，相続人が権利を主張すべき期間として家庭裁判所が公告した期間内に満了する（957条1項）。

　相続財産の清算にあたっての弁済について，957条2項は927条2項から4項まで（相続債権者・受遺者に対する公告・催告）及び第928条から第935条まで（限定承認者による弁済）を準用する。相続財産の清算人は，公告期間満了後に，優先権を有する債権者（929条ただし書き），相続債権者その他知れている相続債権者に弁済し（929条），その後受遺者に弁済する（931条）。

　相続財産の清算人の権利義務につき，953条は第27条から第29条までを準用する。相続財産清算人は，相続財産法人の法定代理権を有し，相続財産に関する訴訟についての当事者適格をもつ。相続財産の清算人は，相続債権者または受遺者の請求があるときは，その請求をした者に相続財産の状況を報告しなければならない（954条）。相続債権者または受遺者は，相続財産に対して利害関係を持つことから，相続財産の清算人に報告義務を課することで，不適切な管理を防ぐためである。

　相続人のあることが明らかになった場合には，相続財産法人は成立しなかったものとみなす（955条本文）。ただし，取引関係にある第三者を保護するために，相続財産の清算人がその権限内でした行為の効力は妨げられない（955条ただし書き）。「相続人のあることが明らかになった場合」とは，法律上相続人のあることが確実になった場合をいう。

　相続財産法人が成立しなかった場合，相続財産法人は遡及的に消滅し，はじめから存在しなかったものとみなされる。

相続財産の清算人の代理権は，相続人が相続の承認をしたときに消滅する（956条1項）。相続財産の管理人が相続人の承認時まで相続財産を管理することにより，相続財産の清算人が不在の状態を防ぐためである。相続財産の清算人は，遅滞なく相続人に対して，清算に係る計算をしなければならない（956条2項）。相続人としての権利を主張する者がない場合は，相続人並びに相続財産の清算人に知れなかった相続債権者及び受遺者は，その権利を行使することができない（958条）。

第2　特別縁故者

　相続財産について相続人の権利を主張する者がないときは，家庭裁判所は相当と認めるときは，被相続人と生計を同じくしていた者，被相続人の療養看護に努めた者その他被相続人と特別の縁故があった者（特別縁故者）の請求によって，これらの者に，清算後残存すべき相続財産の全部または一部を与えることができる（958条の2第1項）。相続人のあることが明らかでないときについて，相続人としての権利を主張する者がない場合であっても，他に被相続人とある程度の関係があった者がある場合には，被相続人の意思を尊重し，残存する相続財産の全部または一部を与えるとした制度である。

　本条における特別縁故者とは，「被相続人と生計を同じくする者」「被相続人の療養看護に努めた者」「その他被相続と特別の縁故があった者」をいう。内縁配偶者，事実上の養子などがこれにあたる。法人も特別縁故者になることができる。相続放棄をした者も特別縁故者になることができる。

　被相続人の死後，祭祀を主宰し，葬儀を執りおこなう等をおこなった者について，死後縁故が認められるかが争われている。判例においては，被相続人の死亡前後を通じての貢献の期間，程度に照らして，親兄弟にも匹敵するほどに被相続人を経済的に支え，安定した生活と死後縁故に尽くしたということができるとして特別縁故を認めた事例がある（大阪高決平31・2・15判時2431・2432・97）。

　特別縁故者であるか否かを判断するにあたっては，「縁故関係の濃淡，程度や期間，相続財産の種類や数額その他一切の事情を考慮して分与すべき財産

の種類及び数額を決定すべき」である（東京高決平26・5・21判タ1416・108）。判例では，介護付き入所施設を運営する一般社団法人につき，被相続人は施設において，日常生活についてほぼ全面的な介護や介助などを継続的に受けて生活してきたこと等から，被相続人の療養看護に努めた者として特別縁故者にあたると認められた事例がある（高松高決平26・9・5金法2012・88）。共有者の一人が死亡し，相続人のあることが明らかでないときは，相続人の不存在が確定し，相続債権者や受遺者に対する清算手続きが終了したときに特別縁故者に対する財産分与の対象となる。財産分与がされず，共有持分が承継すべき者のないまま相続財産として残存することが確定したときにはじめて，民法255条により他の共有者に帰属する（最判平元・11・24民集43・10・1220）。

第3　残余財産の国庫帰属

　相続財産法人が成立したものの，相続人としての権利を主張する者がなく，特別縁故者もない場合，残余財産は国庫に帰属する（959条）。国庫に帰属する時期については，特別縁故者からの審判が確定したとき（審判確定説）と国庫への引継ぎ時とする説（国庫引継ぎ時説）がある。判例は，残余財産は相続財産清算によって国庫に引き継がれたときに帰属し，相続全部の引継ぎが未了するまでは相続財産法人は消滅せず，相続財産清算人の代理権も継続するとする（最判昭50・10・24民集29・9・1483）。令和3年には所有者不明土地の発生の抑制を図ることを目的とし，「相続等により取得した土地所有権の国庫への帰属に関する法律（相続土地国庫帰属法）」が制定され，法定相続ないし遺贈により土地の所有権または共有持分を取得した者等がその土地の所有権を国庫に帰属させることができるとした（同法1条）。

XI 遺産分割

　明治民法下における遺産分割は，多くは，戸主が，戸主の地位と戸主の全財産を承継し，遺産相続は多くはなかった。遺産分割の基準や，遺産分割の協議または審判，相続の開始後に認知された者の価額の支払請求権は，戦後に設けられたものである。遺産分割は協議によることとなり，協議が調わない場合には家庭裁判所がこれをさだめる。遺産分割の基準には「一切の事情」が含まれ，相続人が対等な立場で遺産分割協議に参加することとなった。

第1　遺産分割とは

　相続は，死亡によって開始する（882条）。相続人は，相続開始の時から，被相続人の財産に属した一切の権利義務を承継し（896条），相続人が複数ある場合には，相続財産は相続人の共有に属する（898条1項）。相続人の共有に属した財産を，法定相続分あるいは指定相続分に応じて各共同相続人に分配するために，共同相続人は，遺産分割協議で，遺産の全部または一部の分割をすることができる（907条1項）。遺産分割とは，相続開始後共有財産となった相続財産を，各共同相続人に帰属させることをいう。

　被相続人は，遺言で，相続開始の時から5年を超えない期間を定めて，遺産分割を禁ずることができる（908条1項）。また，共同相続人は，相続開始の時から10年を超えない期間を終期として，5年以内の期間を定めて，遺産の全部または一部について，遺産分割をしない旨の契約をすることができる（908条2項）。共同相続人間の遺産分割禁止の契約は，相続開始の時から10年を超えない期間を終期とするのであれば，5年以内の期間を定めて更新をすることができる（908条3項）。特別の事由がある場合には，家庭裁判所においておこなうこともできる（908条4項・5項）。なお，258条の2第1項は，共有

物の全部またはその持分が相続財産に属する場合で，共同相続人間で遺産分割協議を行う場合には，裁判による共有物の分割をすることができないとさだめる。ただし，相続開始の時から10年を経過したときは，相続財産に属する共有物の持分について，原則として，裁判による共有物分割をすることができる（258条の2第2項本文）。共同相続人が，裁判による共有物分割について異議を申し出た場合には，この限りでない。また，令和3年法24号により，第904条の3が新設され，相続開始の時から10年を経過した後にする遺産分割については，原則として，特別受益（930条）及び寄与分（904条の2）は適用されないこととなった（904条の3第1項）。

遺産の分割にあたって906条は，考慮される具体的事情を示している。第1に，遺産に属する物または権利の種類及び性質が考慮される。第2に，各相続人の年齢，職業，心身の状態及び生活の状況その他一切の事情が考慮される。第2の事情は，昭和55年の民法一部改正によって加えられた規定であり，共同相続人中に，未成年者や心身の状況によって配慮を必要とする者や，これまでの被相続人との生活状況によって，相続開始後にあっても配慮が必要な場合などをあげる（1028条1項1号）。

遺産分割は，共同相続人の協議でおこなう（907条1項）。判例においては，遺言がある場合の遺産分割の協議または審判は，相続をめぐる無用な紛争を回避するためになされることから，これと異なる内容の遺産分割が全相続人によって協議されたとしても，直ちに被相続人の意思に反するとはいえず，遺言と異なる遺産分割をすることを無効とする趣旨まで包含していると解することができないとする（さいたま地判平14・2・7 LEX/DB 25410475）。

共同相続人は，被相続人が遺言によりまたは共同相続人が契約をし，遺産分割の禁止をさだめた場合を除き，いつでも，その協議で，遺産の全部または一部を分割することができる（907条1項）。共同相続人間で協議が調わないとき，または協議をすることができないときは，各共同相続人は，他の共同相続人の利益を害するおそれがない場合につき，その全部または一部の分割を家庭裁判所に請求することができる（907条2項）。

本条は，遺産の一部を他の遺産とは別に独立して分割することを認めるものである。ただし，他の共同相続人の利益を害することはできず，この場合，

第2 協議分割・調停分割・審判分割

1 協議分割

　共同相続人は，遺言で遺産分割が禁止された場合（908条1項）または共同相続人が遺産分割禁止の契約をした場合をのぞき（908条2項），いつでも，その協議で，遺産の全部または一部の分割をすることができる（907条1項）。

　遺産分割協議は，遺産分割時において遺産に持分権を有する者がこれを行う。具体的相続分のない共同相続人であっても，遺産分割の当事者となる。

　判例では，遺産確認の訴えにつき当事者適格が争われた事例において，「遺産確認の訴えは…共同相続人全員が当事者として関与し，その間で合一にのみ確定することを要する固有必要的共同訴訟と解されている」としたうえで，「共同相続人のうち自己の相続分の全部を譲渡した者は，積極財産と消極財産とを包括した遺産全体に対する割合的な持分を全て失う…遺産確認の訴えの当事者適格を有しないと解するのが相当である」としている（最判平26・2・14民集68・2・113）。

　協議分割は共同相続人全員が参加する必要があり，協議分割に参加していない相続人がある場合には，協議分割は無効となる。相続開始後，認知によって相続人となった者がある場合で，他の相続人によりすでに遺産分割その他の処分がなされている場合には，認知等により新たに相続人となった者は，価額のみによる支払の請求権を有する（910条）。

　相続人が行方不明者である場合には，財産管理人は家庭裁判所の許可を得て遺産分割協議に参加する（28条）。相続人が制限行為能力者である場合には制限行為能力者に関する規定にしたがう（5条，859条，13条）。制限行為能力者の法律行為が利益相反行為にあたる場合には，特別代理人を選任する。包括受遺者は，相続人と同一の権利義務を有するから，協議分割に参加する（990条，相続放棄につき東京地判昭55・12・23判時1000・106）。遺言執行者は，遺言の内容を実現するため，遺言執行に必要な一切の行為をする権利義務を有することから，必要があれば協議分割に参加する。

2 調停分割・審判分割

遺産分割について，共同相続人間に協議が調わないとき，または協議をすることができないときは，各共同相続人は，その全部または一部の分割を家庭裁判所に請求することができる。ただし，一部分割にあっては，他の共同相続人の利益を害するおそれがある場合には，これをすることができない（907条2項）。

遺産分割調停は，共同相続人全員が当事者となる。当事者間に合意が成立し，調書に記載すれば，調停成立となり，確定判決と同一の効果が発生する（家事268条1項）。調停が成立しない場合には，調停に代わる審判をおこなうことができる（家事284条）。調停に代わる審判について，適法な異議申立があった場合には，審判に移行する（家事286条5項・7項）。

遺産分割にあたっては，①遺産分割手続きに参加する当事者，②遺産分割の対象となる財産を確定したうえで，どのように遺産を分割するかを決定することとなる。そのため，①あるいは②について当事者間に争いがある場合には，家庭裁判所の審判手続きにおいて前提事項の存否を審理判断したうえで分割の処分を行うことは差し支えない。ただし，当事者は，別に民事訴訟を提起して前提となる権利関係の確定を求めることを妨げられるものではなく，判決によって権利の存在が否定されれば，分割の審判もその限度において効力を失う（最判昭41・3・2民集20・3・360）。

3 遺産分割の対象財産

遺産分割にあたり，その対象となる財産は遺産分割時に存在する財産とされる。また，遺産分割にあたり，相続財産をどのように評価するかについては，「被相続人が相続開始の時において有した財産」（903条・904条）とされることから，具体的相続分については相続開始時を基準とする。他方，審判分割を行う場合には，「評価にあたって審判確定の日を予知し，その日における個々の遺産の評価を予測することは実際上困難であるから，遺産の評価額に相当の変動が生ずる虞のある事情のない限り，現実に評価する時を基準とすべき」とされる（名古屋高金沢支決昭51・9・14家月29・4・126）。

相続の開始後認知によって相続人となった者が他の共同相続人に対して民

法910条に基づき，価額の支払を請求する場合は，価額支払請求時が価額算定の基準時となる（最決平28・2・26民集70・2・195）。

　遺産分割の対象となる財産については，相続財産ごとに，遺産分割の対象となる場合と，遺産分割の対象とならない場合がある。

　可分債権は，相続開始と同時に法定相続分にしたがい分割承継されることから，遺産分割の対象とはならない。共同相続人がその合意により可分債権を，遺産分割協議の対象とすることは可能である。

　可分債務も，遺産分割の対象とならない。判例では，906条の趣旨に照らして遺産分割審判の対象としても差し支えないが，特段の事情がある場合には，分割の対象から除外することが相当であるとしたものがある（大阪家審昭47・8・14家月25・7・55）。

　葬儀費用は，相続人の1人がこれを負担して他の共同相続人に求償する場合には，相続財産に関する費用として，遺産分割に際して相続財産から清算することができるとする判例がある（上掲大阪家審昭和47年）。

　相続開始後遺産分割前に，共同相続人がその合意により第三者に相続財産である不動産を譲渡した場合，当該不動産は相続財産から逸出し，遺産分割の対象とならず，各自が取得した売買代金債権（代償財産）は分割債権となり，個々の共同相続人が代金支払請求権を持分に応じて取得する（最判昭52・9・19家月30・2・110）。

　相続により賃貸不動産を承継した場合，当該不動産から発生する賃料債権（法定果実）は，「相続開始から遺産分割までの間，共同相続人の共有に属するものであるから，この間に遺産である賃貸不動産を使用管理した結果生ずる金銭債権たる賃料債権は，遺産とは別個の財産というべきであって，各共同相続人がその相続分に応じて分割単独債権として確定的に取得するものと解するのが相当である」とされる（最判平17・9・8民集59・7・1931）。

　なお相続開始時に存在した金銭については，相続人は，遺産の分割までの間は，相続開始時に存した金銭を相続財産として保管している他の相続人に対して，自己の相続分に相当する金銭の支払を求めることはできないとされる（最判平4・4・10家月44・8・16）。

4 遺産分割前の遺産処分

　遺産の分割前に遺産に属する財産が処分された場合であっても，共同相続人は，その全員の同意により，当該処分された財産が遺産の分割前に遺産として存在するとみなすことができる（906条の2第1項）。民法では，遺産分割前に共有持分を処分することが可能であるが，明文の規定がなかった。そのため，家庭裁判所の実務により，遺産分割当事者間で逸出した財産を遺産分割の対象財産とする旨の合意が得られた場合には，遺産分割の対象とするとされていた。

　906条2は，共同相続人の合意により，すでに逸出した財産を遺産分割の対象財産とすることができるとし（1項），合意には，財産を逸出させた相続人を含めない（2項）とさだめる。遺産分割前に遺産に属する財産がすべて逸出した場合には，遺産分割ができないことから本条の適用はない。

　遺産に属する財産を逸出させる場合には，ほかに，①共同相続人全員の合意による場合と，②第三者による場合がある。

　①の場合には，本条1項が「他の共同相続人の同意を得ずに」としていることから，本条の適用はない。②の場合には，本条1項が適用される。他方，本条2項は「共同相続人の一人または数人により」とされていることから，第三者には適用されない。第三者の処分に関しては，各共同相続人は，不法行為に基づく損害賠償請求権または不当利得返還請求権を行使することができる。遺産に属する財産が処分されたかについて争いがある場合には，遺産分割の前提問題として，処分された財産が遺産に含まれることの確認を求めることができる（遺産確認の訴え）。

5 遺産分割前の預貯金債権の行使

　各共同相続人は，遺産に属する預貯金債権のうち相続開始時の債権額の3分の1に第900条及び第901条の規定により算定した当該共同相続人の相続分を乗じた額については，単独でその権利を行使することができる（909条の2）。平成28年の最高裁決定は，「共同相続された普通預金債権，通常貯金債権及び定期貯金債権は，いずれも，相続開始と同時に当然に相続分に応じて分割されることはなく，遺産分割の対象となるものと解するのが相当である」

とした。その結果，金融機関での払戻しについて，遺産分割協議が終了するまで，払い戻しを請求することができなくなっていた。本条は，相続開始後の相続人の当面の生活の維持や，遺産分割の円滑な進行のために，一定の範囲で預貯金債権を行使することができるとした。

「預貯金債権」とは，個々の預貯金について判断される。例えば被相続人Aの相続人である子B・C（法定相続分は各1/2）が預貯金債権の払い戻しを希望する場合，D銀行に普通預金600万円，E銀行に定期預金900万円があるとすれば，各共同相続人が払戻請求できる額は，D銀行につき100万円（600万円×1/3×1/2），E銀行につき150万円（900万円×1/3×1/2）となる。

なお，払戻額には上限が設定されている。909条の2では，標準的な当面の必要生計費，平均的な葬式の費用の額その他の事情を勘案して預貯金債権の債務者ごとに法務省令でさだめる額とするが，民法909条の2に規定する法務省令で定める額を定める省令（平成30年法務省令第29号）において，150万円とさだめられた。

本条は，本来は遺産分割の対象財産である預貯金債権について各共同相続人の単独での権利行使を例外的に認める規定である。預貯金債権の行使をした相続人は，当該共同相続人が遺産の一部分割によりこれを取得したものとみなされる。預貯金の払い戻しにおける限度額を超える払い戻しをおこなう場合には，家事200条3項による仮分割仮処分による。家庭裁判所において仮分割の仮処分をおこなうためには，権利行使の必要性があること，他の共同相続人の利益を害さないこと，が必要である。

6 遺産分割の方法

遺産分割の方法については，①共有物の現物を分割する方法（現物分割），②共有者に債務を負担させて，他の共有者の持分の全部また一部を取得させる方法（代償分割），③裁判所が競売を命ずる方法（換価分割）がある（258条）。他には，たとえば不動産の共有，賃借権の設定，無償で使用をみとめる使用貸借などの方法も考えることができる。平成30年法改正により，共同相続人は，遺産の一部を分割することができることとなった（907条1項）。被相続人は，遺言で，遺産の分割方法を定め，若しくはこれをさだめることを第三者に委

託することができる（908条1項）。

　遺言において，特定の相続人に特定の財産を相続させるとされた場合（特定財産承継遺言，「相続させる」旨の遺言）は，「遺産の分割の方法を定めた遺言であり，他の共同相続人も右の遺言に拘束され，これと異なる遺産分割の協議，さらには審判もなし得ない」と考えられている（最判平3・4・19民集45・4・477）。

7　遺産分割の無効・取消し

　協議分割では，共同相続人の意思表示により遺産を分割することとなるため，各共同相続人の意思表示については，民法総則における意思表示の無効・取消しに関する規定が適用される（心裡留保（93条），虚偽表示（94条），錯誤（95条））。

　共同相続人のなかで，遺産分割協議に参加していない者があったり，相続人の資格を有しない者が遺産分割協議に参加していた場合には，前者については遺産分割協議が無効となるが，後者については，相続開始後に親子関係存否確認の訴えにより親子関係が認められた場合等がある。このような場合，認知された子は相続開始時から相続人であったことになるが，遺産分割協議を再度行うこととせず，死後認知により相続人となった者は，他の共同相続人に対して価額のみによる支払の請求権を有する（910条）。

　遺産分割の際に，遺産の一部を含めなかった場合には，未分割の遺産について追加的に遺産分割協議を行うこととなるが，当該遺産の存否が遺産分割協議自体に影響を与えるような場合には，錯誤による取消しを求めることができる。

8　遺産分割の解除

　遺産分割協議には，①有効に成立した遺産分割協議を，共同相続人全員の合意で解除する（合意解除），②遺産分割協議の際に合意した債務の履行を怠った場合に，債務不履行を理由に遺産分割協議を解除する（法定解除）方法がある。共同相続人の全員が，既に成立している遺産分割協議の全部または一部を合意により解除した上，改めて遺産分割協議をすることは，法律上，当然

には妨げられるものではない。このような解除は，遺産分割協議の合意解除と再分割協議を指すものと解される（最判平2・9・27民集44・6・995）。これに対し，いったん有効に成立した遺産分割協議を法定解除できるかについては，遺産分割協議の内容に，債務負担が含まれている場合に問題となる。判例においては，遺産分割協議において，相続人のうちの1人が老親との同居を同意したにもかかわらず，これを遵守しなかったとして，他の相続人から，債務不履行を理由に遺産分割協議の解除が主張された事例において，共同相続人間において遺産分割協議が成立した場合に，相続人の1人が他の相続人に対して協議において負担した債務を履行しないときであっても，他の相続人は民法541条によって右遺産分割協議を解除することができないと解するのが相当であるとした（最判平元・2・9民集43・2・1）。

　本判例では，その理由について「遺産分割はその性質上協議の成立とともに終了し，その後は右協議において右債務を負担した相続人とその債権を取得した相続人間の債権債務関係が残るだけと解すべきであり，しかも，このように解さなければ民法909条本文により遡及効を有する遺産の再分割を余儀なくされ，法的安定性が著しく害されることになるからである。」と説明している。学説においては，遺産分割協議は，すでに相続人の共有となっている財産を相続分に応じて分配するいわば調整機能を有するものであり，通常の契約とことならないから，解除は可能であるとする見解もあったが（肯定説），判例は，遺産分割協議は協議の成立とともに終了することからすれば，その後は相続人間の債権債務関係に帰すること，遺産分割協議の解除を認め，遺産の再分割を認めるとすれば，法定安定性が著しく害されることから，債務不履行による遺産分割の法定解除を認めなかった。

第3　遺産分割の効力

　遺産の分割は，相続開始の時にさかのぼってその効力を生ずる（遡及効）。ただし，第三者の権利を害することはできない（909条）。相続開始後，相続人の共有に属した財産が，遺産分割協議を経て相続人の権利として帰属する過程については，ローマ法が，遺産分割により各共同相続人は，すでに自己の

持分となっている財産の権利を移転するにすぎないとするのに対し（移転主義），ゲルマン法は，遺産分割の効果は相続開始時にさかのぼり，遺産分割の結果，各共同相続人に帰属する権利は，相続開始からあったものとして宣言されるにすぎない（宣言主義）としている。わが国は，宣言主義の考え方であり，遺産分割を経て各共同相続人に権利が帰属すると，相続開始時から各共同相続人は，その持分を単独所有していたとする。他方，906条の2は，遺産分割前に遺産に属する財産が処分される場合を想定している。

909条ただし書きは，遺産分割前に各共同相続人が持分を処分した場合，取引の安全の見地から，遺産分割協議により，無権利者から財産を取得した第三者を保護するためさだめられた規定である。本条にいう第三者には，善意・悪意の区別がない。第三者には，相続人から持分譲渡を受けた者，相続財産を担保に供された者，相続人の持分に対して差押えをした債権者がある。遺産分割前に相続人から遺産に属する財産を譲り受けた第三者は，遺産分割の遡及効により，権利取得を対抗することができないが，登記をそなえれば，本条ただし書きにより保護をされる。このような場合，共有関係を解消するためには，共有物分割手続きをおこなう（最判昭50・11・7民集29・10・1525，最判平25・11・29民集67・8・1736）。

なお，共同相続人が，遺産分割協議により法定相続分と異なる持分での分割を行った場合，相続人の債権者が詐害行為取消権を行使することができるかにつき，判例は，「遺産分割協議は，相続の開始によって共同相続人の共有となった相続財産について，その全部または一部を，各相続人の単独所有とし，または新たな共有関係に移行させることによって，相続財産の帰属を確定させるものであり，その性質上，財産権を目的とする法律行為である」ことから，詐害行為取消権行使の対象となるとした（最判平11・6・11民集53・5・898）。

第4　共同相続人間の担保責任

各共同相続人は，他の共同相続人に対して，売主と同じく，その相続分に応じて担保の責任を負う（911条）。遺産分割を一種の交換と解すれば，有償行

為となり，各共同相続人は相続分に応じて売主と同様の担保責任を負う。

　他方，遺産分割を宣言主義ととらえれば，相続人は相続開始より自己の持分に応じた遺産を被相続人から承継することとなり，有償行為ではなく，担保責任は発生しない。わが国は，遺産分割協議の効力については宣言主義の見解をしめす一方，担保責任については，共同相続人間の公平をはかる見地から，売主と同様の担保責任をさだめる。911条は，遺産分割により相続人が取得した財産に瑕疵がある場合，他の共同相続人が売主と同様の担保責任を負うことをさだめる。遺産分割協議により取得した財産について，損失を被った相続人がある場合には，他の相続人は担保責任を負う。

　売主の担保責任については，追完請求権（562条），代金減額請求権（563条），損害賠償請求及び解除権の行使（564条）がある。相続人は，相続分に応じて担保責任を負う。この場合の相続分については，法定相続分や指定相続分によるのではなく，遺産分割の結果，各共同相続人が取得した財産の割合や，現実に各共同相続人が取得した財産の割合に応じて，担保責任を負うとする見解が多くみられる。

　遺産分割協議の結果，債権を取得した者が，当該債権を回収することができない場合には，912条により，各共同相続人は，その相続分に応じ，他の共同相続人が遺産の分割によって受けた債権について，その分割の時における債務者の資力を担保する。回収することができなかった債権額について，他の共同相続人は担保責任を負う。たとえば，相続人A・B・Cが，それぞれ1000万の金銭債権・500万の動産・500万円の動産を相続した場合において，Aが1000万円の金銭債権を回収することができなかった場合には，A・B：C＝2：1：1の割合となるので，Aは，B及びCに対して，各250万円を請求する。債権の売主の担保責任については569条においてさだめられているが，遺産分割協議における担保責任については912条にてさだめられている。弁済期に至らない債権及び停止条件付の債権は，各共同相続人が，弁済をすべき時における債務者の資力を担保する（912条2項）。担保の責任を負う共同相続人中に償還する資力のない者があるときは，その償還することができない部分は，求償者及び他の資力のある者が，それぞれの相続分に応じて分担する（913条）。相続人間の公平の見地からさだめられている。ただし，求

償者が，他の共同相続人に対する求償を怠ったなどの過失があるときは，他の共同相続人に対して分担を請求することができない。

共同相続人間の担保責任，債権についての担保責任，資力のない共同相続人がある場合の担保責任の分担については，被相続人が遺言で別段の意思表示をした場合には，適用されない。

第5　配偶者居住権

夫婦の一方が死亡した際，残された配偶者の居住権を保護するために，配偶者居住権が新設された（平成30年法律第72号）。本制度は，残された配偶者の居住権を保障するとともに，配偶者居住権を法定債権と構成することにより，老後の生活資金としての預貯金債権等の資産をもあわせて承継することを可能にする仕組みである。配偶者居住権には，遺産分割協議の終了時あるいは6か月のいずれか遅い日までの居住権を保障する配偶者短期居住権と，配偶者の終身の間の居住権を保障する配偶者居住権がある。

1　配偶者短期居住権

配偶者は，当該居住建物を相続または遺贈により取得した者（居住建物取得者）に対して，無償で使用する権利を有する（1037条1項，配偶者短期居住権）。本条の契機となったのは，最高裁平成8年判決である。本判決は，生前被相続人と同居していた相続人について，「遺産分割までは同居の相続人に建物全部の使用権原を与えて相続開始前と同一の態様における無償による使用を認めることが，被相続人及び同居の相続人の通常の意思に合致するといえる」として，被相続人の死亡時から遺産分割終了までの間は，被相続人の地位を承継した他の相続人等が貸主となり，右同居の相続人を借主とする右建物の使用貸借契約関係が存続することになるとした（最判平8・12・17民集50・10・2778）。

配偶者は，被相続人の財産に属した建物に相続開始の時に無償で居住していた場合には，①居住建物が共同相続人間で遺産分割をすべき場合には，遺産分割により建物の帰属が確定した日または相続開始の時から6か月を経過

する日のいずれか遅い日，②それ以外であれば配偶者短期居住権の消滅の申し入れがあった日から6か月を経過する日まで，建物に無償で居住することができる（1037条1項1号・2号）。

配偶者短期居住権にいう「配偶者」は，法律婚の配偶者であり，内縁の配偶者は含まない。被相続人が当該建物に対して所有権あるいは共有持分を有している必要があり，他方配偶者が実際に居住していることが必要である。

ただし，配偶者が相続開始時に，配偶者居住権を取得したとき，相続欠格若しくは廃除によって相続権を失ったときは，配偶者短期居住権は成立しない（1037条1項ただし書き）。本条にいう「遺贈」には，特定財産承継遺言も含まれる。

配偶者は，従前の用法に従い，善管注意義務を負う。配偶者短期居住権は，居住建物取得者が所有する建物を無償で使用する，使用貸借類似の権利であるから，第三者に居住建物の使用をさせることができない。ただし，居住建物取得者が承諾した場合は，この限りではない。配偶者短期居住権は譲渡することはできない（1041条による1032条2項の準用）。居住建物の修繕をする場合には，配偶者が必要な修繕をすることができ，配偶者が相当な期間内に修繕をしないときは居住建物取得者が修繕することができる（1041条による1033条の準用）。居住建物の修繕や税金の支払いなどにかかる通常の必要費は，配偶者が負担する（1041条による1034条1項の準用）。

配偶者が用法遵守義務や善管注意義務に違反したときは，居住建物取得者は，配偶者に対して意思表示をすることで，配偶者居住権を消滅させることができる（1038条3項）。配偶者短期居住権は，他にも，配偶者居住権の取得や配偶者の死亡，居住建物の全部滅失などによって消滅する。

配偶者は，配偶者短期居住権が消滅した場合には，居住建物の返還をしなければならない。配偶者が居住建物に共有持分を有する場合は，返還を求めることはできず，物権法の共有法理による。配偶者は，ほかに建物収去義務と原状回復義務を負う（1040条1項が599条1項及び2項を準用する，1040条2項が621条を準用する）。損害賠償請求権や費用償還請求権は，居住建物取得者が居住建物の返還をうけたときから1年以内に請求しなければならない（1041条が600条1項を準用する）。

居住建物取得者は，第三者に居住建物を譲渡する等，配偶者の居住建物の使用を妨げてはならない（1037条2項）。

2　配偶者居住権

被相続人の配偶者は，①被相続人の所有権または共有持分権に属する居住建物に，②相続開始時に，③居住し，④配偶者に配偶者居住権を取得させる旨の遺産分割，遺贈または死因贈与がある場合に，居住建物全部について無償で使用及び収益をする権利（配偶者居住権）を取得する（1028条）。

配偶者居住権の評価は，建物敷地の現在価値から負担付所有権の価値を控除した額である。たとえば被相続人の相続人が配偶者と子（1名）であり，相続財産が，自宅の評価額（4000万円），預貯金（4000万円）の合計8000万円である場合，自宅の評価額が，配偶者居住権（2000万円）と負担付所有権（2000万円）であれば，配偶者は，配偶者居住権2000万円と預貯金2000万円で合計4000万円，子は負担付の所有権2000万円と預貯金2000万円で合計4000万円を相続する。改正前は，妻が不動産を全部取得すると，預貯金の相続をすることができなかったが，配偶者居住権を債権類似の権利とすることで，生活費を確保することができることとなった。

配偶者居住権は，帰属上の一身専属権であり譲渡禁止である（1032条2項）。居住建物取得者との関係では，賃借権類似の法定債権であり，配偶者が債権者，居住建物所有者が債務者となる。配偶者は自己の具体的相続分として，配偶者居住権を取得する。

本条にいう「配偶者」は法律婚の配偶者であり，内縁の配偶者は含まれない。配偶者が被相続人と居住建物を共有していた場合には配偶者居住権が成立するが，被相続人が配偶者以外の者と共有していた場合には配偶者居住権は成立しない（1028条1項ただし書き）。配偶者が居住建物の所有権を取得することとなったが，他の者が共有持分を有する場合には，配偶者居住権は消滅しない（1028条2項）。遺言により配偶者居住権を取得するためには，遺贈または死因贈与によることとされている。特定財産承継遺言は本条にいう遺贈にはあたらないが，居住建物を相続させる旨の遺言があった場合には，配偶者居住権については遺言者の意思を尊重して，遺贈であると解する。

家庭裁判所は、①共同相続人間に配偶者が配偶者居住権を取得することの合意が成立しているとき、②配偶者が家庭裁判所に対して配偶者居住権の取得を希望する旨申し出た場合には、配偶者が配偶者居住権を取得する旨をさだめることができる。ただし、②の場合については、居住建物取得者の不利益と比較して、配偶者の生活を維持するために特に必要であるときに配偶者居住権をさだめることができるとされる（1029条）。

　配偶者居住権は、遺産分割若しくは遺言、家庭裁判所の遺産分割審判において別段の定めのない限り、配偶者の終身の間継続する（1030条）。居住建物所有者は、配偶者に対し、配偶者居住権の設定登記をそなえさせる義務を負う（1031条1項）。配偶者居住権の登記は第三者に対する対抗要件であり、配偶者居住権の登記を備えた配偶者は、第三者に対して、妨害停止請求や返還請求をすることができる（1031条2項の605条、605条の4準用）。

　配偶者は、居住建物の使用及び収益をすることができ、従前に居住の用に供していなかった部分についても居住の用に供することができる（用法遵守義務及び善管注意義務、1032条1項）。配偶者は、居住建物所有者の承諾があれば、居住建物の修繕および増築をし、第三者に使用または収益をさせることができる（1032条3項）。配偶者が、同条1項または3項の規定に違反した場合、居住建物取得者は、相当の期間を定めての是正勧告をへて、配偶者に対する意思表示により配偶者居住権を消滅させることができる（1032条4項）。

　配偶者は、居住建物の使用及び収益に必要な修繕をすることができる（1033条1項）。居住建物の修繕が必要であるにもかかわらず、配偶者が相当の期間内に必要な修繕をしない場合には、居住建物所有者が修繕をすることができる（1033条2項）。居住建物の修繕が必要であるにもかかわらず、配偶者が自ら修繕を行わない場合や、居住建物について権利を主張する者があるときは、配偶者は、遅滞なく、居住建物所有者にその旨を通知しなければならない（1033条3項、ただし居住建物所有者が知っている場合には除く）。

　配偶者が負担する「通常の必要費」は、595条1項の「通常の必要費」と同じであり、固定資産税等も含まれる（1034条）。有益費については、売主はその償還をしなければならない（ただし、裁判所は相当の期限を許与することができる、1034条2項が583条2項を準用する）。

配偶者居住権は，①存続期間の満了，②居住建物所有者からの消滅請求，③配偶者の死亡，④居住建物の全部滅失等により消滅する。配偶者居住権が消滅した時は，配偶者は，居住建物の返還をしなければならない（1035条）。配偶者は返還に当たり，居住建物に附属させたものについて収去義務を負う。また他に，配偶者は，居住建物について原状回復義務を負う（1035条2項）。使用貸借及び賃貸借の規定も準用される（1036条）。

　婚姻期間が20年以上の夫婦で，配偶者居住権が遺贈等の目的とされている場合には，持戻し免除の意思表示が推定される（1028条3項が903条4項を準用する）。婚姻期間が長期にわたる夫婦の場合，居住用不動産は，残される配偶者の生活保障のためにおこなわれることとなるであろう。居住用不動産について持戻し免除の推定をすれば，被相続人の意思を尊重した財産分割をすることが可能となる。

XII 遺　言

　明治時代，相続の柱は家督相続であり，「家」に属するほとんどの財産は家督が承継し，財産相続が行われることは多くなかった。戦後，「家」制度は廃止され，財産相続の条項が，現行法においても，さだめられることとなった。遺言は，被相続人が生前の意思をあらわしているものであり，遺言の内容をどのように実行するのか，どのように解釈するのか，すでに亡くなっている被相続人の，生前の姿を思い，慎重に判断することが求められる。最近では，デジタル技術を用いた新たな遺言の方式について，法制審議会が開かれ，新たな遺言の方式のあり方が模索されている。

第1　遺言の方式

1　遺言とは

　遺言は，遺言をする者（遺言者・表意者）の最終意思を尊重し，遺言書にあらわされた内容を実現するための制度である。遺言は，死因贈与（554条）とは異なり，遺言者の一方的な意思表示によりおこなわれ（相手方のない単独の意思表示），代理に親しまない。遺言行為は，遺言者の死後にその効力を発生する。遺言は，死者の最終意思を尊重する制度であることから，遺言者は，いつでもその内容を撤回することができる（遺言撤回の自由，1022条）。他方，遺言の効力は，遺言者の死後にその効力を発生することから，遺言者の真意を確認することができないおそれがある。960条は，ほかにも遺言の偽造や変造を防止するため，遺言の方式は，法律でさだめられた方式に従うことを求め，これに反する遺言書を無効とする（要式行為）。

　遺言書作成に当たり，詐欺または強迫により，遺言書作成を妨害した場合には相続欠格事由となる（891条，受遺欠格事由につき965条）。

遺言することのできる事項（遺言事項）は法律によってさだめられる。第1は，身分に関する事項であり，認知（781条2項），未成年後見人・未成年後見監督人の指定（839条1項・848条）がある。第2は，相続法にさだめられている遺言事項であり，推定相続人の廃除（893条），推定相続人の廃除の取消し（894条），相続分の指定（902条1項），遺産分割の禁止（908条），担保責任の定め（914条），第3に，遺言の作成にかかる遺言事項であり，遺贈（964条），遺言執行者の指定（1006条），配偶者居住権の存続期間（1030条）等がある。

遺言事項にない内容は，無効となる。たとえば，遺言書に「兄弟仲良く」と記しても，遺言書に記載される文言として法律上の効果は発生しない（付言事項）。祭祀財産の承継や，特別受益の相続分については，被相続人が異なった意思を表示したときは，これに従う（897条1項，903条3項）。

近代相続法では，所有者がその所有する財産を生前に処分する意思表示をするといった遺言相続が重要な位置を占めており，遺言がなかった場合には，法定相続により相続をおこなう（遺言優先の原則）。

遺言書は，遺言者が単独でおこなう必要があり，2人以上の者が同一の書面で遺言をすることはできない（共同遺言の禁止，975条）。共同遺言は無効となる。判例では，共同遺言であるかのような形式であるが，被相続人が相手方の氏名を書き加えたのは，相手方も同じ意思である旨を示す趣旨から書き加えたものと解するのが相当であるとして，単独の遺言として有効であると認めた事例や（東京高決昭57・8・27判時1055・60），罫紙を合綴し，一枚目から三枚目までは，夫名義の遺言書の形式のものであり，四枚目は妻名義の遺言書の形式のものであって，両者は容易に切り離すことができる，という遺言につき，共同遺言に当たらないとした事例がある（最判平5・10・19家月46・4・27）。

なお遺言書の文言から，遺言者の意思を明らかにすることができない場合には，遺言者の意思を尊重し，その真意を探求する。判例は，遺言の解釈には，遺言書の文言を形式的に判断するだけではなく，遺言書の全記載との関連，遺言書作成当時の事情及び遺言者の置かれていた状況などを考慮して遺言者の真意を探究し当該条項の趣旨を確定すべきものであると解するのが相当であるとしている（最判昭58・3・18家月36・3・143）。

15歳に達した者は，遺言をすることができる（遺言能力，961条）。未成年者であっても，15歳に達していれば，法定代理人の同意を得ずに，遺言をすることができる。

　成年被後見人は，遺言の際に一時的にも回復し遺言の内容を理解できる状態にあれば，有効な遺言をすることができる。遺言書作成に当たっては，医師2人以上の立会と，医師が，遺言書作成当時，遺言者が事理弁識能力を欠く状態になかったことを遺言書に付記し，署名・押印しなければならない（973条）。ただし，被後見人が，後見の計算の終了前に，後見人または配偶者若しくは直系卑属の利益となるべき遺言をしたときは，その遺言は無効となる（966条1項）。被後見人が，自らに利益とならない遺言をすることを避けるためである。後見人が直系血族，配偶者または兄弟姉妹である場合には，遺言は無効とならない（966条2項）。被保佐人・被補助人は，5条・9条・13条・17条に列挙される遺言をした場合であっても，遺言を取り消すことはできない（962条）。

　遺言者は，遺言の際にその能力を有しなければならない（遺言能力，963条）。判例では，遺言能力とは，遺言事項を具体的に決定し，その法律効果を弁識するのに必要な判断能力すなわち意思能力と解されるとしたうえで，意思能力の有無については，遺言時を基準とし，各対象遺言の各時点における遺言者である被相続人の病状，精神状態等，遺言の内容，遺言をするに至った経緯等をふまえ，遺言能力を喪失するに至っていたかどうかを判断することとなるとする（東京地判平28・12・7　LEX/DB　25550119，高齢者の遺言能力につき，遺言者の病状の経過，CT検査等の客観的所見をもとに判断した事例として，東京高判平21・8・6判タ1320・228）。

2　遺言の方式

　遺言の方式は，普通方式と特別方式に分けられる。普通方式には，自筆証書遺言（968条）・公正証書遺言（969条）・秘密証書遺言（970条）がある。特別方式は，隔絶地遺言と危急時遺言に分けられる。隔絶時遺言は，一般隔絶地遺言（977条），在船者遺言（978条）に分けられる。危急時遺言は，死亡危急時遺言（第976条）と船舶遭難者遺言（979条）に分けられる。他には，領事方式

遺言（984条）がある。

(1) 普通方式遺言
(a) 自筆証書遺言

自筆証書遺言は，遺言者が，全文・日付・氏名を自書し，印を押し作成する（968条1項）。全文とは，遺言事項が記されている本文のことをいう。

遺言書は自書により作成されなければならない。自らが作成する必要があり，タイプライター・ワープロ等の利用は無効とされる。遺言の全文・日付及び氏名をカーボン紙により作成しても自書の要件に欠けるところはない（最判平5・10・19家月46・4・27）。遺言書作成当時，病気その他の理由により，他人の「添え手」より作成された自筆証書遺言は，①遺言者が証書作成時に自書能力を有し，②遺言者は添え手をした他人から単に筆記を容易にするための支えを借りただけであり，③添え手をした他人の意思が介入した形跡のない場合には，自筆証書遺言は有効となる（最判昭62・10・8民集41・7・1471）。

日付は，遺言能力の有無を確認するためや，複数の遺言を発見した場合の，遺言の先後関係を確定させるための基準となることから，年・月・日で示される。日の記載がない場合には無効となり，「昭和四拾年七月吉日」といった自筆証書遺言は無効となる（最判昭54・5・31民集33・4・445）。自筆証書遺言に記載された日付が真の作成日付と異なる場合であっても，遺言証書その他の記載から，誤記であることが判明すれば，遺言は有効となる（最判昭52・11・21家月30・4・91）。

氏名は，遺言者が遺言書を作成していることを明らかにし，遺言者の真意によるものであることを明確にする。遺言者と本人が同一であることが確認できれば，戸籍名でなくとも，ペンネームでも，芸名でもよい。他人との混同が生じないのであれば，氏または名のみでもよい（大判大4・7・3民録21・1176）。

押印も，遺言者の真意によるものであることを明確にするために必要とされる。押印は，遺言者が印章に代えて拇指その他の指頭に墨・朱肉等をつけて押捺することをもって足りる（最判平元・2・16民集43・2・45）。判例では，遺言書の本文の自書名下には押印をしなかったが，遺言書を入れた封筒の封じ

目に押印したものにつき，自筆証書遺言の押印にあたるとした事例（最判平6・6・24家月47・3・60）や，花押を書くことは，印章による押印と同視することはできないとして，押印と認めなかった事例（最判平28・6・3民集70・5・1263）等がある。

　自筆証書遺言に相続財産目録を添付する場合には，相続財産目録を自書することを要しない（968条2項）。改正前はすべて自書をすることとされていたが，遺言者の負担となり，自筆証書遺言の利用を阻害していることから，方式を緩和した。相続財産目録が複数枚になる場合には，その目録の毎葉に署名し，印を押さなければならない。

　自筆証書遺言の内容について加除その他の変更をおこなう場合には，遺言者は，その場所を指示し，変更した旨を付記して署名し，変更の場所に印を押さなければ，その効力を生じない（967条3項）。

　遺言者は，法務局の遺言書保管所に，自筆証書遺言の保管を申請することができる（法務局における遺言書の保管などに関する法律4条）。本法律は，相続をめぐる紛争防止の観点から，自筆証書遺言の原本及びデータを保管し，また，保管の際には，方式について全文・日付及び氏名の自書・押印の有無などの外形的な確認をおこなう。そのため，遺言書保管所に保管されている自筆証書遺言は，検認（1004条）が不要となる。ただし，遺言書の有効性について確認するものではない。遺言書保管所が保管することにより，相続人に発見されるおそれがなく，遺言書の改ざんも防止することができる。

(b) 公正証書遺言

　公正証書遺言は，証人2人以上の立会のもと，遺言者が遺言の趣旨を公証人に口授することによっておこなわれる（969条1項）。遺言の趣旨とは，遺言の内容のことをいう。遺言の内容について具体的に公証人に口授（口頭でのべること）する。公正証書の作成に係る一連の手続きのデジタル化に伴い，公正証書の作成について，公証人法の規定と重複する定めについては，民法の該当部分を削除し，公証人法の規定によることとなった（同条2項）。公証人による筆記，読み聞かせ及び閲覧は，公証人法37条1項及び40条1項により，遺言者及び証人による筆記の正確なことの承認，署名及び押印については公証人法40条1項及び同条5項による。公証人による付記並びに署名及び押

印については，公証人法40条4項により，電磁的記録により公証人が電子署名をおこなう。また，公証人法37条2項及び40条3項では，ウエブ会議による公正証書遺言の作成が可能となる。

969条1号における証人は，公証人法30条にさだめる証人とみなされ，同法の規定が適用される（969条3項，証人の欠格事由につき974条）。

口がきけない者が公正証書遺言を作成する場合は，公証人の面前で，遺言の趣旨を通訳人の通訳により申述し，または自書して，口授にかえなければならない（969条の2第1項，公証人の記録方法につき同条2項）。

(c) 秘密証書遺言

秘密証書遺言は，①遺言者が，その証書に署名し，印をおし，②遺言者が，その証書を封じ，証書に用いた印章をもって封印し，③遺言者が，公証人1人及び証人2人以上の前に封書を提出し，自己の遺言書である旨並びにその筆者の氏名及び住所を申述し，④公証人が，提出された証書の日付及び遺言者の申述を封紙に記載した後，遺言者及び証人とともに署名し，印を押すことによって作成する（970条1項）。口がきけない者が秘密証書遺言を作成する場合には，遺言者は，公証人及び証人の前で，通訳人の通訳により，申述しまたは封紙に自書して，申述に代えなければならない（972条）。

なお，秘密証書遺言は，方式に欠けるところがあっても，自筆証書遺言にさだめる方式を具備しているときは，自筆証書による遺言として有効となる（無効行為の転換，971条）。

(d) 証人及び立会人の欠格事由

遺言の証人または立会人は，①未成年者，②推定相続人及び受遺者並びにこれらの配偶者及び直系血族，③公証人の配偶者，四親等内の親族，書記及び使用人は，なることができない（974条）。本条にさだめる者が証人および立会人となった場合には，遺言は無効となる。法律でさだめられた証人及び立会人が立ち会っている他に，欠格事由のある者が事実上立ち会っていた場合については，遺言の内容が左右されるなどの特段の事情がない限り，公正証書遺言は無効とはならない（最判平13・3・27家月53・10・98）。目が見えない者は，公証人による筆記の正確なことの承認が，遺言者の口授したところと公証人の読み聞かせたところとをそれぞれ耳で聞き両者を対比することで足り

ることから，欠格者とはいえない（最判昭 55・12・4 民集 34・7・835）。

(2) 特別方式遺言
(a) 隔絶地遺言
隔絶地遺言には，一般隔絶地遺言（977 条）と在船者遺言（978 条）がある。

一般隔絶地遺言では，伝染病のため行政処分によって交通を断たれた場所にある者について，遺言書の作成方法をさだめる（977 条）。伝染病のみならず，社会との交通が断たれた状況にあり，法律行為をすることができない場合であれば本条が適用される。遺言書の作成に当たっては，警察官1人及び証人1人以上の立会いを必要とする。船舶中にある者については，船長または事務員1人及び証人2人以上の立会いで，遺言書を作ることができる（978 条）。

遺言書作成に当たっては，遺言者，筆者，立会人及び証人が，遺言書に署名し，押印しなければならない（980 条）。署名または押印することができない者がある場合には，立会人または証人は，その事由を付記しなければならない（981 条）。ただし，検認は必要となる（1004 条）。いずれの遺言においても，普通方式によって遺言をすることができるようになった時から 6 ヵ月間生存した場合には，効力を生じない（983 条）。

(b) 危急時遺言
危急時遺言は，死亡危急時遺言（976 条）と船舶遭難者遺言（979 条）に分けられる。疾病その他の事由によって死亡の危急に迫った者は，証人3人以上の立会をもって，そのうちの1人に遺言の趣旨を口授して，遺言書を作成することができる。口授を受けた者は，これを筆記し，遺言者及び証人に読み聞かせ，または閲覧させ，各証人がその筆記の正確なことを承認した後，署名し，押印しなければならない（976 条 1 項）。口がきけない者や耳が聞こえない者については，通訳人の通訳により，死亡危急時遺言を作成することができる（同条 2 項・3 項）。死亡危急時遺言は，家庭裁判所の確認を必要とする。証人の1人または利害関係人は，遺言の日から 20 日以内に家庭裁判所に請求し，その確認を得なければ効力を生じない（同条 4 項）。家庭裁判所は，当該遺言が，遺言者の真意に出たものであるとの心証を得なければ，遺言を確認

することができない（同条5項）。

　船舶中にあって死亡の危急に迫った者は，口頭で遺言をすることができる。証人2人以上の立会いを必要とする（979条1項）。口がきけない者が遺言をする場合は，通訳人の通訳により遺言をおこう（同条2項）。遺言は，証人がその趣旨を筆記して署名押印し，証人の1人または利害関係人から遅滞なく家庭裁判所に請求してその確認をうけなければ効力を生じない（同条3項）。家庭裁判所は，遺言者の真意に出たものであるとの心証がなければ，遺言書を確認することができない（979条4項による976条5項の準用）。遺言者が普通方式によって遺言をすることができるようになった時から6ヵ月間生存している場合には，効力を生じない（983条）。

3　遺言の効力

　遺言は，遺言書が作成された時点で成立し，遺言者の死亡時から効力を生じる（985条1項）。遺言はいつでも遺言者が自由に撤回することができる（1022条）。遺言に停止条件が付されている場合において，条件が遺言者の死亡後に成就したときは，無条件の遺言となり，遺言は条件が成就したときからその効力を生じる（985条2項）。判例においては，遺言者の生存中に遺言の無効確認が争われた事例につき，「遺言者の生存中は遺贈を定めた遺言によって何らかの法律関係も発生しないのであって，受遺者とされた者は，何らかの権利を取得するものではなく，単に将来遺言が効力を生じたときは遺贈の目的物である権利を取得することができる事実上の期待を有する地位にあるにすぎない」として，遺言者の生存中，遺言は効力を生じないとする（最判平11・6・11家月52・1・81）。遺言により贈与があった場合（遺贈），遺言者の死亡により遺贈の目的となっている財産は，受遺者に移転する（物権的効力説，大判大5・11・8民録22・2078）。

（1）　遺言の無効と取消し

　遺言は，法律にさだめられた方式にしたがい作成しなければならない（要式性，960条）。方式違反により作成された遺言は無効となる。

　遺言は，遺言者による意思表示をともなう法律行為であり，遺言の性質や

内容に反しなければ，財産法における無効・取消しの規定が適用される。ただし，身分に関するさだめについては，財産法の規定は適用されない。

遺言は，方式違背のほか，意思能力のない者が遺言をした場合（3条の2），遺言能力のない者が遺言をした場合（961条・963条），公序良俗（90条）・強行法規に反した遺言をした場合，被後見人による後見の計算終了前に，後見人またはその配偶者・直系卑属の利益となるべき遺言をなした場合（966条1項）にも無効となる。錯誤や詐欺・強迫により遺言をした場合には，取消すことができる（95条・96条）。

(2) 遺言の撤回

遺言者は，いつでも，遺言の方式にしたがって，遺言の全部または一部を撤回することができる（1022条）。遺言は，遺言者の生存中の意思表示を尊重するものであり，死亡時の意思と遺言作成時の意思が異なることを避けるために，遺言者は生存中，いつでも遺言の撤回をすることができる。遺言者は遺言を撤回する権利を放棄することができない（1026条）。

遺言者は，理由を問わず，何回でも，遺言を撤回することができる。撤回権者は遺言者自身である。撤回は，遺言の方式にしたがっておこなわなければならず，他の態様によって撤回しても，撤回の効力を生じない。

なお，民法は，一定の事実があった場合には，遺言を撤回したものとみなしている（法定撤回）。遺言は，遺言者の最終意思を担保するものであるから，遺言者死亡後の争いを避けるため，撤回を擬制する。

第1に，遺言書が複数作成され，前の遺言と後の遺言が抵触するときは，抵触する部分については，後の遺言で前の遺言を撤回したものとみなす（1023条1項）。抵触とは，前の遺言と後の遺言が両立しないことが明らかな場合をいう（大判昭18・3・19民集22・185）。また遺言者が，生前処分その他，前の遺言と抵触するような法律行為をした場合について準用される（同条2項）。生前処分は，遺言者自身がおこなったことが必要であり，所有物の譲渡，地上権の設定等があり，有償・無償の別はない。その他の法律行為とは，生前処分にかからない一切の法律行為とされ，祭祀主宰者の指定や身分行為をいう。生前処分その他の法律行為が，抵触するか否かは，前の遺言と生前処分その

他の法律行為が抵触しているか否かで判断する。判断基準は，前掲昭和18年判決によるが，いずれにしても，遺言を解釈し，遺言者の真意を探求し，その趣旨を確定すべきである（最判昭58・3・18家月36・3・143）。

　第2に，遺言者が故意に遺言書を破棄したときは，その破棄した部分については，遺言を撤回したものとみなされる（1024条）。遺言者が故意に遺贈の目的物を破棄したときも遺言を撤回したものとみなされる。破棄とは，遺言書自体を破棄することの他，遺言書を識別不能な状態にすることをいう。

　判例では，遺言者が自筆証書遺言の文面全体に故意に斜線をひいたことにつき，故意に遺言書を破棄したときに該当するとした（最判平27・11・20民集69・7・202）。

　撤回された遺言は，撤回された範囲で失効する。いったん撤回された遺言は，その撤回の行為を撤回したり，取消したり，また，効力を生じないような状態になった場合であっても，その効力を回復しない（非復活主義，1025条）。ただし，その行為が，錯誤，詐欺または強迫にもとづいておこなわれている場合には，効力を回復する（1025条ただし書き）。遺言者の意思を尊重するのであれば，新たに遺言書を作成するほうが，意思を確実に尊重することができること，撤回が複数回行われれば，遺言者の意思が不明確になるおそれがあるからである。判例では，第1遺言を撤回し，第2遺言を作成した遺言者が，さらに第2遺言を撤回し，第3遺言を作成した事案において，遺言書の記載に照らし遺言者の意思が原遺言の復活を希望することが明らかであるときには，原遺言の効力の復活を認めるとした（最判平9・11・13民集51・10・4144）。

　なお，死因贈与については遺贈に関する規定が準用される（554条）。死因贈与の取消しについては，遺言の取消に関する方式の部分をのぞいて，1022条が準用される（最判昭47・5・25民集26・4・805）。負担付死因贈与の場合は，負担の履行期が生前であり，すでに受贈者が負担を履行しているのであれば，特段の事情がない限り，1022条・1023条の規定は適用されない（最判昭57・4・30民集36・4・763）。

　これに対し，負担付遺贈については，負担付遺贈を受けた者が，その負担した義務を履行しないときに，相続人は，相当の期間を定めて履行の催告をし，その期間内に履行がない場合には，負担付遺贈にかかる遺言の取消しを

家庭裁判所に請求することができる（1027条）。負担は，遺贈の反対給付や対価ではないため，負担を履行しない場合であっても，遺贈の履行を遺贈義務者は拒むことはできない。しかしながら，遺言者は，負担と遺贈を関連するものとしていることがあることから，本条では，負担の履行がない場合に，相続人は，遺言の取消しを請求することができるとした。

4 特定財産承継遺言

遺言書においては，「全財産をAに相続させる」や，「甲不動産をAに相続させる」などと記される場合がある（いわゆる「相続させる」旨の遺言）。

判例においてこのような文言が記された場合に，承継の対象とされた不動産を遺贈と解するか，遺産分割方法の指定と解するかが争われていた。

判例においては，「特定の遺産を特定の相続人に単独で相続により承継させようとする遺言は，各般の事情を配慮しての被相続人の意思として当然あり得る合理的な遺産の分割の方法をさだめるもの」であるから，相続財産が相続人に相続により承継されたと解すべきであるとした。判例によれば，当該相続財産は，遺産の一部である当該遺産を当該相続人に帰属させる遺産の一部の分割がなされたのと同様の遺産の承継関係があるとし，特段の事情のない限り，何らの行為を要せずして，被相続人の死亡の時に直ちに当該遺産が当該相続人に相続により承継されるものとする。ただし，相続人には，相続放棄の自由があり，遺留分侵害額請求権の行使を妨げない（最判平3・4・19民集45・4・477）。

相続させる旨の文言がある遺言により，不動産の権利を取得した場合には，法定相続分を超える部分については，登記をしなければ第三者に対抗することができない（899条の2第1項）。

遺言者よりも当該相続人が先に死亡した場合には，「当該遺言に係る条項と遺言書の他の記載との関係，遺言書作成当時の事情及び遺言者の置かれていた状況などから，遺言者が，上記の場合には，当該推定相続人の代襲者その他の者に遺産を相続させる旨の意思を有していたとみるべき特段の事情のない限り，その効力を生ずることはないと解するのが相当である」として，代襲相続を認めていない（最判平23・2・22民集65・2・699）。

なお，遺産に属する特定の財産を共同相続人の1人または数人に承継させる旨の遺言を，特定財産承継遺言という（1014条2項）。特定財産に関する遺言の場合，遺言執行は特定の財産にのみ執行されることをさだめている（1014条1項）。

第2 遺 贈

1 遺贈とは

遺言者は，遺言書中で，財産を他者に無償で与えることができる（964条）。このように，遺言によって他者に財産を無償で譲渡することを，遺贈という。

遺贈は相手方のない単独行為であり，遺言によって遺贈をうける者を，受遺者という。受遺者は，自然人のほか法人でもよいが，遺言の効力発生時に存在していなければならない。胎児も，すでに生まれたものとみなされ，受遺者となる（886条）。受遺者であっても，相続欠格事由に該当する場合には，遺贈を受けることができない（受遺欠格，891条の準用）。遺贈を履行する義務は，相続人が負う（遺贈義務者，包括受遺者につき990条）。遺言執行者がある場合には，遺言執行者が遺贈の義務を負う（1012条2項）。

遺贈の効力は，遺言者の死亡の時からその効力を生ずる（985条1項）。そのため，遺言者の死亡以前に受遺者が死亡したときは，その効力を生じない（994条1項）。遺贈に停止条件が付されている場合には，条件が成就した時からその効力を生ずる（同条2項）。ただし，受遺者が条件の成就前に死亡したときは，その効力を生じない（994条2項，遺言に別段の意思表示がある場合はのぞく）。

遺贈には，包括遺贈と特定遺贈がある。包括遺贈は，遺産の全部あるいは一定割合を受遺者に与える遺贈をいう。包括遺贈は，さらに，遺産の全部を遺贈する全部包括遺贈と，遺産の一部割合を遺贈する割合的包括遺贈にわけられる。特定遺贈は，遺贈のうち，特定された物や利益を与えることをいう。

2 包括遺贈

包括遺贈により，遺産の全部あるいは一定割合を遺贈される者を，包括受遺者という。相続人と同一の権利義務を有する（990条）。包括受遺者は，遺贈

の事実を知るか知らないかにかかわらず，遺贈により遺産の全部あるいは一定割合を当然に承継する（物権的効力）。

遺言者の遺言中に，包括遺贈のほか，特定遺贈もある場合には，包括受遺者は遺贈義務者となる。また，ほかに，相続人がある場合には，その者と共同相続したことになり，遺産分割によって，共有状態を解消させる。

包括受遺者は，承認および放棄をすることができる。この場合は，915条が適用され，自己のために包括遺贈があったことを知った時から3か月以内に，包括遺贈の承認および放棄をする必要がある。熟慮期間を過ぎれば，単純承認したものとみなされる（921条）。包括受遺者が遺贈を放棄した場合には，包括受遺者が受けるべきであったものは，相続人に帰属する（995条本文，遺言に別段の定めがある場合を除く（995条ただし書き））。

包括受遺者は法人もなることができる。包括遺贈の目的について，かつて判例では，婚姻外の関係にある女性に包括遺贈をした事例につき，公序良俗（90条）に反して無効かが争われたが，女性の生活を保全するためにされたものであること，相続人らの生活の基盤を脅かすものとはいえないこと等から，原則として公序良俗に反して無効となるが，必ずしも90条に反し無効であると解すべきではないとした（最判昭61・11・20民集40・7・1167）。

包括受遺者は，相続人ではないため，遺留分権はなく，代襲相続も発生しない。包括遺贈により不動産を取得した場合には，登記がなければ，第三者に所有権の取得を対抗することができない（相続による所有権の取得に関する899条の2は適用されない）。

3　特定遺贈

遺言者が，遺産の特定された物や利益を与えることを特定遺贈という。特定遺贈により特定された遺産を遺贈される者を，特定受遺者という。遺言者の死亡時に，特定遺贈の目的たる財産は受遺者に移転する（物権的効力，大判大5・11・8民録22・2078）。不動産の遺贈をうけた場合には，所有権移転登記をしなければ，第三者に所有権取得を対抗することができない（最判昭39・3・6民集18・3・437）。

受遺者は，遺言者の死亡後，いつでも，遺贈の放棄をすることができる（986

条1項)。遺贈の放棄についてさだめられる形式はないが，受遺者の単独の意思表示による。特定遺贈の放棄は，遺言者の死亡のときにさかのぼって効力を生ずる（遡及効，同条2項)。ただし，遺贈の放棄に期間のさだめがないことにより，利害関係人（遺贈義務者，遺贈義務者の債権者等）が不安定な立場に置かれることとなるため，遺贈義務者その他利害関係人は，受遺者に対して，相当の期間を定めて，遺贈の承認または放棄をするべき旨を催告することができる。当該期間内に，受遺者が意思表示をしない場合には，遺贈を承認したものとみなされる（987条)。受遺者が遺贈の承認または放棄をしないで死亡したときは，その相続人が，遺贈の承認または放棄をすることができる。承認または放棄の範囲は，自己の相続権の範囲内であるから，相続人が数人ある場合には，各相続人は，各自の相続分にしたがって受遺者を相続する（988条，遺言に別段の意思表示がある場合にはその意思にしたがう)。

遺贈の承認または放棄は，撤回することができない（989条1項)。ただし，総則及び親族編の規定により遺贈の承認または放棄をすることは可能であり，追認をすることができるときから6か月間行使しないときは，取消権は時効によって消滅する。相続の承認または放棄の時から10年を経過したときも取消権は消滅する（989条2項による919条2項・3項の準用)。

受遺者は，遺贈が弁済期に至らない間は，遺贈義務者に対して相当の担保を請求することができる。本条は，遺贈が遺言の効力発生時よりも遅くなされる場合で，遺贈義務者が無資力になり遺贈されないおそれがある場合に，受遺者を保護するために設けられた。停止条件付の遺贈についてその条件の成否が未定である間についても，同様である（991条)。

受遺者は，遺贈の履行を請求することができるときから，果実を取得する（果実収取権，992条)。果実には，法定果実のみならず天然果実も含まれる。

遺贈義務者が，遺言者の死亡後に，遺贈の目的物について費用を支出した場合，必要費については，果実の価格をこえない範囲で，その費用を償還させ，有益費については，価格の増加が現存する場合に限り，所有者の選択に従い，支出額または増額を償還させることができる（993条1項による299条の準用，993条2項)。

遺贈の目的物が，遺言者の死亡時に相続財産に属していなかった場合には，

遺贈の効力は生じない（他人物遺贈）。ただし，遺言者の意思を広く尊重し，その権利が相続財産に属していない場合であっても，遺贈の目的としたと認められる場合には，遺贈の目的とする（996条）。この場合，相続財産に属しない権利であっても，遺贈義務者は，権利を取得し受遺者に移転する義務を負う（997条1項）。権利を取得するにあたり，過分の費用を要する場合には，遺贈義務者がその価額を弁償する（997条2項，遺言に別段の意思表示がある場合につき，同条2項ただし書き）。

遺贈の目的である物または権利は，遺贈義務者が，相続開始時の状態で引き渡し，または移転する義務を負う（998条，遺言に別段の意思表示がある場合につき同条ただし書き）。遺贈の目的物が不特定物である場合であっても，特定した場合には，特定された時の状態で引き渡しまたは移転する義務を負う。

遺言者が，遺贈の目的物の滅失若しくは変造またはその占有の喪失によって第三者に対して償金請求権を有する場合には，その権利を遺贈の目的と推定する（999条1項，付合または混和した場合につき同条2項）。償金請求権には，保険金請求権や，第三者の不法行為による損害賠償請求権等があげられる（物上代位）。遺贈の目的物が債権であり，遺言者がすでに弁済をうけ，かつ受け取った物が相続財産中にある場合には，その物を遺贈の目的物と推定する（1001条1項，金銭を目的とする債権について同条2項）。

4 負担付遺贈

遺言者は，一定の負担を受遺者に課して，遺贈をすることができる（負担付遺贈）。負担付遺贈を受けた者は，遺贈の目的の価額を超えない限度においてのみ，負担した義務を履行する責任を負う（1002条1項）。目的物の価格が相続の限定承認または遺留分回復の訴えによって減少した場合には，減少の割合に応じて，負担した義務を免れる（1003条本文）。

負担付遺贈は，たとえば「遺言者A所有の土地建物を子Cに相続させる。子Cは母Bの生存中は，母Bに毎月15万円を送金するものとする」などとされる。この場合，Cは受遺者で，Bは，Cが負担を履行することにより利益を受けることから，受益者となる。受遺者が遺贈の放棄をしたときは，受益者は，自ら受遺者となることができる（同条2項，遺言者が遺言に別段の意思を表

示したときにつき同条2項ただし書き）。本条は，受遺者が遺贈の放棄をすれば，遺贈の目的物は相続人に帰属し（995条），相続人にも相続の承認・放棄の選択権があることから，受益者の権利を保護するためにもうけられた。

第3　遺言の執行

1　遺言の執行

　被相続人の死亡後，遺言書がある場合には，遺言書の内容を実現する必要がある。遺言の執行とは，被相続人の死亡により効力を生じた遺言書の内容を実現することをいう。遺言書の保管者は，①相続の開始を知った後，②相続人が遺言書を発見した後，遅滞なく，家庭裁判所に提出して，遺言書の検認手続きを請求しなければならない（1004条1項）。

　遺言書の検認手続きは，遺言書の方式等の状態を確認して，以後の偽造や変造を防止するためや，遺言書を保存するため，利害関係人に遺言書があることを知らせるためにおこなわれる。検認手続きは遺言書を有効にするものではなく，検認を受けた遺言書であっても，遺言の効力を争うことは可能である。公正証書遺言は公証人役場にて作成されることから，検認手続きは不要となる（同条2項，大決大4・1・16民録21・8）。遺言書保管所に保管されている遺言書についても，検認は不要である（法務局における遺言書の保管等に関する法律11条）。封印のある遺言書は，家庭裁判所において，相続人または代理人の立会のもと，開封することができる（同条3項，なお1005条により，手続きに反する場合には5万円以下の過料に処せられる）。

2　遺言執行者の選任

　遺言執行者は，遺言により指定する（1006条1項）。遺言執行者は，1人または数人でもよいし，法人でもよいが，未成年者及び破産者は，遺言執行者となることができない（1009条）。指定時に未成年者及び破産者であったとしても，就職承諾時に成年者及び破産者が復権している場合には，指定は有効とされる。遺言執行者がないとき，またはなくなったときは，家庭裁判所は，利害関係人の請求によって，遺言執行者を選任することができる（1010条，遺

言による認知について戸籍法64条・65条）。

　遺言執行者の指定を第三者に委託することもできる。遺言執行者の指定を委託された者は，遅滞なく，遺言執行者を指定して，相続人に通知しなければならない（1006条2項）。遺言執行者の指定を委託された者が，その委託を辞する場合にあっても，遅滞なくその旨を相続人に通知しなければならない（1006条3項）。

　就職を承諾した遺言執行者は，承諾した時点から任務をおこなわなければならない（1007条1項）。遺言執行者が，その任務を開始したときは，遅滞なく，遺言の内容を相続人に通知しなければならない（1007条2項）。相続人その他の利害関係人は，遺言執行者に対して，相当の期間をさだめて，遺言執行者への就職を承諾するか否かの催告をすることができる（1008条本文）。この場合，遺言執行者から確答を得られない場合には，就職を承諾したものとみなされる（1008条ただし書き）。

　就職を承諾した遺言執行者は，相続財産の状況を明らかにし，遺言執行者の職務権限の範囲を明確にするために，遅滞なく，相続財産目録を作成し，相続人に交付しなければならない（1011条1項）。相続人からの請求があれば，遺言執行者は，相続人の立会のもと，相続財産目録を作成するか，または公証人に相続財産目録を作成させなければならない（1011条2項）。

　遺言執行者は，①自己の責任，②やむを得ない事由があるときは，第三者にその任務を負わせることができる（復任権，1016条）。②の場合には，遺言執行者は，選任及び監督についてのみ責任を負う。

　遺言執行者は，報酬を得ることもできる（1018条1項）。遺言執行者の報酬については，①遺言によって，②家庭裁判所によってさだめられる。家庭裁判所による報酬の決定では，相続財産の状況その他の事情が考慮される（1018条2項による，648条2項及び3項並びに648条の2の準用）。遺言執行に要する費用は，相続財産の負担となる（1021条，遺留分につき同条ただし書き）。

3　遺言執行者の権利義務

　遺言執行者は，遺言の内容を実現するため，遺言執行に必要な一切の行為をする権利義務を有する（1012条1項）。遺言執行者の権利義務には，相続財産

の管理権，相続財産を売却する等の処分権など，遺言執行に必要な一切の行為が含まれる。相続人は，遺言執行者がおこなう，相続財産の処分その他遺言の執行を妨げるべき行為をすることができず（1013条1項），これに反する行為は無効となる（1013条2項本文，大判昭5・6・16民集9・550，相続人の債権者による権利行使につき1013条3項）。遺言執行者がその権限内においておこなった行為は，相続人に対して，直接にその効力を生ずる（1015条，遺言執行者の責務として最判昭30・5・10民集9・6・657）。

遺贈の履行については，遺言執行者がある場合には，遺言執行者のみがこれをおこなうことができる（1012条2項）。遺贈については，包括遺贈であっても特定遺贈であっても，本条が適用される。包括遺贈は，相続人と同一の権利義務を有するとされているが（990条），所有権移転登記については，受遺者と遺言執行者または相続人とが共同申請するとされており（不動産登記法60条），これは特定遺贈の場合と異なるところがないため，いずれの遺贈にあっても，遺言執行者のみが遺贈義務者となる（遺言執行者の被告適格につき，最判昭31・9・18民集10・9・1160，最判昭43・5・31民集22・5・1137）。遺言執行者には，委任の規定が準用される（1012条3項による644条，645条から647条まで及び650条の準用）。

特定財産承継遺言については，相続財産のうち特定の財産について適用される（1014条1項）。遺言執行者は，対抗要件を備えるために必要な行為をすることができる（同条2項）。特定財産承継遺言の登記手続きについては，不動産登記法63条3項が単独での登記申請を認めている。判例では，当該不動産が被相続人名義である限りは，遺言執行者の職務は顕在化せず，遺言執行者は登記手続をすべき権利も義務も有しないとされていたが（最判平7・1・24集民174・67），このことにより，特定財産承継遺言について遺言執行が当然に不要となることはなく，不動産の所有権移転登記を取得させることは，民法1012条1項にいう「遺言の執行に必要な行為」に当たり，遺言執行者の職務権限に属するものと解するのが相当であるとする（最判平11・12・16民集53・9・1989）。特定財産が預貯金債権である場合には，他に，①預金または貯金の払戻し請求，②貯金の全部が特定財産承継遺言の目的である場合には，貯金に係る契約の解約の申入れをすることができる（1014条3項）。遺言に別段の意

思表示がある場合には，これによる。

4　遺言執行者の解任・辞任

　遺言執行者の解任は，利害関係人が，解任を家庭裁判所に請求をすることによりおこなわれる（1019条1項）。遺言執行者がその職を辞する場合には，家庭裁判所の許可を得る必要がある（1019条2項）。遺言執行者の解任は，利害関係人が，①任務の懈怠，②正当な事由，のいずれかの事由により請求する。遺言執行者の辞任には，正当な事由があることが求められる。遺言執行者の任務は，遺言執行者の執行の終了，死亡，辞任・解任，破産開始によって終了となる（任務終了後の処分につき，1020条による654条及び655条の準用）。

XIII　遺留分

> 明治民法においても，遺留分は，被相続人が自由意思により処分することができない財産の割合であるとされていた。戦後，家督相続制度は廃止され，法定相続主義の考え方が踏襲され，法定相続人が遺留分権を有するという考え方が残った。遺留分は，おもに，残された家族の生活保障や潜在的持分の清算などの意味合いを有することとなり，遺留分放棄の規定が新設された。遺留分制度は平成30年，遺留分制度の目的にそって，また現在のわたくしたちの生活に鑑みて，改正がなされた。

第1　遺留分とは

　遺留分とは，相続財産について遺留分権利者が有する一定の割合のことをいう。被相続人には財産処分の自由があり，被相続人が有する財産を生前に指定する者に処分することができる。他方，相続法においては，法定相続人が法定相続分により，相続をすることができる旨さだめられている。これは，残された家族の生活保障や潜在的持分の清算などのためにさだめられている側面もある。被相続人が財産を生前に処分すれば，法定相続人の生活や潜在的持分がおびやかされることも発生する。遺留分は，被相続人の財産処分の自由を尊重するとともに，被相続人の生活保障や潜在的持分の要請も考慮し，一定範囲の法定相続人について，遺留分を確保する制度である。
　改正前の遺留分制度では，遺留分権利者及びその承継人は，遺留分を保全するのに必要な限度で遺留分減殺請求権を行使することができるとされていた（遺留分減殺請求権，改正前1031条）。遺留分減殺請求権の法的性質は，形成権であるとされ，その権利の行使は受贈者または受遺者に対する意思表示でたり，必ずしも裁判上の請求による必要はなく，また意思表示をすれば，法律

上当然に減殺の効力を生ずると解されていた（最判昭41・7・14民集20・6・1183）。たとえば、被相続人が、相続人である子A・Bのうち、Aに土地建物（評価額8000万円）を相続させる旨の遺言をしたため、子BがAに対して遺留分侵害額請求権を行使した場合、改正前は、遺留分減殺請求権の行使により土地建物はA・Bの共有となっていた（現物返還主義）。これを免れるためには、目的の価額を遺留分権利者に弁償して返還の義務を免れることができたが（改正前1040条1項）、事業承継の妨げとなっていると指摘されていた。改正後は、遺留分権利者及びその承継人は、遺留分侵害額に相当する金銭の支払を請求することとされ、金銭債権化された（1046条1項）。

第2　遺留分の帰属及びその割合

1　遺留分権利者

兄弟姉妹以外の相続人は、遺留分権を有する（1042条1項）。

遺留分とは、兄弟姉妹以外の相続人について留保される相続財産の割合のことをいう。遺留分が侵害されている場合に、その遺留分を回復させるために遺留分権利者が行使する権利を遺留分権という。遺留分権利者は兄弟姉妹以外の相続人であり、兄弟姉妹は遺留分権利者ではない。相続欠格者・相続人から廃除された者・相続放棄をした者は、遺留分権利者ではない。ただし、相続欠格者、相続人から廃除された者については、代襲相続が開始する。

2　遺留分の割合

遺留分の割合は、①直系尊属のみが相続人である場合は3分の1、②直系尊属以外の相続人である場合は2分の1とされる（総体的遺留分、1042条1項1号・2号）。相続人が数人ある場合には、これらの割合に900条及び901条の規定により算定したその各自の相続分を乗じた割合となる（個別的遺留分、1042条2項）。

たとえば、被相続人Aが、全財産をB団体に遺贈する旨の遺言を作成していたとする。被相続人Aの相続人が被相続人の両親C・Dである場合は、C・Dの遺留分は、各1/3（総体的遺留分）×1/2（法定相続分）＝1/6（個別的遺留分）と

なる。他方，被相続人Aの相続人が，配偶者C，子D・Eである場合，Cの個別的遺留分は，1/2（総体的遺留分）×1/2＝1/4，D・Eの個別的遺留分は，1/2（総体的遺留分）×1/2×1/2（法定相続分）＝1/8となる。

第3　遺留分を算定するための財産の価額

1　遺留分算定のための基礎財産

遺留分を算定するための財産の価額は，被相続人が相続開始の時において有した財産の価額にその贈与した財産の価額を加えた額から債務の全額を控除した額とされる（1043条1項）。

遺留分算定の基礎となる財産は，相続開始時の財産に加えて，贈与財産も考慮される。生前に財産が処分されるような場合，相続開始時の財産のみとすると，遺留分権行使の対象となる財産が存在しない場合もある。そのため，本条では，「相続開始時に有した財産＋贈与財産－債務」をもって基礎財産とするとさだめる。本条にいう，「相続開始に有した財産」は，相続人が承継する積極財産をいう。条件付きの権利または存続期間の不確定な権利は，家庭裁判所が選任した鑑定人の評価にしたがって，その価格をさだめる（1043条2項）。条件付きや存続期間の不確定な権利の場合，相続開始時に価額が確定しない場合もあるため，遺留分権利者の保護のためにさだめられた。条件付き権利には，停止条件付や解除条件付の権利も含まれる。

2　遺留分算定の基礎となる「贈与」

遺留分算定の基礎となる贈与は，相続開始前1年間にしたものに限られる（1044条1項前段）。相続開始1年前に贈与があれば当然に算入され，贈与契約（549条以下）や寄附行為，債務免除等，無償処分が幅広く含まれる。

ただし，当事者双方が遺留分権利者に損害を加えることを知ってした贈与については，1年前の日より前にしたものであっても，その価額を算入する（1044条1項後段）。「損害を加えることを知って」とは，客観的に遺留分権利者に損害を加えるという認識があり，また，将来に財産の増加がないことを予見している必要がある（大判昭11・6・17民集15・1246）。

また，相続人が被相続人から904条（特別受益）により贈与を受けた場合にも，その贈与の価額について算入する（1044条2項）。改正前の判例において，特別受益の贈与は，「贈与が相続開始よりも相当以前にされたものであって，その後の時の経過に伴う社会経済事情や相続人など関係人の個人的事情の変化をも考慮するとき，減殺請求を認めることが右相続人に酷であるなどの特段の事情のない限り」遺留分侵害額請求の対象とされていた（最判平10・3・24民集52・2・433）。かりに相続人の1人に多額の贈与がなされ，遺留分を侵害されている相続人が，遺留分侵害額請求権を行使することができないとすれば，遺留分制度の趣旨を没却する，との考えによるものであった。しかし，このような考え方は，相続人に対する贈与については，すべての贈与を算入することとなり，受遺者や受贈者など，第三者が不測の損害をこうむることになるとの指摘があり，贈与が相続人に対する場合には，遺留分侵害額請求権の行使は10年とし，「価額」については，婚姻若しくは養子縁組のためまたは生計の資本として受けた贈与の価額に限るとされた（1044条3項）。

負担付贈与がされた場合における贈与の価額は，その目的の価額から負担の価額を控除した額となる（1045条1項）。たとえば，被相続人Aが，B団体に3000万円を遺贈し，子C・DのうちCには7年前に負担付遺贈として2000万円（負担の価額を1000万円とする）を贈与したとする。この場合Dの遺留分侵害額は，①遺留分を算定するための財産の価額が，3000万円＋2000万円－1000万円＝4000万円となり，②遺留分侵害額が，4000万円×1/2（総体的遺留分）×1/2＝1000万円となる。改正前は，目的額の財産を全部算入する全部財産算入説の考え方があったが，改正により，条文において一部算入説を採用することが明確になった。

不相当な対価をもってした有償行為は，当事者双方が遺留分権利者に損害を加えることを知ってしたものに限り，当該対価を負担の価額とする負担付贈与とみなす（1045条2項）。対価の不相当な有償行為であれば，被相続人の財産が減少することとなり，遺留分権利者の保護にかけるところとなるため，負担付贈与とみなし，算入することとした。算定の際には，目的の価額から対価の価額を控除した額が1043条1項の「贈与」の価額となる。

3 遺留分算定の基準時

贈与財産については，価額評価の時期を相続開始時点とする。過去の贈与については，目的財産の消滅や価格の変動があった場合でも，現状にあるものとみなしてその価格をさだめる。判例においては，特別受益の事例において，「贈与財産が金銭であるときは，その贈与の時の金額を相続開始の時の貨幣価値に換算した価額をもって評価すべきものと解するのが，相当である」とした（最判昭51・3・18民集30・2・111）。特別受益の価額を算入するとすれば，相続の前渡しという特別受益の性質を没却することとなることや，このように解しても，取引における一般的な支払手段としての金銭の性質，機能をそこなう結果をもたらすものではないという理由からである。

第4　遺留分侵害額の請求

1 遺留分侵害額の請求

遺留分権利者が相続した財産が遺留分額を侵害している場合，遺留分権利者およびその承継人は，受遺者または受贈者に対し，遺留分侵害額に相当する金銭の支払を請求することができる（1046条1項）。

遺留分侵害額請求権は形成権であり，訴訟によらずとも，相手方に対する意思表示があれば足りる（最判昭41・7・14民集20・7・1183）。

遺留分侵害額請求権を行使することにより，遺留分権利者は，遺留分侵害額に相当する金銭の支払いを請求することができる（1046条1項）。遺留分侵害額は，①遺留分を算定するための基礎となる財産の価額を算出したうえで（1043条・1044条・1045条），②遺留分割合に応じた額を遺留分額とし，③1046条2項に規定する計算式により遺留分侵害額を算定する。

2 遺留分侵害額請求の相手方

遺留分権利者及びその承継人は，受遺者または受贈者に対し，遺留分侵害額に相当する金銭の支払を請求することができる。受遺者とは，遺言によって財産を承継する者をいうが，特定財産承継遺言により財産を承継しまたは相続分の指定を受けた相続人も含まれる（1046条1項）。

遺留分侵害額請求権は，権利行使の確定的意思を有することを外部に表明したと認められる特段の事情がある場合を除き，債権者代位の目的とすることができない（最判平13・11・22民集55・6・1033）。遺留分制度は，被相続人の財産処分の自由と相続人の利益との調整を図る制度であるところ，民法は被相続人の財産処分の自由を尊重して，遺留分の回復を遺留分権利者の意思にゆだねている（行使上の一身専属性）。423条1項ただし書きの「債務者の一身に専属する権利」であるから，遺留分権利者以外の者が遺留分権利者の有する権利を代位行使することは認められないという理由からである。

3　遺留分侵害額の算定

遺留分侵害額は，1042条の規定による遺留分（個別的遺留分）から，①遺留分権利者が受けた遺贈または903条1項（特別受益）があればその財産の価額を控除し，②900条から902条まで　903条及び904条の規定により算定した相続分があればこれを控除し，③被相続人が相続開始の時において有した債務のうち，889条の規定により遺留分権利者が承継する債務（遺留分権利者承継債務）があれば，その債務の額を加算し算定する（1046条2項）。

①については，特定財産承継遺言により財産を承継した相続人や相続分の指定を受けた相続人も含まれる。②については，遺産分割が終了しているか否かにかかわらず，具体的相続分の算定の結果，遺留分権利者が取得する財産がある場合に，その財産を控除する（寄与分は含まれない）。③については，指定相続分によるところ，指定相続分がなければ法定相続分により算定する。判例によれば，相続人のうちの1人に対して財産全部を相続させる旨の遺言がされ，当該相続人が相続債務もすべて承継したと解される場合，遺留分の侵害額の算定においては，遺留分権利者の法定相続分に応じた相続債務の額を遺留分の額に加算することは許されないとされる（最判平成21・3・24民集63・3・427）。遺留分権利者が相続債権者から相続債務について法定相続分に応じた履行を求められ，これに応じた場合は，履行した相続債務の額を遺留分の額に加算することはできず，相続債務は承継した相続人に対して求償する。

遺留分侵害額の請求額を算定するには，まず個別的遺留分額（1042条）を算

定し，つぎに，個別的遺留分額がどの程度侵害されているかを算定する（1046条2項）。個別的遺留分額の計算式は，「遺留分を算定するための財産の価額（基礎財産，1043条）×総体的遺留分率（1042条1項）×個別的遺留分率（1042条2項）」である。つぎに，算出された遺留分が侵害されているかについて，「1042条の規定により算定された遺留分額－遺留分権利者が受けた遺贈又は特別受益の贈与の価額－遺留分権利者が相続分に応じて取得すべき遺産の総額＋遺留分権利者が承継する債務の額」の計算式により算出される。

> 【例】配偶者B及び子C・Dがいる被相続人Aには，甲不動産（評価額6000万円）と，乙預金2000万円があったところ，3年前にDに甲不動産を贈与し，800万円の債務がある事例について考えてみることとする（本事例では，B・CがDに対して遺留分侵害額を請求することとなる）。
>
> ① 個別的遺留分を算定する。
>   遺留分を算定するための財産の価額
>   2000万円（被相続人が相続開始の特において有した財産の価額）＋6000万円（贈与した財産の価額）－800万円（債務）＝7200万円
>   配偶者Bの遺留分額　7200万円×1/2×1/2＝1800万円
>   子C・Dの遺留分額　7200万円×1/2×各1/4＝900万円
> ② 遺留分侵害額の算定
>   配偶者Bの遺留分額
>   1800万円（配偶者Bの個別的遺留分額）－0円（遺贈または特別受益）－1000万円（相続開始時の財産を法定相続割合で算出した額）＋400万円（相続債務）＝1200万円
>   子Cの遺留分額 900万円（子Cの個別的遺留分額）－0円（遺贈または特別受益）－500万円（相続開始時の財産を法定相続割合で算出した額）＋200万円（相続債務）＝600万円

第5　受遺者または受贈者の負担額

1　受遺者または受贈者の負担の順序

　受遺者または受贈者は，遺贈の目的の価額を限度として，遺留分侵害額を負担する（1047条1項）。本条にいう遺贈とは，特定財産承継遺言による財産の承継または相続分の指定による遺産の取得を含む。本条にいう贈与とは，遺留分を算定するための財産の価額に算入されるものに限られる。

　本条が，遺留分侵害額の対象に，遺贈と贈与をあげているのは，相続開始時に存在する財産を遺留分侵害額請求の対象とすると，相続開始前に財産を処分することにより，相続財産を減少させることも可能であり，そうとすれば，遺留分権利者の保護ができなくなることによる。遺留分侵害額請求権は，まず遺贈による贈与を対象とし，つぎに贈与を対象とする。

　受遺者と受贈者があるときは，受遺者が先に負担する（1047条1項1号）。遺贈と贈与があるときは，相続開始時に効力が発生する遺贈から先に遺留分侵害額請求をすることとなる。

　受遺者が複数あるとき，または受贈者が複数あるときで，その贈与が同時にされたものであるときは，受遺者または受贈者がその目的の価額の割合に応じて負担する（1047条1項2号本文）。ただし，遺言者がその遺言に別段の意思を表示したときは，その意思にしたがう（1047条1項2号ただし書き）。

　遺贈は，複数の遺贈がある場合でも，相続開始時に効力が発生する。贈与が，同時期におこなわれた場合には，目的の価額の割合に応じて負担するが，贈与の時期が異なる場合には，後の贈与にかかる受贈者から順次前の贈与に係る受贈者が負担する（1047条1項3号）。たとえば，被相続人Aが，相続人以外の第三者Bに対して400万円を遺贈し，子C・DのうちのCに対して，1年前に預貯金400万円の贈与をしたとする。被相続人Aには他に財産はない。この場合，DがB及びCに対して遺留分侵害額請求権を行使するとすれば，Dの遺留分侵害額が，（400万円＋400万円）×1/2×1/2＝200万円となることから，1047条1項1号により，Bに対して200万円の遺留分侵害請求をおこなう。

本条における「目的の価額」は，遺贈の目的の価額のうち受遺者の遺留分額を超える部分のみとなる（最判平成10・2・26民集52・1・274）。

遺贈の全額を遺留分侵害額請求の対象とすれば，請求の相手方の遺留分が侵害されることもあり，遺留分制度の趣旨に反すると考えられるというのがその理由である。1047条2項は，904条，1043条2項及び1045条の規定は，1047条1項にさだめる遺贈または贈与の目的の価額について準用するとさだめている（1047条2項）。

2　受遺者または受贈者による第三者弁済

請求の相手方である受遺者または受贈者が，遺留分権利者が承継した債務について弁済その他の債務を消滅させる行為をしたときは，消滅した債務の限度において，遺留分権利者に対する意思表示によって，1047条1項の規定により負担する債務を消滅させることができる（1047条3項）。この場合において，当該行為によって遺留分権利者に対して取得した求償権は，消滅した当該債務の額の限度において消滅する。

> 【例】被相続人Aには妻B・子Cがいるところ，相続財産1000万円をCに贈与するとの遺言を残して亡くなったとする。被相続人Aの相続財産は，Cに贈与する1000万円のみであった。また，AはDに対して400万円の債務を負っていたとすると，Bには350万円の遺留分侵害額があることとなる。
>
> 【計算式】
> 　1000万円－400万円×1/2×1/2（個別的遺留分額）－0円（遺留分権利者が受けた遺贈または贈与の額あるいは遺留分権利者が受けた特別受益に応じて遺留分権利者が取得すべき遺産の額）＋200万円（各遺留分権利者が負担する債務の額）＝350万円（遺留分侵害額）
>
> 　受遺者であるCが，Dに対して400万円を弁済した場合，遺留分侵害額の算定に際し，債務額400万円を加算する必要がないこととなる。債務額

を加算するのは，遺留分権利者が相続債務を弁済することにより，遺留分侵害額が手元に残らなくなることを防ぐためであり，相続債務をCが弁済をすることにより，BとCが支払うべき相続債務各200万円を事前に弁済したことになるからである。受遺者又は受贈者が，弁済により遺留分権利者が承継した債務を消滅させた場合には，債務額を加算することの意味がなくなる。本来であれば，相続債務を弁済したCは，Bに対して求償権を有することとなるが，相続債務が弁済期にない場合には，Cは弁済期が到来するまで相殺をすることができない（505条1項）。1047条3項は，受遺者又は受贈者が相続債務の弁済をした場合には，相殺適状になっていなくとも，遺留分権利者に対する意思表示によって債務の価格の限度で求償権を消滅させることができると規定する。なお求償権を取得した際にすでに相殺適状にある場合は，1047条3項と相殺（505条1項）のいずれも行使することが可能となるが，効果が異なり，1047条3項によれば権利行使時に金銭債務が減少するが，相殺の場合には相殺適状時に効力が発生することとなる。

【計算式】
　1000万円×1/2×1/2（個別的遺留分額）－0円（遺留分権利者が受けた遺贈または贈与の額あるいは遺留分権利者が受けた特別受益に応じて遺留分権利者が取得すべき遺産の額）＝250万円（遺留分侵害額）

3　受遺者または受贈者の無資力

受遺者または受贈者の無資力によって生じた損失は，遺留分権利者の負担に帰する（1047条4項）。改正前1037条においても同様の規定があり，改正前1035条は遺留分侵害額請求権の対象となる贈与について，受遺者または受贈者が無資力である場合に，遺留分権利者にその損失を負担させるとしていた。

4　相当の期限の許与

裁判所は，受遺者または受贈者の請求により，1047条1項の規定により負

担する債務の全部または一部の支払につき相当の期限を許与することができる（1047条5項）。受遺者または受贈者が支払いをすることができない場合は，履行遅滞（412条）の責任を負うことがある。受遺者または受贈者に支払能力がない場合や支払準備に時間を要する場合もあり，裁判所は，このような場合について，受遺者または受贈者の請求により，相当の期限を与える。

第6　時　効

　遺留分侵害額請求権は，遺留分権利者が，相続の開始及び遺留分を侵害する贈与または遺贈があったことを知った時から1年間行使しないときは，時効によって消滅する（1048条前段）。本条は，遺留分侵害額請求権についての短期消滅時効をさだめたものである。被相続人の死亡後，期間がたってから遺留分侵害額請求権が行使されれば，受遺者または受贈者の取引の安全を害するおそれがあることから時効期間は1年間とされている。

　時効の起算点は，「相続の開始及び遺留分を侵害する贈与または遺贈があったことを知った時」である。判例では，遺留分権利者が相続の開始および贈与または遺贈の存在を認識したこと，贈与または遺贈によって遺留分が侵害されたことを認識したことが必要であるとする（最判昭57・11・12民集36・11・2193）。金銭債権については，消滅時効が5年間とされる（166条第1項第1号）。また，相続開始の時から10年を経過したときについても，遺留分侵害額請求権は消滅する（1048条後段）。本条にいう10年は，除斥期間である。

第7　遺留分の放棄

　相続開始前にあっても，遺留分を放棄することができる（1049条1項）。ただし，相続の開始前における遺留分の放棄は，家庭裁判所の許可を受けたときに限り，その効力を生ずる（1049条1項）。遺留分権利者がその意思によらず放棄をすることとなる場合も発生するおそれがあることから，遺留分の放棄にあたって家庭裁判所の許可を必要とするとしたものである。

　放棄は，被相続人に対する意思表示をするとともに，家庭裁判所の許可を

得ることによって効力が発生する。遺留分の放棄をした遺留分権利者は，相続開始後に相続人となる。共同相続人の1人が遺留分を放棄した場合でも，他の共同相続人の遺留分は増加しない（1049条2項）。遺留分の放棄があったことによって，被相続人が自由に処分することのできる財産が増加する。相続開始後は，家庭裁判所の許可を要せず，遺留分を放棄することができる。

事項索引

あ

悪意の遺棄……………32,33
悪魔ちゃん事件……………73

い

家のため……………………62
遺骨……………………119
遺言……………………175
　――の執行……………190
　――の撤回……………183
　――の無効……………182
遺言執行者……………102
　――の権利義務………191
　――の選任……………190
遺言自由の原則…………99
遺言撤回の自由………175
遺言能力………………177
遺産の自由処分権……132
遺産分割………………159
　――の解除……………166
　――の効力……………167
　――の時的限界………98
　――の無効……………166
遺産分割協議…………161
遺産分割禁止の契約……159
遺産分割調停…………162
遺産分割前の遺産処分
　……………………164
遺産分割前の預貯金債権
　の行使………………164
意思説……………………99
慰謝料的要素……………39
遺贈……………………127,186
　――の放棄……………188
　――の履行……………192
遺贈義務者……………186
遺体……………………119

一夫婦一戸籍の原則……9
一身専属権……………113
一般隔絶地遺言………177
一夫一婦制………………13
移転主義………………167
委任契約…………………90
違法性……………………76
遺留分…………………195
　――の放棄……………205
　――額…………………199
　――権…………………196
遺留分減殺請求権……195
遺留分権利者
　……………195,196,199
遺留分侵害額請求……199
　――の相手方…………199
医療ネグレクト…………78
姻族………………………5
隠匿……………………146

う

氏…………………………8
　――の取得………………8
　――の変動………………8

え

AID，非配偶者間人工授
　精………………………61
AIH，配偶者間人工授精
　…………………………61
縁組意思…………………63

お

押印……………………178
親子関係存否確認の訴え
　…………………………51
親子関係不存在確認の訴
　え………………………55

親子交流…………………44
親のため…………………62

か

会員権…………………118
外観説……………………55
解除権…………………169
解除条件説……………103
懐胎………………………53
回復の見込みのない強度
　の精神病………………34
隔絶地遺言……………177
苛酷条項…………………35
過去の扶養料……………95
家事審判…………………12
家事調停…………………11
果実収取権……………188
仮装婚姻…………………17
家族協同体関係………109
家族制度…………………7
家族法……………………1
家庭裁判所………………10
　――調査官……………45
家庭破綻説………………56
可分債権………………120
可分債務………………121
換価分割………………165
監護親……………………44
監護教育権………………70
監護の状況………………69
監護費用…………………54
間接強制…………………22
姦通………………………32
管理継続義務…………150
管理権喪失………………77
　――宣告………………74

き

期間経過後の遺産分割
　………………………137
危急時遺言……………177
起算点…………………141
帰属上の一身専属権
　………………………172
協議に代わる処分………37
協議分割………………161
協議離縁…………………67
協議離婚…………………29
強行法規性………………4
強制認知…………………58
共同親権…………………42
共同相続人間の担保責任
　………………………168
共同不法行為責任………47
共同遺言の禁止………176
共有……………………119
──説…………………120
協力義務…………………22
虚偽の出生届……………56
居住建物取得者………170
居住建物の修繕………171
居住建物の返還………171
寄与分…………………127
禁治産…………………82
近親婚の禁止……………17
金銭扶養…………………95
均分相続………………105

く

口授……………………181
具体的相続分
　………98, 105, 128, 133
──率…………………128
具体的方途………………34
具体的離婚原因…………33
口がきけない者………181

け

芸妓養子…………………64
形式的意思説……………30

形式的形成訴訟…………56
形式的判断説……………75
形成権…………………199
系譜……………………118
血縁説…………………55
欠格事由…………86, 180
血族………………………5
──相続人……………104
限定承認……………141, 146
検認手続き……………190
現物分割………………165
権利濫用…………………49

こ

合意解除………………166
公益的取消し……………19
後見………………62, 79
──の終了………………87
後見登記…………………91
公告……………………147
公証人…………………179
公正証書…………………90
──遺言……………177, 179
香典……………………119
合有説…………………120
効力要件説………………14
高齢者の遺言能力……177
戸主権の喪失……………97
戸籍………………………9
国庫引継ぎ時説………158
子の監護…………………42
──の分掌………………42
子の氏……………………41
子の出訴期間……………54
子の人格的な利益………54
子のため…………………62
子の地位の早期安定……53
子の引渡し請求…………76
子の利益…………………43
個別的遺留分…………196
婚姻………………………13
──の取消し……………19
──ノ予約………………48

──を継続し難い重大
　な事由………………33, 34
婚姻意思…………………14
婚姻準正…………………60
婚姻障害…………………15
──事由…………………14
婚姻適齢…………………15
婚姻費用分担……………24
婚姻不解消主義…………29
婚約………………………47

さ

祭具……………………118
債権者代位権……………40
再婚相手の子……………53
再婚禁止期間……………17
財産管理…………………74
──権……………………70
──人…………………161
財産承継の秩序………109
財産処分の自由………195
財産分与…………………36
──請求権……………118
祭祀財産………………118
祭祀主宰者……………118
最終意思………………175
在船者遺言……………177
最低限度の生活…………91
再転相続人……………143
裁判認知…………………58
裁判離縁…………………67
裁判離婚…………………29
債務不履行………………47
裁量棄却事由……………35
詐害行為取消権
　…………………40, 151
先取特権…………………44
錯誤………………………41
三代戸籍の禁止…………9
三兆候説………………100
3年以上の生死不明……33
残余財産の国庫帰属…158

事項索引　209

し

死因贈与……………175
JR 東海事件……………86
私益の取消し……………19
試験養育期間……………70
時効……………205
死後縁故……………157
死後事務……………87
死後認知……………58
死後離縁……………67
事実上の養子……………157
自書……………178
自然的血縁関係……………56
自然的死亡……………100
実親子関係……………62
実質的意思説……………30
実質的審査権……………31
実質的判断説……………75
失踪宣告……………100,155
指定相続分……………105
私的扶養優先の原則……91
児童の権利に関する条約
　……………71
児童の最善の利益……………71
自筆証書遺言……177,178
死亡危急時遺言……………177
死亡診断書……………100
死亡退職金……………117
氏名……………178
社員権……………118
受遺欠格……………186
受遺者……………186,198
集合権説……………101
重婚……………16,32
　──の取消し……………16
重婚的内縁関係……………49
私有財産……………99
熟慮期間……………142
受贈者……………198
出生擬制……………103
準禁治産……………82
準正……………60
消極財産……………113

使用貸借契約……………170
証人……………180
情報開示命令……………37
除斥期間……………37
所有者不明土地……………98
親系……………5
親権……………42,70
　──の終了……………77
　──の濫用……………73
　──者……………71
　──喪失……………71,77
　──代行……………72
　──停止……………77
人事訴訟……………12
　──法……………12
身上監護……………73
　──義務……………80
身上配慮義務……………84
心神耗弱者……………82
人身保護法……………76
真正相続人……………102
親族……………1
　──法……………1
親等……………1
審判確定説……………158
審判分割……………161
審判離縁……………67
審判離婚……………29

す

推定相続人……………99
推定の及ばない子……………55
推定をうける嫡出子……………51

せ

生活扶助義務……………92
生活保護法……………91
生活保持義務……………22
生活保障……………195
清算の要素……………38
清算人……………156
生殖補助医療……………55
精神病離婚……………34
成年後見監督人……………86

成年後見制度……………82
成年後見人……………83
成年被後見人……………64
成年養子縁組……………62
生命保険金請求権……………117
成立要件説……………14
積極財産……………113
絶対的扶養義務者……………92
善管注意義務……………84,173
宣言主義……………168
潜在的持分……………108,195
船舶遭難者遺言……………177
全部包括遺贈……………186
占有権……………113

そ

葬儀費用……………101,119
相続……………1,99
　──の開始……………97
　──の根拠……………99
　──の承認……………141
相続回復請求権……………101
相続欠格……………108
　──事由……………175
相続債権……………106
　──者……………106
相続財産……………112
　──の管理……………101,122
　──の使用……………124
　──の保存……………123
相続財産管理人……………102
相続財産法人……………155
相続財産目録……………179
「相続させる」旨の遺言
　……………125
相続登記申請の義務化
　……………127
相続登記の義務化……………99
相続土地国庫帰属法……………158
相続人……………99,103
　──の廃除……………108
　──の不存在……………155
相続人申告登記……………127
相続分……………103

——の譲渡 ………… 138
——の調整 ………… 127
——の譲受人 ……… 102
相続法 ………………… 2
相続放棄 ……………… 149
相対的扶養義務者 …… 93
総体的遺留分 ………… 196
相当の期限の許与 …… 204
添え手 ………………… 178
損害賠償請求 ………… 169
——権 ………………… 115
損害賠償的要素 ……… 38

た
第1種財産分離 ……… 153
第2種財産分離 ……… 154
代金減額請求権 ……… 169
対抗要件 ……………… 106
第三者弁済 …………… 203
胎児 …………………… 103
胎児認知 ……………… 58
代襲原因 ……………… 107
代襲相続 ………… 103, 107
代償財産 ……………… 122
代償分割 ……………… 165
代諾養子縁組 ………… 65
代諾離縁 ……………… 67
代理権濫用 …………… 75
代理出産 ……………… 62
立会人 ………………… 180
他人物遺贈 …………… 189
単純承認 ………… 141, 144
単独親権 ……………… 42
単独養子縁組 ………… 70

ち
父を定める訴え ……… 56
血の代償説 …………… 99
嫡出子 ………………… 51
嫡出推定 ……………… 51
嫡出性の承認 ………… 55
嫡出の否認 …………… 52
嫡出否認の訴え ……… 53
抽象的離婚原因 ……… 33

懲戒権 ………………… 71
長子単独相続 ………… 97
調停証書 ……………… 32
調停に代わる審判 …… 32
調停分割 ……………… 161
調停離縁 ……………… 67
調停離婚 ……………… 29
直近の婚姻における夫の子 ………………… 53
直接強制 ……………… 22
直系血族 ……………… 17
賃借権類似の法定債権 ……………………… 172
賃料債権 ……………… 121

つ
追完請求権 …………… 169
通常の必要費 ………… 173
通訳人 …………… 180, 181
連れ子養子 …………… 64

て
DNA鑑定 ……………… 56
定期金債権 …………… 43
停止条件説 …………… 103
貞操義務 ……………… 23
適格性 ………………… 76

と
同居義務 ……………… 21
同時死亡の推定 ……… 100
同時存在の原則 ……… 103
同性婚 ………………… 50
同性パートナーシップ ………………………… 50
特定遺贈 ………… 186, 187
特定財産承継遺言 …… 185
特定受遺者 …………… 187
特定の法律行為 ……… 89
特別縁故者 …………… 157
特別寄与料 …………… 137
特別失踪 ……………… 100
特別受益 ……………… 127
——財産 ……………… 130

——者 ………………… 130
特別代理人 …………… 76
特別の寄与 …………… 133
特別方式 ……………… 177
特別養子縁組成立の審判 …………………… 69
特別養子適格の確認の審判 ………………… 69
特有財産 ……………… 26
独立権利説 …………… 101
届出 …………………… 14
取戻 …………………… 138

な
内縁 …………………… 48

に
二重譲渡 ……………… 127
日常家事債務 ………… 25
2分の1ルール ……… 37
任意後見監督人 ……… 89
任意後見契約 ………… 89
——に関する法律 …… 90
任意後見受任者 ……… 90
任意後見制度 ………… 89
任意認知 ……………… 57
認諾離縁 ……………… 67
認諾離婚 ……………… 29
認知 …………………… 51
——準正 ……………… 60
認定死亡 ……………… 100

の
ノーマライゼーション … 79

は
配偶者 …………… 5, 104
——の虐待・侮辱 …… 32
配偶者間体外受精 …… 61
配偶者居住権 ………… 172
配偶者短期居住権 …… 170
配当弁済 ……………… 147
破綻 …………………… 34

ひ

引取扶養……………………95
被相続人……………………99
被代襲者……………………107
非嫡出親子関係……………57
非嫡出子……………………51
必要費………………………171
人の死亡……………………97
秘密証書遺言……177, 180
177 条………………………126
表見相続人…………………102

ふ

夫婦間の契約取消権………23
夫婦共同縁組………………64
夫婦共同離縁………………67
夫婦財産契約………………23
夫婦同籍の原則……………9
夫婦の氏……………………20
不在者の財産管理制度
　………………………………155
扶助義務……………………22
不相当な対価をもってし
　た有償行為…………………198
負担付遺贈…………………189
普通失踪……………………100
普通方式……………………177
物権的効力…………………187
不貞行為………………23, 33
不貞の抗弁…………………59
不適齢婚……………………19
不動産賃借権………………114
不法行為……………………47
扶養…………………………91
　——の順位………………93
　——の程度・方法………94
扶養可能状態………………94
扶養義務者…………………92
　——の資力………………94
扶養権利者…………………94
　——の需要………………94
扶養的要素…………………38
墳墓…………………………118

へ

返還請求……………………173

ほ

妨害停止請求………………173
包括遺贈……………………186
包括受遺者…………102, 186
包括承継……………………113
傍系血族……………………17
法定解除……………………166
法定財産制…………………24
法定相続情報証明制度
　………………………………103
法定相続人…………………103
法定相続分…………105, 133
法定代理権…………………26
法定単純承認………………149
保佐……………………79, 88
補助……………………79, 88
保証債務……………………115
補償的要素…………………39
補足性の原則………………91
ポツダム宣言………………7
堀木訴訟上告審……………91
ボワソナード………………7
本人意思の尊重……………79

み

未成年後見監督人……80, 82
未成年後見人………………79
未成年者の福祉……………44
未成年被後見人……………64
未成年養子…………………64
　——縁組…………………62
みなし相続財産……128, 133
身分行為……………………3
身分の効果意思……………3
身分の生活事実……………3
耳が聞こえない者…………181
身元保証……………………115

む

無権代理行為………………75

事項索引　211

無権代理人…………………116
無効原因……………………17
無効行為の転換……………60

め

面会交流……………………44

も

持戻し免除…………………132

ゆ

結納…………………………47
宥恕…………………………111
有責性………………………34
有責当事者からの離縁請
　求……………………………67
有責配偶者からの離婚請
　求……………………………35

よ

養育費………………………43
養育費不払い………………43
養子…………………………62
要式行為……………………175
養親…………………………62
養親候補者…………………68
養親子関係…………………62
要扶養状態…………………94
用法遵守義務………………173
要保護性……………………69

り

利益相反行為……75, 150
離縁……………………67, 70
　——事由…………………67
履行確保……………………43
離婚意思……………………30
離婚慰謝料…………………39
離婚原因……………………29
離婚時年金分割制度………39
離婚の無効…………………31
律上の母……………………51
臨時保佐人…………………88

れ

連帯債務……………121

ろ

浪費者………………82

わ

和解離縁……………67
和解離婚……………29
笑う相続人…………108
藁の上からの養子…56

割合的包括遺贈………186

判例索引

大判明 34・10・3 民録 7・9・11 …………95
大判明 45・4・5 民録 18・343 …………59
大決大 4・1・16 民録 21・8 …………190
大判大 4・1・26 民録 21・49 ………47,48
大判大 4・7・3 民録 21・1176 …………178
大判大 5・11・8 民録 22・2078 ……182,187
大判大 9・12・17 民録 26・2034 …………145
大判大 15・2・16 民集 5・150 …………115
大決大 15・8・3 民集 5・679 …………142
大判昭 2・4・22 民集 6・260 …………112
大判昭 2・5・30 法律新聞 2702・5 ……115
大判昭 5・6・16 民集 9・550 …………192
大決昭 5・12・4 民集 9・1118 …………121
大判昭 7・5・11 民集 11・1062 …………5
大判昭 7・9・22 新聞 3493・13 …………103
大判昭 7・10・6 民集 11・2023 …………104
大判昭 10・11・29 大民集 14・1934 ………116
大判昭 11・6・17 民集 15・1246 …………197
大判昭 18・3・19 民集 22・185 …………183
大判昭 18・9・10 大民集 22・948 …………115
最判昭 23・12・23 民集 2・14・493 …………63
大津地判昭 25・7・27 下民 1・7・1150 ……33
最判昭 27・2・19 民集 6・2・110 …………35
名古屋高判昭 27・7・3 高民集 5・6・265
…………………………………41
最判昭 27・10・3 民集 6・9・753 …………65
最判昭 29・1・21 民集 8・1・87 …………58
最判昭 29・4・8 民集 8・4・819 …………120
最判昭 29・4・30 民集 8・4・861 …………58
最判昭 30・5・10 民集 9・6・657 …………192
最判昭 30・5・31 民集 9・6・793 …………119
東京高決昭 30・9・5 家月 7・11・57 …………119
最判昭 30・12・26 民集 9・14・2082 …………100
最判昭 31・2・21 民集 10・2・124 …………38
最判昭 31・9・13 民集 10・9・1135 …………59
最判昭 31・9・18 民集 10・9・1160 …………192
最判昭 33・5・28 民集 12・8・1224 …………76
最判昭 34・6・19 民集 13・6・757 …………121
最判昭 34・8・7 民集 13・10・1251 …………30

新潟家判昭 36・4・24 下民集 12・4・857
…………………………………33
最判昭 36・9・6 民集 15・8・2047 …………26
最判昭 37・4・10 民集 16・4・693 …………59
最判昭 37・4・27 民集 16・7・1247
…………………………49,51,57,93
最判昭 37・5・18 民集 16・5・1073 …………114
名古屋高決昭 37・10・3 家月 15・3・121
…………………………………20
最判昭 38・2・22 民集 17・1・235 …………125
最判昭 38・9・5 民集 17・8・942 …………47
最判昭 38・11・28 民集 17・11・1469 …………30
最判昭 39・2・27 民集 18・2・383 …………103
最判昭 39・3・6 民集 18・3・437 …127,187
最判昭 39・9・4 民集 18・7・1394 …………48
最判昭 39・9・8 民集 18・7・1423 …………65
最判昭 40・2・2 民集 19・1・1 …………117
最判昭 40・6・18 民集 19・4・986 …………116
最判昭 41・3・2 民集 20・3・360 …………162
最判昭 41・7・14 民集 20・6・1183
…………………………………196,199
東京高判昭 41・11・29 金商 40・10 …………146
最判昭 42・1・20 民集 21・1・16 ……127,151
最判昭 42・2・2 民集 21・1・88 …………23
最判昭 42・2・21 民集 21・1・155 …………114
最判昭 42・4・27 民集 21・3・741 …………145
最判昭 42・11・1 民集 21・9・2249 …………115
最判昭 42・12・8 家月 20・3・55 …………31
最判昭 43・5・31 民集 22・5・1137 …………192
最判昭 43・7・19 判時 528・35 …………26
最判昭 43・10・8 民集 22・10・2172 …………75
最判昭 44・4・3 民集 23・4・709 …………14
最判昭 44・5・29 民集 23・6・1064 …………55
最判昭 44・10・30 民集 23・10・1881 …………114
最判昭 44・10・31 民集 23・10・1894 …………15
最判昭 44・12・18 民集 23・12・2476 …………26
最判昭 45・2・27 金法 579・28 …………26
最判昭 45・4・21 判時 596・43 …………15
最判昭 45・11・24 民集 24・12・1943 …………34

最判昭 46・1・26 民集 25・1・90 ………… 126
最判昭 46・4・20 家月 24・2・106 ………… 75
最判昭 46・7・23 民集 25・5・805 …… 38,40
最判昭 46・11・30 民集 25・8・1437 …… 114
最判昭 47・5・25 民集 26・4・805 ……… 184
最判昭 47・7・25 民集 26・6・1263 …… 4,19
大阪家審昭 47・8・14 家月 25・7・55 …… 163
最判昭 48・4・12 民集 27・3・500 ………… 64
最判昭 48・4・24 判時 704・50 ………… 75
最判昭 48・6・29 民集 27・6・737 ……… 117
最判昭 48・7・3 民集 27・7・751 ……… 116
最判昭 48・11・15 民集 27・10・1323 …… 33
最判昭 49・3・29 家月 26・8・47 ………… 57
那覇家審昭 49・4・13 家月 27・4・86 …… 18
最判昭 49・9・20 民集 28・6・1202 …… 151
最判昭 50・4・8 民集 29・4・401 ………… 63
最判昭 50・5・27 民集 29・5・641 ……… 41
最判昭 50・10・24 民集 29・9・1483 …… 158
最判昭 50・11・7 民集 29・10・1525
　…………………………………… 120,168
大阪家審昭 50・12・12 家月 28・9・67 …… 93
最判昭 51・3・18 民集 30・2・111 ……… 199
最判昭 51・7・1 家月 29・2・91 …… 142,147
名古屋高金沢支決昭 51・9・14 家月 29・4・
　126 ……………………………………… 162
最判昭 52・9・19 家月 30・2・110 ……… 163
最判昭 52・11・21 家月 30・4・91 ……… 178
最判昭 53・2・24 民集 32・1・110 …… 57,60
最判昭 53・2・24 民集 32・1・98 …… 76,150
最判昭 53・3・9 家月 31・3・79 ………… 30
東京高決昭 53・5・30 家月 31・3・86 …… 93
最判昭 53・6・16 判時 897・62 ………… 118
最判昭 53・7・13 判時 908・41 ………… 139
最判昭 53・11・14 民集 32・8・1529 … 25,39
最判昭 53・12・20 民集 32・9・1674 …… 102
最判昭 54・2・22 判時 923・77 ………… 122
東京地判昭 54・3・28 判タ 389・137 …… 93
最判昭 54・3・30 民集 33・2・303 ……… 23
最判昭 54・5・31 民集 33・4・445 ……… 178
最判昭 54・11・2 判時 955・56 ………… 60
最判昭 55・7・11 民集 34・4・628 ……… 40
最判昭 55・11・27 民集 34・6・815 …… 117
最判昭 55・12・4 民集 34・7・835 ……… 181
東京地判昭 55・12・23 判時 1000・106 … 161
山形家審昭 56・3・30 家月 34・5・70 … 134

最判昭 57・3・19 民集 36・3・432 ………… 58
東京高判昭 57・4・27 判時 1047・84 ……… 48
最判昭 57・4・30 民集 36・4・763 ……… 184
最大判昭 57・7・7 民集 36・7・1235 …… 91
東京高決昭 57・8・27 判時 1055・60 …… 176
最判昭 57・9・28 民集 36・8・1642 ……… 17
最判昭 58・3・18 家月 36・3・143 … 176,184
最判昭 58・4・14 民集 37・3・270 ……… 50
東京高決昭 58・12・16 家月 37・3・69 …… 25
最判昭 59・4・7 民集 38・6・698 ……… 142
東京地判昭 59・7・12 判時 1150・205 … 119
東京地判昭 61・1・28 家月 39・8・48 … 119
最判昭 61・3・20 民集 40・2・450 ……… 145
最判昭 61・11・20 民集 40・7・1167 …… 187
最判昭 62・3・3 家月 39・10・61 ……… 117
最大判昭 62・9・2 民集 41・6・1423 …… 35
最判昭 62・9・4 判時 1251・101 ……… 120
最判昭 62・10・8 民集 41・7・1471 …… 178
東京高判昭 62・10・8 家月 40・3・45 … 119
最判昭 63・2・16 民集 42・2・27 ………… 8
最判昭 63・6・21 家月 41・9・101 ……… 143
最判平元・2・9 民集 43・2・1 ………… 167
最判平元・2・16 民集 43・2・45 ……… 178
最判平元・3・28 家月 41・7・67 ………… 35
最判平元・7・18 家月 41・10・128 …… 119
最判平元・9・14 家月 41・11・75 ………… 41
最判平元・11・24 民集 43・10・1220 …… 158
広島家審平 2・9・1 家月 43・2・162 …… 95
最判平 2・9・27 民集 44・6・995 ……… 167
最判平 2・10・18 民集 44・7・1021 …… 114
最判平 2・11・8 家月 43・3・72 ………… 35
最判平 3・4・19 民集 45・4・477 … 166,185
名古屋高判平 3・5・30 判時 1398・75 …… 34
最判平 4・4・10 家月 44・8・16 … 121,163
盛岡家一関支審平 4・10・6 家月 46・1・
　123 ……………………………………… 135
最判平 4・12・10 民集 46・9・2727 ……… 75
東京高決平 4・12・11 判時 1448・130 …… 111
最判平 5・1・21 民集 47・1・265 ……… 116
最判平 5・7・19 家月 46・5・23 …… 106,125
最判平 5・10・19 民集 46・4・27 … 176,178
最判平 5・10・19 民集 47・8・5099 ……… 77
最判平 5・11・2 家月 46・9・40 ………… 35
東京地判平 6・1・17 判タ 870・248 ……… 94
最判平 6・1・20 家月 47・1・122 ………… 23

東京家八王子支審平 6・1・31 判時 1486・
　56……………………………………………73
最判平 6・6・24 家月 47・3・60………179
最判平 6・7・8 判タ 859・121……………77
横浜家審平 6・7・27 家月 47・8・722…134
最判平 7・1・24 集民 174・67……………192
最判平 7・12・5 家月 48・7・52…………102
最判平 8・3・26 民集 50・4・993…………23
東京家審平 8・3・28 家月 49・7・80……76
東京高決平 8・11・20 家月 49・5・78……69
最判平 8・12・17 民集 50・10・2778
　………………………………………124,170
最判平 9・1・28 民集 51・1・184…………111
最判平 9・3・25 民集 51・3・1609………118
最判平 9・4・10 民集 51・4・1972…………43
最判平 9・11・13 民集 51・10・4144……184
最判平 10・2・13 民集 52・1・38…………149
最判平 10・2・26 民集 52・1・255…………49
最判平 10・3・24 判時 1641・80…………123
最判平 10・3・24 家月 52・2・433………198
最判平 10・7・17 民集 52・5・1296……116
京都地判平 10・9・11 判タ 1008・213……131
東京高決平 10・9・16 家月 51・3・165……61
神戸家審平 11・4・30 家月 51・10・135…130
最判平 11・6・11 家月 52・1・81…………182
最判平 11・6・11 民集 53・5・898………168
最判平 11・7・19 民集 53・6・1138………102
最判平 11・12・16 民集 53・9・1989……192
最判平 12・2・24 民集 54・2・523………128
最判平 12・3・9 民集 54・3・1013…………41
最判平 12・3・10 民集 54・3・1040
　………………………………………………49,104
最判平 12・3・14 家月 52・9・85…………56
最判平 12・5・1 家月 52・12・31…………45
神戸家姫路支審平 12・9・4 家月 53・2・
　151…………………………………………94
最判平 13・3・27 家月 53・10・98………180
最判平 13・7・10 民集 55・5・955………138
最判平 13・11・22 民集 55・6・1033………200
さいたま地判平 14・2・7 LEX/DB25410475
　………………………………………………160
最判平 14・6・10 家月 55・1・77………126
東京高決平 16・9・7 家月 57・5・52……25
最判平 16・10・29 民集 58・7・1979……117,131
最判平 16・11・18 家月 57・5・40…………35

最判平 16・11・18 判タ 1169・144…………48
広島高岡山支決平 17・4・11 家月 57・10・
　86…………………………………………130
最判平 17・9・8 民集 59・7・1931
　………………………………………121,163
最判平 17・10・11 民集 59・8・2243……130
最判平 18・7・7 民集 60・6・2307………57
最判平 18・9・4 民集 60・7・2563…………61
最判平 19・3・8 民集 61・2・518…………48
最決平 19・3・23 民集 61・2・619………51,62
神戸家姫路支審平 20・12・26 家月 61・10・
　72……………………………………………62
最判平成 21・3・24 民集 63・3・427……200
静岡家沼津支審平 21・3・27 家月 63・6・89
　………………………………………………136
東京高判平 21・8・6 判タ 1320・228……177
東京高決平 22・7・30 家月 63・2・145…95
東京高決平 22・9・13 家月 63・6・82…135
最判平 23・2・22 民集 65・2・699………185
名古屋高判平 24・3・29LLI/DB06720191
　………………………………………………119
最判平 25・3・28 民集 67・3・864…………44
東京高決平 25・7・3 判タ 1393・233………44
最決平 25・9・4 民集 67・6・1320………105
最判平 25・11・29 民集 67・8・1736……168
最決平 25・12・10 民集 67・9・1847………62
最判平 26・2・14 民集 68・2・113………161
最判平 26・2・25 民集 68・2・173………121
東京高決平 26・5・21 判タ 1416・108……158
最判平 26・7・17 判タ 1406・59……………56
高松高決平 26・9・5 金法 2012・88………158
最判平 27・11・20 民集 69・7・202……184
最決平 28・2・26 民集 70・2・195………163
最判平 28・3・1 民集 70・3・681…………86
最判平 28・6・3 民集 70・5・1263………179
東京地判平 28・12・7 LEX/DB25550119
　………………………………………………177
最決平 28・12・19 民集 70・8・2121……120
最判平 29・1・31 民集 71・1・48…………63
最判平 29・4・6 判タ 1437・67…………121
大阪高決平 29・5・12 判タ 1450・83……130
京都家福知山支審平 29・9・4 判時 2373・
　44……………………………………………96
福岡高決平 29・9・20 判タ 1449・144……96
最判平 29・11・28 判タ 1445・83………153

最決平 29・12・5 民集 71・10・1803 ………76
大阪高決平 31・2・15 判時 2431・2432・97
　………………………………………… 157
最判平 31・2・19 民集 73・2・187…………23
東京高判平 31・4・10 LLI/DBL07420167 ‥‥63
最決平 31・4・26 判タ 1461・23 ……………77
名古屋高決令元・5・17 判時 2445・35 ……131
最判令元・8・9 民集 73・3・293………… 143
最決令 3・3・29 民集 75・3・952………45
東京高決令 3・12・24 判タ 1501・94 ………39
札幌高判令 6・3・14 LEX/DB25598384……50
最判令 6・3・19 判タ 1523・93 ……………103

著者紹介
大 杉 麻 美（おおすぎ まみ）

1989 年　明治大学法学部卒業
1996 年　明治大学大学院法学研究科博士課程単位取得退学
　　　　その後，札幌学院大学法学部助教授，明海大学不動産学
　　　　部助教授・教授を経て，
現　在　日本大学法学部教授
　　　　日本家族〈社会と法〉学会理事

主要著作
『フランスの離婚制度』（2008 年，成文堂）
「婚姻破綻時における日常家事に関する一考察」日本法学 84 巻 4
　号（2019 年）
「江戸から終戦時までにおける日本離婚法の特質」明海大学不動産
　学部ディスカッションペーパー 28 号（2016 年）
「民法 768 条の強行法規性」『民法における強行法・任意法』椿寿
　夫編（2015 年，日本評論社）

基本講義 家族法

2025 年 4 月 1 日　初版第 1 刷発行

著　者　　大　杉　麻　美

発行者　　阿　部　成　一

〒 169-0051　東京都新宿区西早稲田 1-9-38
発行所　　株式会社 成 文 堂
電話 03（3203）9201（代）　Fax 03（3203）9206
https://www.seibundoh.co.jp

製版・印刷　三報社印刷　　　　　　　製本　弘伸製本
☆乱丁・落丁本はおとりかえいたします☆
Ⓒ 2025 M. Osugi　　Printed in Japan
ISBN 978-4-7923-2817-7　C 3032　　　　検印省略
定価（本体 2400 円＋税）